本书是河南省哲学社会科学教育强省研究项目（2025JYQS0011）的资助成果

课堂集体思维论纲

Outline of Classroom-Collective Thinking

陈雪强 著

中国社会科学出版社

图书在版编目（CIP）数据

课堂集体思维论纲 / 陈雪强著. -- 北京：中国社会科学出版社，2024.12. -- ISBN 978-7-5227-4379-0

Ⅰ. G424.21

中国国家版本馆 CIP 数据核字第 2024MV1794 号

出 版 人	赵剑英
责任编辑	党旺旺
责任校对	禹 冰
责任印制	张雪娇

出　　版	中国社会科学出版社
社　　址	北京鼓楼西大街甲 158 号
邮　　编	100720
网　　址	http：//www.csspw.cn
发 行 部	010-84083685
门 市 部	010-84029450
经　　销	新华书店及其他书店
印　　刷	北京明恒达印务有限公司
装　　订	廊坊市广阳区广增装订厂
版　　次	2024 年 12 月第 1 版
印　　次	2024 年 12 月第 1 次印刷
开　　本	710×1000　1/16
印　　张	18.5
插　　页	2
字　　数	239 千字
定　　价	118.00 元

凡购买中国社会科学出版社图书，如有质量问题请与本社营销中心联系调换
电话：010-84083683
版权所有　侵权必究

前　言

教学论的核心问题是阐释和建构教学活动的运行机制，探讨通过怎样的课堂教学过程促进学生发展。自夸美纽斯提出"将一切知识教给一切人类"的教学理想，探索如何"迅速地、愉快地、彻底地"将人类科学文化知识转化为学生内在的精神财富构成了现代课堂教学研究与实践的重要命题。为了实现这一教学理想，历代教育者进行了孜孜不倦的探索，在极大丰富了人类教学理论的同时，也推动了教学实践形态的巨大转变。历史地看，教育者对课堂教学过程的认识多聚焦于"教"与"学"的相互关系，或强调"教"的过程和环节，或重视"学"的程序和规律，对课堂教学运行机制的建构往往囿于一般的"教"与"学"的互动和交往，将课堂教学实体化为原子性、一对一的"教"与"学"的交互过程。忽视课堂教学的现实性、具体性及其固有的形式结构矛盾。教师"教"与学生"学"固然是课堂教学的基本和主要矛盾，但课堂教学并非抽象的、单一的"教"与"学"的过程。现实地看，课堂教学是由权威的教师和相似而又不同的学生组成的学习集体，一个教师同时面向多个学生构成课堂教学的基本形式结构特征和事实。教师是用统一的教学目标、教学内容、教学过程、教学评价标准等教育影响作用于具有差异性、多元性、多样性的学生群体，最终落脚于每一个学生个性化与社会化、个体发展与集体共同进步的统一。"集体地教"与"个体的学"不仅是课堂教学显而易见的客观事实，同时也构成其不可忽视的形式结构矛盾：课堂教学既要面向全体学生，做到"一个都不能落下"，又要具体地落脚于每一个学生的发展，促进学生个性全面发展。课堂中每一个学生都是独一无二的存在，如何基于个体差异促进每一个学生发展，构建 1+1＞2 的课堂教学过程及其运行机制是新时代深化课堂教学改革，实现课堂教学转型发展的关键问题。

集体思维是人类社会生活、生产实践中常见的思维活动，人们常常围绕某一主题或者问题，集体或群体地展开一系列的议论、讨论、对话、交换意见等思维碰撞和交互活动。集体思维包含着对同一问题不同视角甚至不同层次的理解，并通过思维碰撞、交互的方式擦出思想火花，启迪灵感，不仅能够有效地促进个体对某一事物的不同理解，增进个体对相关知识的把握，同时能够为解决复杂的现实问题提供不同的理解方式和路径，并最终促进个体发展和集体共同进步。学生不是空着脑袋进入教室的，每个学生在面临同样的教学主题时必然存在差异的个体经验、认识和理解。差异的个体理解和思维不仅是学生发展的起点，同时也是课堂集体互动的重要资源。课堂集体思维就是以差异的学生个体思维为资源，通过不同认识水平和不同个体认识的对话和交融，在师生、生生思维碰撞、差异交互、相互启发过程中实现学生个体认识的深化、思维的发展和集体的共同进步。

课堂教学作为师生、生生集体性、社会性的认知实践活动，具有构建和发展集体思维的天然优势和现实基础：中国文化传统中的集体主义精神和整体思维方式、以班级授课制为组织形式的班级集体、新课改所倡导的"合作、探究、对话"的教学方式，分别从文化根基、组织基础、互动方式三个方面为实现和发展课堂集体思维提供了现实基础。甚至可以说，集体思维"自在"于当前我国课堂的教学过程。因而，探索和构建课堂集体思维的基本结构、一般过程及其运行机制，将"自在"的课堂集体思维转化为"自觉"的课堂集体思维，提高教师和学生在集体思维中的主体意识和自我意识，不仅能够有效地解决课堂教学固有的形式结构矛盾，将"教"与"学"纳入有机统一的交互发展过程，同时为新时代课堂教学研究与实践提供了一种新的理论范式。课堂集体思维既是师生、生生教学交往的一种思维方式及认识实践活动，又是一种高度综合的教学理念，其实质是从当代课堂教学中固有的形式结构矛盾回应"通过怎样的课堂教学促进学生发展"以及"如何将人类科学文化知识迅速、彻底、愉快地转化为每一个学生的内在精神财富"。围绕着课堂集体思维教学过程及其运行机制的构建，本书主要从三个部分展开关于课堂集体思维的相关研究。

第一部分，课堂集体思维是什么？集体思维作为人类社会生活、生产活动中常见的思维实践活动，由于学科、视角或者立场的差异，人们对集体思维的理解可谓见仁见智。课堂教学是特殊的人类社会认识实践和思维活动，因而课堂集体思维必然与其他社会实践活动中的集体思维有较大的区别。第一章主要采用发生学的方法，借鉴相关人类学、社会学和演化生物学理论，从人类思维发生发展的历史进程中提炼集体思维的核心内涵和基本特征，为课堂集体思维的本体合法性提供一般的理论框架：课堂集体——师生是思维的主体，是具有主观能动性的人，不仅是具体的人、具有个体性差异的人，还是具有"类本质"和"类思维"的人，能够理解他人思维和意图，与他人"主体"沟通交流，实现思维碰撞、交流和对话的主体间性的人。第二章主要基于当前我国课堂教学存在的基本事实及其形式结构矛盾，重构课堂教学过程的本质。提出本书的核心命题：课堂教学即集体思维过程，其实质是师生、生生围绕一定的问题或教学内容、主题展开集体思维的过程。

第二部分，构建课堂集体思维何以可能？集体思维作为课堂教学活动的运行机制，是对课堂教学过程及其本质的一种新的理论视角和阐释。课堂集体思维的构建绝非推倒一切重来，而是具有深厚的理论基础和现实支撑。第三章主要聚焦在理论基础层面的阐释：马克思主义认识论中关于对象性认识过程的理论以及现代哲学存在的集体认识论转向，为探讨课堂教学过程中师生、生生的集体思维互动提供了认识论原理；皮亚杰的认知冲突理论、维果茨基的文化历史理论以及当代认知神经科学、心灵哲学等有关主体间心智模型理论，为探讨课堂教学过程中师生、生生集体思维的相互理解、交融和发展提供了心理学基础。第四章主要着眼于现实支撑层面的探讨：我国文化传统中固有的集体主义倾向及其整体思维方式，为构建课堂集体思维提供了文化根基；班级授课制的教学组织形式为课堂集体思维提供了组织基础；新课改以来所倡导的"合作、探究、对话"的教学方式为课堂集体思维提供了交互方式。

第三部分，课堂集体思维如何构建？集体思维的课堂教学过程及其运行机制的构建是本书的关键所在。这一部分着眼于课堂教学现实存在的"集体地教"与"个体的学"形式结构矛盾，聚焦课堂教学中的同质性与异质性的矛盾统一关系，坚持以问题为导向、强调主体参与，探索如何将学生的个体差异转化为课堂集体思维的资源，在此基础上构建"吸引、参与、启发、发展"的课堂集体思维基本模式，形成"提出问题、集体聚合、差异交互、共享成长"的课堂集体思维四个阶段及其运行机制。

目 录

导 论 ………………………………………………………… (1)
  第一节　问题提出 ……………………………………………… (1)
  第二节　核心概念辨析 ………………………………………… (15)
  第三节　文献综述 ……………………………………………… (29)
  第四节　研究思路、内容与方法 ……………………………… (50)

第一章　集体思维视角下的课堂教学 ……………………… (57)
  第一节　课堂集体教学理论的历史探索 ……………………… (58)
  第二节　课堂教学中的三种思维方式 ………………………… (69)
  第三节　课堂教学的集体思维品性 …………………………… (83)

第二章　课堂教学即集体思维过程 ……………………… (101)
  第一节　面向事实本身：课堂教学过程的本质回归 ……… (102)
  第二节　集体学习：课堂教学过程的现实分析 …………… (112)
  第三节　集体思维：课堂教学过程的本质再认识 ………… (120)

第三章　课堂集体思维的理论基础 ……………………… (128)
  第一节　课堂集体思维的认识论原理 ……………………… (129)
  第二节　课堂集体思维的心理学模型 ……………………… (142)

第四章　课堂集体思维的现实支撑……………………（156）
　第一节　集体主义：课堂集体思维的文化根基…………（157）
　第二节　班级授课制：课堂集体思维的组织基础…………（168）
　第三节　合作、探究、对话：课堂集体思维的
　　　　　交互方式………………………………………（184）

第五章　课堂集体思维的发展机制……………………（198）
　第一节　课堂集体思维的理论框架………………………（199）
　第二节　课堂集体思维的核心理念………………………（219）
　第三节　课堂集体思维的一般过程………………………（226）
　第四节　课堂集体思维的实践范型………………………（256）

结　语………………………………………………………（281）

参考文献……………………………………………………（284）

导　　论

第一节　问题提出

一　论题缘起

课堂教学是学校教育的中心工作，是育人的主阵地，是学校教育实践和师生日常教育生活的基本细胞，历史的发展、时代的变化、观念的革新对学校教育产生的影响最终必然要呈现在课堂教学的实践探索和改革中，归根结底落脚于课堂教学中师生、生生的认识实践和交互方式上。当今我国学校教育处于一个前所未有的社会发展的历史时期。习近平总书记在党的十九大报告中指出："经过长期努力，中国特色社会主义进入了新时代，这是我国发展的新的历史方位。"[1] 新时代是承前启后、继往开来的时代，历史的发展、时代的变化、观念的革新给学校教育提出了新使命、新机遇、新挑战。学校教育肩负着培养时代新人的伟大使命，能否抓住时代发展机遇，准确把握时代脉搏，实现学校教育改革的深化发展，是关乎国家未来发展和民族前途命运的重要命题。认识教育转型性变革的内涵并非一件易事，将相关认识转化为教育实践，在学校现有的基础上，通过变革切实完成学校转型则是一个更为艰巨和长期的任

---

[1] 习近平：《决胜全面建成小康社会　夺取新时代中国特色社会主义伟大胜利——在中国共产党第十九次全国代表大会上的报告》，人民出版社2017年版，第10页。

务，且又是不能不为的任务。教育转型性变革的实践本性，决定了中国当代教育改革必须深入到学校每天进行着的日常教育实践之中①。人的发展是教育的原点，是课堂教学的元价值所在。现实地看，课堂教学中的人的发展绝非学生"自然成长"的过程，也非学生独立自主、"独自"的发展过程。正如康德在《论教育学》中说的那样："人只有通过教育才能成为人。除了教育从他身上所造就出的东西外，他什么也不是。需要注意的是，人只有通过人，通过同样受过教育的人，才能被教育。"② 历史地看，夸美纽斯提出班级授课制的课堂教学实践理论模型，认为"一个教师同时教几百个学生不仅是可能的，而且是要紧的……在学生方面，大群的伴侣不仅可以产生效用，而且也可能产生愉快（因为人乐于劳动时有伴侣）；因为他们相互激励，相互帮助。"③

经过近四百年的演化和发展，以班级授课为主要组织形式的课堂教学已经被确立为当前人类学校教育的基本样态，对于推动人类科学文化传承和教育教学发展产生了巨大的影响。尽管"班"的形式经过几个世纪的发展产生了巨大的变化，特别是近代以来，以"教师中心、课堂中心、书本中心"为特征的传统课堂教学模式由于过于强调灌输和整齐划一而遭到了广泛的批判，"班"的形式和结构发生了巨大的变化，但至今依然无法完全跳出师生、生生集体互动的课堂教学样式。因而，就"人"及其主体要素来看，"集体"构成了课堂教学无法忽视的现实基础和理论结构：课堂教学是由权威的教师和相似而又不同的学生组成的学习集体。教师作为"教"的主体，既是教育者又是"已知者"；学生作为"学"的主体，既是受教育者，又是"未知者"，同时还是复数的、多元主体

---

① 叶澜：《新基础教育论：关于当代中国学校变革的探究与认识》，教育科学出版社2006年版，第239页。

② [德] 康德：《论教育学》，赵鹏等译，上海人民出版社2005年版，第5页。

③ [捷] 夸美纽斯：《大教学论》，傅任敢译，教育科学出版社1999年版，第124—125页。

的存在。课堂教学是在教师的引导下,促进每一个学生个性化与社会化的统一。此外,课堂教学的"集体"还存在于价值取向、教育传统和教学过程三个层面上:在课堂教学目标及其价值取向上,集体主义是我国课堂教学的重要目标和教育价值观。新中国成立70多年以来,集体主义教育在我国教育方针、教育工作中的重要性不断地加以重申,"中华民族绵延5000年来有一个主要的教育价值观,就是集体主义价值观……中国核心的教育价值观是集体主义价值观。"[①] 集体教育是我国学校的优良教育传统,是马克思主义教育思想的重要内容。马克思曾说过"只有在集体中才能获得全面发展其才能的手段,也就是说,只有在集体中才可能有个人自由"[②]。在集体中并通过集体培养社会主义现代化事业的建设者和接班人,是关系我国教育现代化的社会主义方向的重大课题;在课堂教学过程中,探索师生、生生有机统一的集体交互过程,不断提高教学效率和教学质量,构建公平而又优质的课堂教学过程及其模式是新时代深化课堂教学改革的重要命题。课堂集体思维命题的提出,是在新时代背景下,基于对课堂教学改革历史经验的总结,回应我国课堂教学改革所面临的现实挑战,探索课堂教学改革的未来旨趣,紧紧围绕"集体"这一课堂教学存在的现实基础和理论框架,聚焦课堂教学中师生、生生认识实践的基本活动过程,构建集体思维的课堂教学运行机制,对诸如"课堂教学价值取向上的集体主义教育目标如何落实?""课堂教学形式上的集体教育传统如何坚持与发展?""课堂教学过程中的集体互动模式如何构建?"等一系列问题作出尝试性的理论思考和回应。

(一)人类命运共同体:新时代背景下中小学集体教育的历史使命

人类命运共同体是习近平新时代中国特色社会主义思想的重要

[①] 顾明远:《再论教育本质和教育价值观——纪念改革开放40周年》,《教育研究》2018年第5期。

[②] 上海师范大学教育系:《马克思恩格斯论教育》,人民教育出版社1979年版,第41页。

组成部分，是以习近平同志为核心的党中央在把握世界大势和历史发展规律的基础上，为人类未来发展提出的中国智慧和中国方案。"人类命运共同体，顾名思义，就是每个民族、每个国家的前途命运都紧紧联系在一起，应该风雨同舟，荣辱与共，努力把我们生于斯、长于斯的这个星球建成一个和睦的大家庭，把世界各国人民对美好生活的向往变成现实。"①党的十八大以来，习近平总书记多次在国内外重大场合阐述构建人类命运共同体思想，以敏锐的时代眼光和丰厚的理论素养把握当前国际发展趋势和人类历史发展规律，构筑国际社会发展和交往新范式，为世人瞩目。国际上，习近平总书记在 2015 年 9 月 28 日的第七十届联大会议上全面系统地阐述了人类命运共同体思想，引起广泛共鸣。构建人类命运共同体蕴含着公正、平等、和平、合作、共赢、共享、开放、包容的发展理念来审视并引导经济全球化的走向，是引导经济全球化走向的中国方案，经济全球化的必然归宿，在理论上克服了资本主义"修昔底德陷阱"，在战略上为解决世界难题提供了"中国方案"，为人类发展提供了"中国模式"。实际上，人类命运共同体思想不仅仅作为一种外交思想构筑了国家交往新范式，同时对经济、政治、文化、教育等方面也产生了深远影响。教育作为全球共同的利益，是人类集体发展的事业②。教育既是培养人的事业，同时又负载着文明传承与发展、文化传播与交流的重要使命，教育必须自觉承担起实现和构建"人类命运共同体"的重要使命，通过不同地域、民族及其文化的密切交流合作，促进人类对各种不同知识和多元文化的认识，增强相互了解，培养学生的全球意识和人类精神，树立为世界和人类和平发展贡献智慧和力量的崇高志向。

人类命运共同体思想中所蕴含的"人类大我"理念，超越了传统狭隘的民族和国家概念。站在人类集体的高度，从组织、民族和

---

① 习近平：《携手建设更加美好的世界》，《人民日报》2017 年 12 月 2 日第 2 版。
② 顾明远：《对教育本质的新认识》，《基础教育论坛》2016 年第 9 期。

国家的角度，突破狭隘的民族主义思维局限，追求人类命运共同体的利益，为增进全人类福祉作出贡献[①]。人类命运共同体从根本上说，涉及人和人、组织和组织、国家与国家的相互关系，构建了"我们"的概念和集体的思维方式，为新时代理解和处理个人与集体的关系提供了新的指导思想，对学校进行公民教育、集体主义教育、爱国主义教育提出了新的要求。教育作为传承人类文明，促进人类发展的重要途径，对于构建人类命运共同体具有重要和迫切的现实意义。构建人类命运共同体，中国不仅是倡导者，更是践行者。如何实现人类命运共同体在中小学课堂教学中的落地，将人类命运共同体思想中的"人类大我"与"人类集体"联系起来，探索人类命运共同体思想背景下的集体主义和集体意识的新内涵、新特征，探讨人类命运共同体所需要的知识、情感、价值观和行为方式，培养学生的全球意识和世界观念，是新时代我国中小学集体教育应该思考和实践的主题。

在新时代构建人类命运共同体的背景下，要培养学生正确的国家意识和人类观念，应以班级集体意识为基础，逐步拓展到学校、社会、民族、国家和全人类等其他更高层次和形式的集体意识，课堂教学过程中学生的班级集体是养成和培育人类命运共同体意识的"核心要素"。从马克思主义实践哲学来看，实践是思维和意识的基础。学生集体意识的真正养成依赖于具体的集体实践活动，课堂教学中师生、生生的社会性交互是学生最主要和最基础的日常集体实践活动形式，学生集体意识的养成必须植根于课堂教学日常生活中师生、生生的集体性认知和思维实践活动。此外，在立德树人背景下，探讨如何在课堂教学中发展学生核心素养，是当前教育研究和实践的一个重要主题。究其本质，核心素养是教育对"培养什么样的人"这一问题的时代回应，其实质是在"立德树人"的根本要

---

① 周作宇等：《人类命运共同体：高等教育国际合作的价值坐标》，《教育研究》2017年第12期。

求下教会学生"如何思考、如何做事、如何成人",培养学生能够具备适应终身发展和社会发展需要的必备品格和关键能力。其中最为关键的则是培养和发展学生适应新时代背景的思维方式,传承人类优秀的文化传统,促进人类文明的发展进步。思维方式,简单来讲是人们处理信息和感知周围世界的一种思维习惯,它是一个人类在长期历史发展和劳动实践中形成的一种较为固定的元认知模式。从某种意义上讲,人类不同民族的文化差异体现为一定思维方式的差异,思维方式体现着一个民族的文化特征,是一个民族文化的核心部分[1]。在中小学课程教学中,不同的学科在另一种层面可以说是不同的人类认识世界和改造世界的思维方式。课堂教学不仅仅是传授人类知识,更深远的意义是教会学生知识背后所蕴藏的认识和改造世界的思维方式。因此,不管是构建人类命运共同体,还是实现核心素养在课堂教学中的落地,促进学生思维发展和学生的集体意识、集体思维的养成都是新时代课堂教学深化改革的重要时代命题。

(二)集体学习:课堂教学改革深化与转型发展的理论困境

课堂教学之于教育改革与发展的重要性不言而喻。叶澜老师《让课堂焕发出生命活力——论中小学教学改革的深化》一文在一定程度上可以说是吹响了新课改的号角。她在文中指出,"教学,尤其是课堂教学(其中最基本的是必修课的课堂教学),过去是,当今依然是我国中小学教育活动的基本构成部分……探讨课堂教学改革问题,就具有推进、深化学校内部教育改革的全局性意义。"[2]课堂作为学校教育的核心阵地,是学校中最为平常、最为常见、最为细小的细胞,教师每天都在课堂中生活,学生的学习时光大多是在课堂上度过。这种"司空见惯"和"理所当然"的课堂社会事

---

[1] 陈曦:《思维方式体现人类文化特征》,《中国社会科学报》2018年2月27日第4版。

[2] 叶澜:《让课堂焕发出生命活力——论中小学教学改革的深化》,《教育研究》1997年第9期。

实使得我们经意或不经意地忽视课堂,忽视对课堂的深刻挖掘①。鲜少有人去思考这个在学校教育中"司空见惯"和"理所当然"的社会事实之于学生发展的价值和意义。在我们诸多的教育类工具书以及教科书中甚至没有"课堂"的界定和解释。当前我国的课堂,实质上是以班级授课制为基础所形成的课堂集体学习形式,尽管过于强调整齐划一的教学活动安排、分科教学和灌输填鸭的教学方式,而一直备受学界的批判。学者或从儿童中心视角解构班级集体的课堂学习形式,或在空间上探索课堂空间的变换,或在师生、生生交往关系上转变互动方式和教学方式,甚至通过教育技术构建"分布式"的学习空间,但其本身依然没有完全脱离以班为基础的课堂集体学习活动形式和学生"在一起"的学习形态。因此,以班级集体为基础的课堂构成了师生、生生学校教育的日常生活形态,对于学生的发展和教育改革到底具有什么样的意义和价值,需要我们在深化课程教学改革的背景下重新审视这个问题。

从我国课堂教学改革的历程来看,20世纪80年代以来,我国教育教学改革风起云涌,课堂教学研究与实践不断创新,出现了一个又一个教学改革的新举措、新方案、新名词。在深入推进基础教育课程(教学)改革的背景下,我国课堂教学发生了巨大的历史性变革:从教学思想来讲,学生是课堂教学的主体,培养和发展学生主体性成为我国教育工作者的基本共识;从教学目标上看,坚持立德树人,培养和发展学生的核心素养已成为教育界共同努力的新方向;在教学过程上看,实现了从强调预设到注重生成的课堂教学过程设计观念的转变;从教学方法上看,秧田式的教学组织形式和讲授灌输的教学法受到了猛烈的抨击,探究、合作、对话得到大力推广;从教学评价上看,综合素质评价重于简单分数评价。以新课改为分水岭,我国教育者习惯于将以往课堂教学笼统归结为"教师讲

---

① 郑金洲:《重构课堂》,《华东师范大学学报》(教育科学版)2001年第3期。

授为主的传统教学",而将之后的教学归结为"学生活动为主的新课改新教学"①。对传统教育的批判固然是"新教育"的起点,但绝非"新教育"的目的。如果不从根本上理解教学,则各种"新"主张只会造成表面的浮华和热闹,并不能解决问题,更不可能从根本上改进教学质量,提升教学实践水平②。简单来讲,课堂教学是人类科学文化知识与经验的传递过程,其根本是在作为"未知者"与"未成年"的学生与人类已有的科学文化知识之间建立联系,通过作为"已知者"和"成人"的引导将外在的人类科学文化知识转化为学生的内在精神财富。教师的"教"与学生的"学"构成了课堂教学天平的两端。"教"与"学"的相互关系成了课堂教学的基本矛盾。"教"与"学"的相互关系固然是课堂教学过程的基本矛盾,对"教"与"学"相互关系的认识固然有助于我们认识课堂教学过程及其本质,并构建相应教学实践模式及其教学价值观念。但对课堂教学过程及其本质的理解仅仅局限在"教"与"学"的相互关系,容易走向另一个极端,其根本是一种对象化思维和实体主义思维方式,将课堂教学实体化、抽象化为一对一的"教"与"学"的过程,造成"教"与"学"的二元对立,而忽视课堂教学固有的形式结构矛盾,即"一"与"多"的现实矛盾,忽视课堂教学主体发展的丰富性、差异性、多元性。

对传统课堂教学的批判是课堂教学改革的起点,而非课堂教学的目的。任何时代的课堂教学改革都绝不是简单地站在传统教学的反面,而是在批判、继承和发展的基础上不断推动课堂教学改革的深化。课堂集体思维的提出并非对以往课堂教学理论与观念的推倒重建,而是站在已有改革与发展成果的基础上的进一步深化。对课堂教学过程及其本质的认识强调从实体思维转向集体思维,提出课

---

① 吴颖慧等:《教学的稳与变》,教育科学出版社2013年版,"前言"第2页。
② 郭华:《带领学生进入历史:"两次倒转"教学机制的理论意义》,《北京大学教育评论》2016年第2期。

堂教学实质上就是师生、生生围绕一定的教学内容或主体展开集体思维的过程①。集体思维承认"教"与"学"是课堂教学的基本矛盾，但更加关注课堂教学存在的形式结构矛盾，强调从师生、生生集体思维交互、碰撞过程等方面构建课堂教学的基本运行机制，在此基础上重塑课堂教学理论模型及其认知实践活动过程。

（三）个体化时代集体教育的挑战与创新

个体化是由吉登斯（Giddens）、乌尔里希·贝克（Ulrich Beck）、埃利亚斯（Elias）等学者所提出的自反性现代化理论的一个重要命题。该理论认为人类社会现代化的发展进入第二现代性，也就是自反性现代化阶段，伴随着人类社会经济、劳动分工、国家福利等一系列现代化制度的不断完善，个人被迫从原先的阶级、单位、核心家庭等组织中抽离出来，并通过一种自为自觉的方式获得再嵌入的机会，最终构建一种以个体为中心的新的社会关系与社会整合模式。所谓个体化是指在当代人类社会生产、经济活动、劳动就业等社会生活进一步开放和快速流变的背景下，个人作为社会关系体系中的基本单元，是社会行动过程中的实体单位，他的独立性、独特性、主体性日益得到显示和表达的过程。乌尔里希·贝克将个体化视为人类社会现代化发展的重要特征，人类现代社会的发展，尤其是福利、医疗、教育等国家制度的完善为个体化提供了巨大的现实基础。个体不再依赖传统集体或共同体，如阶级、家庭、家族等，

---

① 注：所谓实体思维又叫对象性思维、实体主义思维或本体思维方式，是西方哲学尤其是本体论研究中固有的思维方式。实体概念是西方哲学中最为核心的范畴，两千多年来一直支配着西方的哲学思考，而以此为基础形成的相对稳定的思维模式——实体主义，成为许多看似针锋相对的思潮和学派（最典型的形态是所谓实在论、二元论、唯心论和怀疑论）之所以可能的共同前提条件。实体主义作为一种思维方式，其特点"就是把现象表观化、主观化，不用现象本身去理解现象，而必须用不同于它的，在它背后、底层的东西去解释，才算认识到了真理，才算达到是在。"我国学者高海清先生在系统梳理和分析西方哲学传统后指出实体思维的三个特征：一是追求终极实在的绝对论特征；二是追本溯源、返璞归真的还原式思维；三是从两极对立关系把握事物本性的绝对一元化思维。详见高清海《哲学的憧憬：形而上的沉思》，吉林大学出版社1995年版，第235—236页。该书中有对于实体思维的内涵及其局限性的表述。

而更多依赖完善的现代社会制度并再次嵌入整体的社会网络，基于此构建一个以"自我为中心"的社会关系网络结构以及"为自己而活"的道德价值取向①。个体化的发展是不可逆的，是人类社会现代化的必然结构。个体化是全球社会发展面临的共同命题，从2000年以后，我国学者逐渐开始关注和研究中国社会的现代化与个体化问题，典型的代表成果如阎云翔的著作《中国社会的个体化》，张良《现代化进程中的个体化与乡村社会重建》，朱敏、王海明《个体、社会与乡村社会转型——以个体化为视角》，等等。基本结论是"我们已经走向了个体化时代"②。历史地看，现代意义上中国社会的个体化进程起始于20世纪初，在五四运动的思想启蒙和号召救亡图存的中国革命运动的双重作用下，个体挣脱家族（宗族）的枷锁，把自己的命运和国家的重建、民族的兴亡紧紧绑缚在一起，并迅速凝结在整个国家运作和社会意识形态的框架中，成为集体的一分子。这样，个体从传统"个体—祖先"轴线上抽离，转而再嵌入"个体—党和国家"的轴线上，和国家直接面对面③。现代社会的个体化，则是通过教育实现个体的自我独立和解放，"再嵌入"到更大的社会分工和社会网络结构的生活世界之中。改革开放以来，伴随着集体所有制的逐渐瓦解，我国社会的个体化进程在市场经济的催化下实现了突飞猛进的发展，并呈现中国独特的个体化特征。

个体化的发展是一把双刃剑，一方面，极大地促进了个体自我意识及其独立性、自主性的发展，实现了个体的现实解放；另一方面，个体化的进程又不断消解人类传统婚姻、家庭、自由的制度和观念等，对学校教育也提出了新的命题和挑战。如个体化时代的社会团结如何可能？个体化时代的课堂教学如何走向个体

---

① ［德］乌尔里希·贝克：《个体化》，李荣山等译，北京大学出版社2011年版，第4页。
② 冯莉：《当代中国社会的个体化趋势及其政治意义》，《社会科学》2014年第12期。
③ ［美］阎云翔：《中国社会的个体化》，陆洋等译，上海译文出版社2012年版，第356页。

同时又回归集体？这些都是当前我国课堂教学必须回应的现实问题。个体化的不断发展给我国传统的集体主义精神以及集体教育带来了极大的挑战和新的时代命题。个体化道德命题的核心是"为自己而活"，并且由于个体化对个人独立和个性解放的"理想"追求，使得个体化与集体主义教育的争锋越来越激烈，越来越成为影响社会改革的深化发展和社会分工的持续发展的结构性矛盾。这一结构性矛盾既有深刻的社会基础，同时又蕴含着现实与理想的复杂性。

从社会学意义上看，劳动分工与个体差异是一个双向互动的过程：社会的发展既需要劳动分工，也需要多样化、差异性的个体发展。一方面，个体差异的存在为社会劳动分工提供了可能性和前提性基础；另一方面，劳动分工又进一步推动和固化了个体差异及其社会分化。当然，从整个社会发展的系统层面来说，劳动分工和个体差异统一于社会整合之中，是社会整合与发展的基础。个体化的进程产生了一种前所未有的社会性悖论：社会的发展极大地促进了个体主体地位的确立和自主性的发展，催生了以个体为中心的社会网络结构。但在个体不断膨胀的同时，也愈加深刻地依赖社会。这一点，涂尔干在《社会分工论》中将这一"反常"的社会事实作为研究的主要问题，"为什么个人越变得自主，他就会越来越依赖社会？为什么在个人不断膨胀的同时，他与社会的联系却越加紧密？尽管这两者看似矛盾，但它们亦步亦趋的活动却是不容反驳的事实。"[1] 只不过在涂尔干生活的时代，社会的发展并不能"全方位"地为个体自主提供足够的社会支持。现如今，随着社会的发展和制度的不断完善，个体完全能够自主、自由地选择脱离原来的集体、单位甚至家庭而"独自闯荡"，打破传统"伦理"，如婚姻、生育、赡养等观念，选择"为自己而活"的个体自由和"理想生

---

[1] ［法］涂尔干：《社会分工论》，渠敬东译，生活·读书·新知三联书店2017年版，"第一版序言"第17页。

活"的可能性保障则在于现代社会完善的社会福利制度及其发展体系。这一点乌尔里希·贝克在《个体化》中一针见血地指出："被解放出来的个体开始依赖劳动力市场，并进而依赖教育、消费及福利国家的管理和支持之类的东西；依赖医疗护理、心理治疗和教育看护方面的可能性和方式。对市场的依赖扩展到生活的方方面面"[①]。现代社会的个体化进程，本身就是一个巨大的矛盾和悖论。正如埃利亚斯所言"人类社会的个体化进程在不断深化的同时越来越认同更大的共同体结构"。亦是说，如何在一个独立、自主的个体全面发展和充满歧见、分化、对立的同时构建人类命运共同体是21世纪人类必须深刻思考的问题，同时也给学校教育和课堂教学带来了新的时代命题和现实挑战：课堂教学如何在真正促进每一个人个性化发展的同时实现其个体化与社会化的统一，实现学生个体发展与集体共同进步的统一。个性化教育是课堂教学的正式命题，而集体性教学也是学校教育必须面对的现实。现实与理想的纠结与矛盾在于，社会的发展和学校教育资源还没有丰富到可以在为每一个学生"开小灶"的前提下，如何将个体差异和学生个性发展纳入课堂集体互动过程中，转化为课堂集体思维的资源，努力"炒好"集体教学这一"大锅饭"，不断提高课堂教学的质量、效率和效益，尽可能满足学生个性发展的需求是当前课堂教学必须深入思考的结构性矛盾问题。

具体来说，这一理想与现实的矛盾主要表现为两个方面：一方面，"走向个人"的个性化教育将不可避免地导致"教育奢侈化"，其终极理想是完全意义上的"个别化教育"，也就是为每个人"量身定做"一套只适合于这个人的、独一无二的培养方案，而这一理想不仅与班级授课制构成直接的冲突，同时也意味着包括教师精力在内的各种教育资源的巨大消耗；另一方面，完全"走向个人"的

---

① ［德］乌尔里希·贝克：《个体化》，李荣山等译，北京大学出版社2011年版，第27页。

个性化教育对个体社会化的"质量"极为不利。从目的到手段全盘"个性化"必然导致个性的"神圣化",使社会团结所必需的个性妥协与共性底线无从生长,而高度以个人为中心的教育环境也无疑是滋生极端利己主义的温床①。

集体教育是我国优良的教育传统,是马克思主义教育思想的重要命题。集体是教育的主体,是课堂教学的现实基础和必然实践形式。这是新时代我们对集体教育和课堂教学必须坚持和秉持的基本主张。抛开对传统集体教育的历史偏见,把当前深化课堂教学改革的基本诉求与集体教育的思路结合起来考虑,不难发现其对"走向个人"的个体化时代的课堂教学有着不可替代的现实价值②。当然,个体化时代的学校教育改革是整个社会发展所面临的综合性复杂问题,仅靠教育自身改革与转型固然略显苍白和无力,需要家庭、社会、国家等各个层面的协同应对。但就学校教育自身来看,以课堂教学改革为着力点,传承和发展课堂教学的集体教育力量及其精神是教育发挥其对社会发展的能动反作用的根本推力。从这一点看,构建 1+1>2 的课堂集体思维,从集体思维视角下重新理解和构建课堂教学活动的基本运行机制,是新时代背景下深化课堂教学改革、提升学校教育质量具有重要的理论价值和现实意义的命题。

二 研究问题

思维是课堂教学的核心。一方面,课堂教学是特殊的认识和思维活动过程,始终离不开师生思维的参与和发展;另一方面,培养和发展学生思维是教育的重要使命,是课堂教学的基本目标。本书以课堂中学生思维的发生、发展为切入点,探讨课堂教学活动的基本运行机制。基于此,本书的主要问题可以表述为:学生思维是如

---

① 徐俊:《个体化社会中的教育使命》,《教育发展研究》2014 年第 Z2 期。
② 孙霄兵等:《论中国教育的个体化发展》,《中国教育学刊》2021 年第 3 期。

何在课堂教学过程中发展的？关于这一问题的阐释可以从三个关键词来进行：一是"思维"，学生的思维有什么样的特征？应该如何理解学生的思维和学生的发展？二是"课堂教学运行机制"，通过什么样的课堂教学过程促进学生的思维发展？三是"发展"，学生的思维要实现怎么样的发展？尽管在阐释这些问题时具有一定的顺序，甚至看上去泾渭分明，但实际上这三个问题在课堂教学的具体实践中是相互交融的，贯穿课堂教学的全部过程。

　　课堂教学实质上就是师生、生生围绕一定的教学内容或主题展开集体思维的过程。不管是对思维的发生学梳理，还是对课堂教学的现实分析，课堂教学都呈现出明显的集体思维品性及特征。从人类思维的发生、发展过程来看，集体性与个体性是思维一体两面的本质属性，思维的集体性为课堂集体思维提供了本体合法性；从课堂教学的现实过程来看，课堂教学并非学生独自的、抽象的、个体性的思维发展过程，而是在师生、生生集体交互过程中实现学生个体的发展，课堂教学具有构建和发展集体思维的现实基础和天然优势；集体的教与个体的学构成课堂教学显而易见的形式结构矛盾，构建课堂集体思维能够将学生个体差异和集体进步统一起来，实现学生个性化与社会化的统一。因而，围绕"构建课堂集体思维促进学生发展"这一主题，可以从以下三个方面进一步阐释本书的问题：第一，什么是课堂集体思维？探讨学生思维发展的问题首先应明确"学生的思维要实现什么样的发展以及为什么要实现这样的发展"两个基本问题。它实际上还包含了集体思维的另外两个问题：集体思维的本体论和认识论问题，主要涉及集体思维何以成立以及如何认识和理解集体思维，这是本书的起点；第二，构建课堂集体思维的基础是什么？它涉及理论和现实两个层面的研究：从认识论原理和心理学理论探讨课堂集体思维赖以存在的理论逻辑，以及从现实基础对课堂集体思维进行实然的"素描"；第三，如何构建课堂集体思维的一般过程及其运行机制？如果说前两个问题是对课堂集体思维进行"是什么"与"为什么"的研究，那么这个部分则主要涉及"怎么样"的问题。探明这个问题是本书的关键与核心所在。

第二节　核心概念辨析

一　集体思维的概念辨析

集体思维作为一种人类的思维和认识实践活动方式，从词语构成来看，"集体"和"思维"分别是集体思维的两个关键概念基础。在对集体思维作出界定前，首先需要对"集体"和"思维"分别进行简单的分析。在社会学、政治学、教育学、心理学、伦理学、经济学等人文社科领域，"集体（collective）"一词得到了广泛的使用，具有丰富的内涵和广阔的外延。从日常用语来看，人们主要用"集体"来表示有共同目标和行为规范的群体，在外延上与群体、整体、团体、共同体等概念相近。集体可以表示一个团体、一个单位、一个组织、一个民族，甚至一个国家，用来描绘这个"集体"中人们共同的活动、目标、价值观念和行为方式等，如集体意识、集体理性、集体利益、集体观念、集体精神、集体活动等。这也就造成"集体"在语义学上既可以作为一个名词出现，表示企业、集团、共同体，还可以作为一个形容词出现，表示集体的、共有的、共同的。

"思维（thinking）"主要是心理学、认知神经科学、哲学、人类学等诸多学科的研究对象，不同学科对思维的研究和理解各有侧重，如心理学将思维作为重要的研究范畴，从个体认知发展的角度探讨思维的性质、特点、种类及其与其他心理范畴的相互关系；认知神经科学主要探讨人类思维的脑神经基础，从大脑的分子、细胞、脑组织区和全脑，研究个体乃至集体的思维和意识活动；① 哲学主要从认识论角度探讨人类思维的本质属性和特征；人类学主要从发生学角度探讨人类思维的历史演进；社会学主要探讨不同的社会组织、民族、国家等地域文化背景下的思维的特征与差异。尽管不同学科对思维的研究侧重点和研究方法有较大的差异，但是对于思维的内涵理解是基本一致的，认为思维是人类的理性认识活动的高级形式，表示"人类的高级认知活动，是人脑借助言语对客观事物的间接和概括的反映"②。

由于集体本身内涵的不确定性以及不同学科对思维的理解和侧重的差异，实质上也就造成不同学科和不同研究视角下对集体思维本身的理解和界定也有较大的差异。日本教育学界在20世纪60年代基于对能力主义教育思想的批判提出了学习集体论，尝试探讨如何将学习与集体生活方式有机结合，通过学习者之间的相互作用以提高学习活动的质量③。基于对人类认识发展历程的梳理发现，所谓集体思维就是将个人思想转化为群体的认识，并发展这种认识。群体不仅能交流思想，而且还能保存好思想，将其形成人类代代相传的文化遗产④。而在认识论意义上，所谓集体思维就是交融各个水平的理解以确保认识的真实性。

国内较早提出集体思维的是钱学森先生，钱老1984年在首届思维科学学术讨论会上指出：人的思维是集体的，社会思维学应研究人作为一个集体来思维的规律。1993年在给《晋阳学刊》编辑张育铭的信中再次指出"怎样使一个集体在讨论问题中能相互启

---

① 注：随着人类认知神经科学的发展，对于思维和脑认知活动的研究已经突破了个体大脑内部神经认知活动，逐渐实现个体与个体之间脑认知神经"联合"。如2013年所报道的美国杜克大学米格尔·派斯·维埃拉（Miguel Pais-Vieira）和他的同事所做的"反应鼠"实验发现：将两只老鼠的大脑连结了起来，刺激一只老鼠的大脑，另一只老鼠就会按压杠杆；华盛顿大学感觉运动神经工程研究中心的拉杰什·拉奥（Rajesh Rao）在最近的研究中多次指出，可以基于脑皮层电图记法（ECoG）与脑机接口技术（BCI）联合，实现个体与个体之间的脑脑相连。
② 车文博：《中外心理学比较思想史（第一卷）》，上海教育出版社2009年版，第344页。
③ 高文：《现代教学的模式化研究》，山东教育出版社2000年版，第323—324页。
④ 高文：《现代教学的模式化研究》，山东教育出版社2000年版，第347页。

发，相互激励，从而使集体远胜过一个个人的简单总和……所以社会思维学的一个重点应是集体思维的激活"。在钱老的倡议下，国内一大批学者开展了对社会思维学和集体思维的研究。其中，山西大学哲学社会学院赵继明指出，"人的思维可以在个体条件下进行，也可以在集体环境中发生。如果我们把个体条件下的思维称为个体思维，那么，集体或群体条件下的思维过程，人们作为一个集体来思维的情景或过程，则可相应地称之为集体思维"①。张育铭则进一步指出，"集体思维是群体思维的一种特殊形式，它是指有组织、有目的的诸社会个体思维通过相互激励、相互作用、相互融合而形成的一种综合的整体思维。"② 曾杰则从思维的主体、人类思维的发展历史以及中国特色社会主义发展过程中的思维优势等几个层面探索社会思维学的概念、内涵、研究领域和研究方法，认为"社会思维学是一门研究人作为集体来思维的规律以及个人思维和集体思维的相互关系、相互作用的科学……社会思维是指人作为集体对客观现实的认识，它是在社会实践、社会关系基础上无数个体思维之间及其与集体思维之间交互作用、多元复合的观念体系。社会思维的实质是集体思维"③。并分别从人类思维的基本属性、人类思维的进化历史、人类思维的主体范畴和人类思维的内容四个层面论证了思维的社会性和集体性本质④。

车文博在其主编的《心理咨询大百科全书》中指出："集体成员在一起共同解决问题的思维过程，诸如对某个问题所进行的讨论、对话、交换意见和私下议论等都可看成是集体思维过程。在解决问题时，集体思维不仅能从各种角度分析问题、集思广益、交互作用，对每个成员的思维产生一种积极的影响，如丰富成员的知识

---

① 赵继明：《集体思维和思维共生》，《晋阳学刊》1998 年第 4 期。
② 张育铭：《社会思维学论纲》，《山西大学师范学院学报》1999 年第 1 期。
③ 曾杰：《社会思维学导论》，黑龙江科学技术出版社 2007 年版，第 3—6 页。
④ 曾杰：《社会思维学导论》，黑龙江科学技术出版社 2007 年版，第 18—27 页。

和经验、打破个人思维定式、激发创造意识等。一个人即使反复多次思考某个问题,思路也常常沿着同一轨迹运行,很难打破已有的思维定式;但在集体思维中,个体的思维会受到他人的启发,产生'头脑震荡'效应,冲破已有的思维定式,产生新思维、新结论,往往会使个人百思不解的问题得到迅速解决或找到解决问题的新方法"[1]。

澳大利亚人类学家布朗(Valerie A. Brown)认为现代社会人类面临着环境保护、经济发展、健康生存等一系列的挑战和问题,人类必须学会和养成集体思维(collective thinking),通过集体行动达成人类群体间的相互理解和认同以去接受这些挑战[2]。对个人来说,集体思维包含了对一个问题的不同层次和不同视角的理解,要求个体尊重和拥抱来自个人经验中所内含的不同领域的知识,诸如社会学、伦理学、艺术等;对于共同体来说,集体思维包含着对复杂的现实问题不同的理解方式和路径,最终通过集体互动构建有效地解决问题的综合计划。布朗教授还指出,集体思维还是一种可以跨文化的思维方式,每一个人都有权利和可能实现相互理解,因而集体思维既可以用来处理民族问题,也可以用来解决国际难题。

在教育教学领域,钟启泉先生最早在20世纪90年代初就提出集体思维的概念并呼吁学界将其作为课堂教学研究的重要课题。但是,梳理钟先生对集体思维的相关表述可以发现,集体思维本身有着丰富而又复杂的内涵。例如,将集体思维视为一种思维交互过程,"所谓集体思维,是指在教师的指导下儿童们的彼此表达各自的个别的、个性化的认识,彼此切磋以求得掌握学科内容的过程"[3];或将集体思维理解为一种思维方式,如"儿童的集体思维

---

[1] 车文博:《心理咨询大百科全书》,吉林人民出版社1991年版,第938页。
[2] Valerie A. Brown, *Leonardo's Vision: A Guide to Collective Thinking and Action*, Canberra: ANU Research Publications, 2008, pp. Ⅸ - Ⅹ.
[3] 钟启泉:《个性发展与教学改革》,《教育理论与实践》1996年第2期。

在授业中是怎样展开的,哪些方面是受阻的"[1];或是在同一表述中存在多种用法,如"作为集体思维的原动力,重要的是激活两者矛盾的教学行为……教师的课堂教学组织应当着眼于学生类型的差异与集体思维的流向"[2]。

从不同学科对集体思维的研究及其理解来看,集体思维并不存在统一的概念和内涵,更多是一种对思维研究范畴界定和研究方法的规范,因而本书也不着眼于对集体思维具体内涵做严格的界定,而是以集体思维为视角对课堂教学中师生、生生的思维发生、发展进行发生学研究。所谓集体思维实际上是在集体环境和条件下个体间思维交互、发展的发生学研究。它存在三个层面的集体思维研究:第一,以将集体作为一个整体和思维的主体对思维进行发生学的研究,这里集体思维是作为手段进行考察;第二,从成员之间的社会互动考察集体思维的具体发生过程,探索集体思维过程的影响因素、基本结构、基本功能和一般规律、模式,这里集体思维是作为过程进行考察;第三,探索集体思维养成和发展的途径,这里集体思维是作为目的进行考察。具体来说,本书从以下三个方面进一步解释"集体思维"的内涵。

首先,把"集体思维"中的"集体"看作是名词,并作为"思维"的主语和主体。则"集体思维"指的是"作为集体的思维",强调集体可以作为主体,整体地思维着。人类思维直接地是以个体为单位进行的,同时也存在集体主体层面的思维活动。也就是说,群体要首先是一个集体,并在集体的对话和"思维"活动中,说明性语言多于解释性语言。例如,面临一个复杂的问题,现实的或者是理论的,群体之间分工合作,尽管每个人负责不同的任务却能够收获整个任务完成所带来的结果。尽管个体只感知任务的某一点,但由于集体思维的存在却能够感受整体所有的特性。

---

[1] 钟启泉:《教师的课堂分析及其课题》,《上海课程教学研究》2017 年第 5 期。
[2] 钟启泉:《最近发展区:课堂转型的理论基础》,《全球教育展望》2018 年第 1 期。

其次，把"集体思维"中的"集体"同样看作名词，作为"思维"的宾语和客体。则集体思维就是指"以集体为对象的思维"，是"思维的集体"或"对集体的思维"。人类思维有具体的对象和内容，思维不仅指向外部自然物，也指向个体内部，如杜威的"反省思维"概念。同样也指向社会客体和人类自身。将"集体"视为思维的对象和内容是强调，人们的思维在集体层面具有不同的方式和方法、不同的发展和运动规律。也就是说，作为宾语的"思维的集体"则主要指向思维的两个或多个集体之间的区别，探索"集体"与"集体"之间、不同的地区、民族、国家等"集体"之间的思维特征及其发展规律。

最后，把"集体思维"中的"集体"作为形容词。则"集体思维"指的是"集体性的思维"，强调思维的集体性特征和本质。思维具有个体性，同样具有集体性，个体思维和集体思维是思维一体两面的关系。传统对思维的认识往往聚焦于具有单数性质的抽象的、个体性的思维的研究，而忽视思维的集体性。马克思指出，人的本质不是抽象的个体性存在，而是一切社会关系的总和。无论从人类思维发展历史还是思维的对象、内容和任务来讲，思维都具有集体性。而只有将个体思维发展并融入人类集体中，个体实现社会关系总和的社会性本质才得以彰显。

二 班级集体与课堂教学的概念辨析

以"班级集体"为基本组织架构的班级授课制是当前我国中小学主导的课堂教学组织形式，分别在班的意义上和课的意义上为学科教学和班级建设提供了组织基础，并构成当前我国课堂教学日常"生活世界"的基本秩序。自夸美纽斯创立班级授课制以来，如何在班级集体中实现学生发展，尤其是社会化发展便一直是教育界关注的问题。从赫尔巴特提出教育性教学原则，到马卡连柯在集体中为了集体的集体教育原则，以及杜威作为生活方式的民主教育思想,学者们不断在新的理论或视角下探索学科知识教学—学生学科素养养成与班级集体建设—学生社会化之间的关系。因而本书对课堂教学与班级集体的概念的探讨主要是基于对"班级授课制"的学理分析基础上的概念重释。

(一) 班级集体的概念解析

"班级"不仅是教育学意义上一种教学组织形式的"集体教学和集体学习",也是社会学意义上教学总体性的结构关系和"班级集体",同时也是管理学意义上的"组织集体"。不仅是学校教育教学管理的基本单位,也是开展教学活动的重要组织平台。以班级为单位的学校教育活动是学校日常教育实践中最为基础性的构成,是师生学校生活的最基本的组成,因而也是传统教育思想和行为积淀最深,且已达到普遍化和习惯化[①]。这一点首先为班集体的教育性内涵提供了组织和管理基础;其次,班级集体往往是以学生年龄、发展水平和能力等为标准所构建的同质化的群体。尽管同质化的班级集体学习遭到了不少理论和实践的批判,但不可否认的是,这种同质群体为学生成长提供了具有重要教育意义的社会环境。此外,同质的班级集体在学生个性和能力上又是异质的,这种异质性又为学生在学科学习和班级生活中实现同伴间相互补充、相互激励、互帮互助的集体合作提供了可能。最后,班级集体的组织架构在构成学生日常生活的秩序的同时,以师生关系和同伴关系的社会性认识为基点,确立了学生社会化所依赖的基本路径,以至于学生对其他社会成员的关系、校外生活方式、伦理意识和社会道德规范意识等,都受"班级"组织的主导逻辑影响。

在一定意义上说,班级集体构成了学生学校生活的基本行为框架,具体来说就是:(1) 在学校生活中,作为一种关系枢纽,主导着学生学校日常生活和课堂集体学习的结构性关联;(2) 从组织管

---

① 钟启泉:《班级授课制》,《基础教育课程》2015 年第 13 期。

理角度讲，学校、家庭、教师和学生，形成各教育利益相关者之间互动的基本运行机制；（3）具有裴斯泰洛齐教育思想中"要素"的意涵，即班级在构成学生日常学习的基本逻辑和生活秩序的同时，扩展至学生其他社会生活方式、道德规范和思维图式，构成学生社会化的基本要素；（4）不仅是一种制度化的学习生活方式，班级同时刻画了学生生命成长中一段特定的精神内涵。在班级集体的组织框架中，学生调换班级、留级，班主任、任课教师的调换，乃至班级成员的微小变化对学生的成长都会产生一定的影响。

（二）课堂教学概念解析

如果说班级授课制的"班级集体"构成了课堂教学和学生集体思维的社会性交往的组织基础，那么"课"则为学生集体思维和班级集体建设提供了教育性和教学原理上的组织支持。赫尔巴特基于统觉心理学理论和对教学过程的分析，提出的"明了、联想、系统、方法"的课堂教学四个阶段，萌生了班级授课制"课"的思想，苏联教育工作者在此基础上明确提出了"课"的概念。以凯洛夫为代表的苏联教育家认为，学生掌握概念或者是获得技能，都要经历"感知、理解、巩固等相互联系的阶段"。基于不同的教学内容或主题，需要一系列的"课"来承担并完成一定的教和学的任务，课堂教学过程由于教学内容和教学任务的不同，形成了不同类型的"课"和不同的教学环节、步骤。如纵向来看有复习旧课、导入新课、讲授新课、练习课等，以及不同内容的学时课；横向来看则有不同学科课，不同主题的综合课等。课的类型和结构的概念的提出，使课堂教学得以在一个统一而既定的课时内，对按照年龄和知识水平所组织的学生集体进行彼此连续而又相对完整的课堂教学[①]。集体思维视角下的课堂教学就是在班级授课制的基本框架下，具有差异性个体经验、能力的学

[①] 裴娣娜：《教学论》，教育科学出版社 2007 年版，第 230 页。

生在共同的教学内容和任务中,实现师生、生生之间集体的思维交互、碰撞和交融的过程。当然,课堂教学中的集体思维并不是自发地、自然而然产生的,而是在学校教育制度下,通过班级组织建设,师生、生生之间制度化的角色行为形成的。班级只是为集体思维提供了制度性和形式上的集体。而要真正实现课堂集体思维的发生,充分利用班级中的组织资源和集体力量,在课堂教学中推动班级集体建设和学生社会性发展,从根本意义上就要发挥师生主体意识,充分促进学生的课堂交往,提升学生的课堂地位。在课堂教学过程中,构建师生、生生各主体之间相互了解、充分交往、共同发展的学习共同体和不同经验、不同水平的个体之间思维交融、交互的学习集体。

三 课堂集体思维概念辨析

由于集体思维存在三种类型的概念界定,即分别作为手段、目的和过程,因而本书对课堂集体思维的理解同样存在三个层面的内涵:作为手段的集体思维在课堂教学过程中的主要表现是师生、生生集体思维的交互;作为目的的集体思维在课堂教学中的主要表现是学生集体思维的发展;作为过程的集体思维在课堂教学中主要是指本书的研究方法论思想,即将课堂教学中师生、生生集体思维交互、发生和发展过程作为研究对象,探索课堂集体思维发展一般过程、特征和规律。具体来说,第一,集体思维作为一种理论视角和方法论思想,是对课堂教学基本范畴的理论重释:集体的教与个体的学是课堂教学显而易见、不可忽视的形式结构矛盾。基于这一形式结构矛盾的认识,重新阐释以班级授课制为基本组织形式的课堂集体教学过程之于学生个体发展的重要意义,探索课堂教学从集体学习向学习集体转变的学理基础。本书结合马克思主义实践哲学理论和吉登斯结构二重性思想,认为课堂教学的集体认识实践过程为学生个体的思维发展提供了结构性、正当化、制度化的基础,学生的思维发展是在师生、生生集体性认知交互的过程中实现对集体的情感、态度和价值观念的理性认知，并且在集体互动的认识交互过程中将外在的人类科学文化知识转化为学生的内在精神财富。

第二，集体思维作为一种人类社会思维实践活动及其形式，是对课堂教学过程本质的再认识：课堂教学实质上就是师生、生生围绕一定的主题或问题展开集体思维的过程。集体思维包含着对同一问题不同视角甚至不同层次的理解，并通过思维碰撞、交互的方式擦出思想火花，启迪思想和灵感，不仅能够有效地促进个体对某一事物的不同理解，加强个体对相关知识的把握，同时能够为解决复杂的现实问题提供不同的理解方式和路径，并最终促进个体发展和集体的共同进步。学生不是空着脑袋进入教室的，每一个学生在面临同一教学主题时必然存在差异性的个体认识和理解，课堂集体思维就是师生、生生围绕同一问题、主题或课题，以差异的个体思维为资源，通过不同认识水平和不同个体认识的对话、碰撞，在相互启发中实现个体认识的深化、思维的发展和集体的共同进步。

第三，集体思维作为一种思维的发生、发展过程，是对课堂教学活动运行机制的重构：课堂教学是由权威的教师和相似而又不同的学生组成的学习集体，具有实现和构建集体思维的天然优势和现实基础。本书结合课堂教学认知实践活动的独特性，参照其他社会实践领域中集体思维的一般发生、发展过程，聚焦课堂教学中的同质性与异质性的矛盾统一关系，坚持以问题为导向、强调主体参与，探索如何将学生的个体差异转化为课堂集体思维的资源，在此基础上提出"吸引、参与、启发、发展"的课堂集体思维基本模式，形成"提出问题、集体聚合、差异交互、共享成长"的课堂集体思维四阶段及其运行机制。

课堂集体思维是一个动态的、不断生成的发展过程。就思维发生、发展的过程来讲，思维天然地是以个体为单位发生的人类认知实践活动，遵循从直观思维到抽象思维再到辩证思维的逻辑发展过程。换言之，课堂教学中学生个体思维的发生、发展过程如果可以简单地描述为学生的认知和思维从已有的水平向教学目标所代表的认知和思维水平不断靠近的过程的话，那么，课堂集体思维就是要实现每一个学生从已有的认知和思维水平向教学目标所要求的认知和思维水平转变、深化和发展。这一过程绝不是千军万马过独木桥的竞争过程，而是经过集体的对话、思维的碰撞，以思维的"相似性吸引"和"差异性碰撞"为基本原则，经历个体性思维的同质化表达、群体性思维的差异化交互、个体与集体有机统一的理性认同这三个阶段，进而实现每一个学生的认知和思维的发展以及集体的共同进步。

四 课堂集体思维的基本特征

（一）个体主体性与集体主体性的统一

课堂教学是师生、生生围绕一定的教学主题或内容展开集体思维的过程，课堂集体思维区别于单数的、抽象的、独立的学生个体思维发展过程，又绝非个体思维的简单相加之和，而是将学生个体发展纳入课堂集体互动的结构中，基于学生个体差异及其个体思维的局限性，构建相互启发、相互促进的课堂集体思维，从而实现个体与集体的有机统一。就思维的主体来看，课堂集体思维既存在微观的以学生个体为主体的个体思维发生、发展过程，同时又存在以集体为主体的思维发生、发展过程。就微观的个体思维发生、发展过程来看，学生的思维遵循从直观思维到抽象思维，再到辩证逻辑思维的不断发展过程。从宏观的课堂整体互动过程来看，课堂集体思维存在从同质性的模仿、差异性的交互融合，最后到个体的理性认识和集体认同的统一。也就是说，课堂集体思维是以个体思维纵向的发展与整体性的横向水平提升所交织成的网状结构，在此网状结构中实现学生个体发展和集体共同进步的统一。

思维天然地是以个体为主体所发生的人类认知实践活动。思维的个体主体性是不证自明的。课堂教学作为师生、生生集体的互动交往过程，思维的集体主体性同样是不言而喻的。一方面，人的本质是一切社会关系的总和，个人始终是处于一定社会关系中的个人，是具有社会性、自然性和自我意识并从事具体实践活动的人。马克思指出："首先应当避免重新把'社会'当做抽象的东西同个人对立起来。个人是社会存在物。因此，他的生命表现，即使不采取共同的、同其他人一起完成的生命表现这种直接形式，也是社会生活的表现和确证。"① 个人和集体、个人和社会是密不可分的。另一方面，个体作为思维的主体具有显而易见的局限性。任何个体的思维和认识不可能穷尽事物的各个方面，个人的认识和思维既有其独特的个性特征，同时必然也是不完善和不全面的。而只有集体主体，或者说在集体思维过程能够超越个体思维的局限性，才能确证思维的个体差异和个性特征关于事物整体认识的"合法性"。

表面上看，个体的大脑是人类思维和知识的基本载体。实际上，人类是生活于"集体智慧大脑"之中的，个体及其大脑只是思维和知识存储、提取的一种方式和途径。由于人的社会性，尤其是人类语言的存在，个体所拥有的知识表征只是一片小小的世界。并且个体化的知识常常饱受知识错觉之忧，只有集体知识所表现出的专业性、系统性或许才能够克服和超越个体的"偏见"②。所谓个体知识（道）的错觉，简单来说就是"我知道我所知道的，不知道所不知道的"。而个体往往会沉溺于"知识"与"知道"中而产生一种错觉：仿佛知道了全部，难以发现其中的谬误，并且人们往往对自己的理解和思维水平"自我感觉良好"。这一点在教学中的经典表现就是，让学生检查做过的题或者试卷，很难发现"做错"的地方。总之，课堂中不仅存在以个体为主体和载体的思维发生、

---

① ［德］马克思：《1844年经济学哲学手稿》，人民出版社2018年版，第80页。
② ［美］史蒂文·斯洛曼：《知识的错觉：我们为什么从未独立思考》，祝常悦译，中信出版社2018年版，第146页。

发展过程，同时也存在以集体为主体和载体的思维发生、发展过程。而且从认知和思维发生、发展的现实过程来看，课堂教学就是个体主体性思维与集体主体性思维相互统一的过程，两者相互交融、交织构成了课堂教学思维发生、发展的网状结构，学生的思维就是通过这种集体性与个体性交互过程实现不断的发展和提升的。这一交互过程也就构成了课堂集体思维的基本属性和特征。

(二) 结构预设性与动态生成性的统一

课堂集体思维是师生、生生围绕一定主题和问题展开思维的交互、碰撞和发展的过程，是结构预设性与动态生成性的统一。课堂集体思维的结构预设性来自课堂中知识与思维的辩证关系。主要表现为两个方面：第一，学生思维的发生和发展必然是以一定的知识为基础，知识作为人类思维的结果和产物，内含了一定的人类认识和思维水平；第二，课堂教学从静态的过程描述上看，是将外在的人类科学文化知识转化为学生的内在精神财富。其实质是从"未知"到"已知"的不断发展过程。这一点从根本决定了课堂集体思维存在的预设性和基本发展结构。第三，课堂教学作为有计划、有组织、系统性的制度化教育影响过程，区别于其他场域中"自然"发生的教育，课堂教学必然呈现出一定的预设性。在一定程度上甚至可以说，预设是课堂教学的基本特性，是保证教学质量的基本要求。教师在课前必须对教学目的、任务和过程有一个清晰的、理性的思考和安排，保证课堂教学活动的计划性和效率性[1]。思维的发生、发展存在静态和动态两个层面。静态的思维主要表征为一定的思维结果和相应的思维水平。知识作为思维的结果和产物，以静态的形式表征了相应的思维水平。但是拥有知识并不一定能够获得和理解相应的思维水平。知识的发现过程以及知识的理解过程离不开思维的参与。毫无疑问，知识的发现需要思维的参与。而知识

---

[1] 余文森：《论教学中的预设与生成》，《课程·教材·教法》2007年第5期。

要为学生所获得，转化为个体内在的精神财富，必然需要学生"动脑子"和思考。尽管说知识作为思维产物是以静态的形式存在，这只是从"是什么"意义上描述知识所蕴含的思维水平。知识还是对事物包括知识本身之间内在联系"怎么样"的描述。没有孤立存在的知识，任何知识都处于一定的相互关系和结构之中。如一支正常运作的手表里面必然存在许多零件。有齿轮、发条、螺丝和转轴等，这些零件以相互作用的方式联系成为一个整体，每个零件都有其自身的功能，通过相应的相互关系形成了手表的整体功能——计时。同样地，任何知识必然存在于一定的学科结构中，而关于人类世界和宇宙的知识又由各种相互联系的学科结构知识所构成。最后，知识作为人类认识成果，要将知识转化为个体精神财富必然需要思维的参与。知识进入人脑，不是杂乱无章的过程，而是有机的组合，需要大脑的思考和思维的参与，从而将外在的客观知识转化为主体的主观意识和精神财富[①]。知识学习需要人的大脑思考和思维的参与，深入探讨、把握和理解知识"是什么""怎么样"以及"为什么"，进而构建系统性、结构性和完整的人类知识体系。

　　从知识学习的思维参与来看，课堂集体思维毫无疑问是一个动态的发展过程，而不是静态的、抽象的、概念的描述和结果的厘定。这一动态过程体现在两个方面：第一，课堂教学是学生从自身已有的知识、经验、意向等认知和思维水平，通过师生、生生集体思维的过程不断向课堂教学所预设的以及人类科学文化知识所内在的认知和思维水平靠近的过程。学生思维的发展不是一蹴而就的，而是一个动态的甚至存在螺旋和反复的过程。第二，课堂集体思维是一个具有历时性和前后一贯的逻辑发展过程。以集体为主体所发生的认知和思维实践活动，很难具体从某一时刻或者画面中说明"这就是集体思维"。课堂集体思维从外在形式上主要表现为师

[①] 黄浩森等：《知识与思维》，福建教育出版社1990年版，第16页。

生、生生之间的对话、交往和互动，在这个过程中，教师与学生、学生与学生之间分享彼此的思考、经验和观点，交流彼此的情感、体验和观念，从中碰撞出思维火花，激发出思想灵感，不断实现知识学习和经验发展的增值和生成。因而，教育者或许可以从学生的某个回答，或者某个具体的反应中判定学生个体思维的参与和发生，但很难用某一时刻师生、生生的所处的状态或某一反应判定集体思维的产生，只能从整体上和动态过程中把握和构建课堂集体思维。

第三节　文献综述

课堂集体思维的构建是对"课堂中学生的思维是如何发生、发展"这一现实问题的理论回应，其实质是基于对学生思维发生、发展的一般过程和基本规律探讨课堂教学过程中师生、生生集体认识实践活动的基本运行机制。基于这一研究问题，本书主要围绕思维与集体思维、课堂教学与课堂教学运行机制、课堂中学生思维的发展三个方面展开文献述评。"思维与集体思维"是本书的理论前提，主要通过梳理社会学、人类学、心理学、哲学等相关学科关于人类思维的产生及其发展的相关研究，探索人类思维的本质、特征和研究方法等，为本书的展开提供学理基础和方法论支持；"课堂教学与课堂教学运行机制"是本书主要研究对象和内容，通过梳理学界有关对"课堂教学是什么""课堂教学的一般过程及其基本规律""课堂教学中的师生活动"等一系列问题的认识和理解，为本书构建课堂集体思维提供理论的借鉴；"课堂中学生思维的发展"是本书的一对核心范畴，通过梳理学界关于学生思维发展与课堂教学的相关研究，以"学生思维发展"为切入口，通过梳理学界有关教育（教学）目的、教学过程、教学内容三个方面的相关研究，探索课堂教学的集体思维属性及其育人价值。

一　有关思维与集体思维的研究文献述评

(一) 有关思维的研究文献述评

人类的任何认识活动，势必伴随着思维的参与。因而，从某种意义可以说，思维的产生与发展与人类认识世界的历史进程一样悠久。"关于思维的科学，和其他任何科学一样，是一种历史的科学，关于人的思维的历史发展的科学。"① 我国古代并没有"思维"一词，只有"思""虑"与"思虑"等词语。"思"的意思与现在思维的内涵相近，"虑"在我国古代只作为思维过程的重要阶段。我国古代思想家将认知过程主要划分为"知"（感知）和"虑"（思维、思虑）两个阶段②。因而就有思近虑远、思浅虑深、思明虑求等一系列说法。不少学者对思维的性质和机制、思维的分类、思维的形式、思维的方法、思维与语言、思维与感知等一系列内涵和相互关系进行了系统的研究。

在西方，最早明确对思维进行概念上的界定的是柏拉图。他认为"思维是心灵与自身的对话，判断是思维的结论……除了我们把思维准确地称作由心灵与它自身进行无声的对话外，思维和言谈是一回事"③。继柏拉图之后，西方世界将思维作为人类理性认识的高级形式，对思维的本质论和生成论进行了系统的研究。实际上，第一次工业革命之前，西方多是从哲学思辨的角度对思维进行形而上的研究，并将思维看作是人类独有的、区别于动物的高级认识能力。

工业革命前后，随着人类将探险的步伐迈向全世界，人类已经不满足于人与动物的区别的研究，逐渐开始探索人类文明不同发展阶段、不同民族、不同地域之间文化和思维的差异。这个时期，诞

---

① 张浩：《思维发生学》，中国社会科学出版社1994年版，第1页。
② 车文博：《中外心理学比较思想史（第一卷）》，上海教育出版社2009年版，第345页。
③ ［希］柏拉图：《柏拉图全集》（第三卷），王晓朝译，人民出版社2002年版，第75页。

生了一系列针对原始部落和民族的思维研究。如弗雷泽对原始部落中存在的巫术思维进行了系统的分析和研究；涂尔干在其后半生的学术生涯中，致力于对原始社会和宗教的研究以"理解现今的人"。他在与马塞尔·莫斯合著的《原始分类》中所提出的集体表象概念以及存在于原始思维中的互渗律、相似律对后世关于原始部落和宗教的研究产生了极大的影响。在《宗教生活的基本形式》中，涂尔干系统地论述了知识社会学观点。他认为，从思维的源起和发展过程来看，思维都是集体的产物，"就思维的基本概念（范畴）而言，它们既不是来源于个体的经验，也不是来源于超验的神启，而是来源于人类的集体生活，并且反映社会的结构。"[1] 受涂尔干影响，列维·布留尔在《原始思维》的开篇对集体表象的内涵进行了界定，并系统地论述了集体表象与原始思维之间的相互关系："集体表象要求以某种不同于构成社会集体的各个个体的集体主体为前提，而是因为它们所表现的特征不可能以研究个体本身的途径来得到理解。例如语言，实在来说，虽然它只存在于操作这个语言的个人意识中，然而它仍是以集体表象的总和为基础的无可怀疑的社会现实，因为它是把自己强加给这些个体中的每一个；它先于个体，并久于个体而存在……具有自己制度和风俗的一定类型的社会，也必然具有自己的思维样式。不同的思维样式将与不同的社会类型相符合，尤其是因为制度和风俗本身，实际上只是那些可说客观地受考察的集体表象的某种样式。"[2] 布留尔在系统考察原始社会语言的特点后指出："计数法也和语言一样（不应当把他们与语言分开），乃是取决于集体思维的社会现象。在任何社会集体中，这种思维都是完全决定于该社会集体的类型及其制度。"实际上，在布留尔看来，原始思维具有集体性，抑或者说，原始思维本身就是集体的，不存在个体性的思维。继布留尔之后，列维·斯特劳斯也对原始

---

[1] 侯钧生：《西方社会学理论教程》（第二版），南开大学出版社2006年版，第60页。
[2] ［法］布留尔：《原始思维》，丁由译，商务印书馆1981年版，第5—23页。

民族和部落的思维方式进行了系统的研究,只不过与布留尔对原始思维研究中透露着的"现代人的鄙视和优越"不同,斯特劳斯着重论证了原始思维"落后"与"原始"的合理性,重视"用野蛮人的思维去理解野蛮人的活动",而非用现代人的思维挑原始人的刺。

工业革命后密集出现的关于原始部落和民族的思维特征的研究进一步加深了人们对人类自身的认识,不仅从研究范畴上突破了传统哲学对思维本质的形而上的研究,同时也丰富和扩大了思维研究方法论基础。涂尔干、马塞尔·莫斯、列维·布留尔、列维·斯特劳斯对原始部落的思维特征以及宗教起源的研究,从发生学上论证了思维的"集体起源说"。人类思维从其起源上来讲具有集体性,并且是一种"集体无意识"。在人类发展早期,甚至不存在个体性思维。此外,斯特劳斯还指出,不管是原始部落的"野性思维",还是当代人类的"文明思维",思维本身没有优劣之分,各种思维都有自身的特征和发展特点。"野性思维"本身同样存在于当代人的思维方式中。

从人类思维特征中探索人与动物、现代人与"野蛮人"的区别,增进人类对自身本质的理解历来都是学界研究的兴趣点。杜威在《我们怎样思维·经验与教育》中系统论述了反省思维的内涵、特征与价值,他认为思维所具有的目的性、指导性、预见性是人类获得事物和经验意义的重要途径,同时也是"野蛮人和野兽人"本质的不同之处。而"人们也运用思维建立和编制人造的符号,以便预先想到结果以及为达到某种结果或避免某种结果而采取的种种方式……表明了文明人和野蛮人的不同"[①]。

与传统哲学将人与动物的区别的研究进行抽象的理解不同,费尔巴哈和马克思提出了人的"类本质"的思想,将人与动物的区别

---

① [美]杜威:《我们怎样思维·经验与教育》,姜文闵译,人民教育出版社2005年版,第24页。

上升到作为人"类"与动物的根本区别。"类"既是抽象的又是具体的，它通过人的个体及其相互关系表现出来，人是类的存在物。所谓人的类本质，亦即人类的本质，是指人类作为一个整体所具有的本质特征以及它与动物的根本区别[①]。人的"类本质"思想是费尔巴哈人本主义思想的核心，费尔巴哈通过分析"人与动物的根本区别是人的类意识的存在"，提出了"类、类生活、类本质"等一系列概念和术语。马克思从实践论出发，继承和超越了费尔巴哈关于人的"类本质"思想。他认为"人是类存在物，不仅因为人在实践上和理论上都把类——他自身的类以及其他物的类——当作自己的对象；而且因为——这只是同一种事物的另一种说法——人把自身当作现有的、有生命的类来对待，因为人把自身当作普遍的因而也是自由的存在物来对待"[②]。马克思在《1844年经济学哲学手稿》（以下简称《手稿》）中广泛使用了"类存在""类本质""类特性""类生活"等概念。关于人的"类本质"不仅仅是马克思青年时期的思想，同时也是他一直思考和关注的问题[③]。

总的来说，人的"类本质"是马克思关于人的本质问题的系统总结，包含三个方面的命题：一是"劳动或实践是人的本质"；二是"人的本质是一切社会关系的总和"；三是"人的需要即人的本质"。对于前两个命题，马克思在《手稿》中进行了系统的论述。最后一个命题很少被学者提及，却是马克思对前两个命题的综合。马克思在《德意志意识形态》中指出："他们的需要即他们的本性"。马克思不仅赋予需要作为人的发展的前提性存在，而且赋予其普遍性、永恒性和能动性特征。"需要的发展是人的本质力量的新的证明和人的本质的新的充实。"人类发展史，是人的需要也是人的本性不断改变和发展的历史。离开人的需要，人的一切实践活

[①] 王双桥：《论人的类本质》，《求索》1998年第1期。
[②] ［德］马克思：《1844年经济学哲学手稿》，人民出版社2018年版，第51页。
[③] 雷勇等：《论马克思对费尔巴哈"类本质"思想的扬弃》，《学术研究》2018年第7期。

动和现实社会关系都将失去存在的基本根基①。通过对人的需要的论述，马克思将人的本质问题回归人的本性及其发展本身，进而实现对前两种人的本质的观念的综合。马克思关于人的"类本质"的思想不仅是对人类发展历史进程中关于个体与集体、人的本质与人类本质相互关系的系统讨论与总结，同时还与马克思实践哲学、人的异化理论紧密相连，为本书探讨人类发展过程中集体思维与个体思维、思维的集体性与个体性提供了理论基础。

（二）有关"集体思维"的研究文献述评

进入21世纪之后，学界对思维的研究已经不再聚焦于人与动物的区别，而是更多地探索人类文明发展的根本动力以及对人类未来的展望。英国演化生物学家理查德·道金斯（Richard Dawkins）1976年在《自私的基因》（The Selfish Gene）中首次提出关于人类文化的进化理论——模因论（memetics），引起了广泛争论。模因论尝试用一种新规范模式，把文化遗传的作用整合到进化更标准的生物模式中。模因论假设文化要素由模因（meme）构成。模因是文化传承与发展的基本单位，是指人与人之间相互模仿、散播开来的思想、经验或观念，并一代一代地传承开来。模因（meme）与基因（gene）相近，表示"出自相同基因而导致相似"的意思，故模因指文化基因。模因论发展很快，在人文和社会科学学科得到了不同程度的应用②。美国生物学家彼得·里克森（Peter J. Richerson）基于道金斯的模因论系统探讨了人类演化与社会变迁的根本动力。他指出团结性是人类优于其他哺乳动物的本质特性，其中文化是理解人类行为的关键，没有种群思维（population thinking）就不可能理解文化③；英国学者马特·里德利（Matt Ridley）在《理

---

① 张奎良等：《马克思人的需要本性概念的科学意义》，《理论探讨》2015年第4期。
② 樊林洲：《文化进化的模因论透视》，《自然辩证法通讯》2015年第1期。
③ Richerson P. J., Boyd R., *Not by Genes Alone: How Culture Transformed Human Evolution*, Chicago: the University of Chicago, 2005, pp. 3 – 5.

性乐观派》（*The Rational Optimist：How Prosperity Evolves*）一书中探索"是什么让我们（人类）如此与众不同，在人类诞生的短短32000年间①实现了如此突飞猛进的发展"。里德利认为对人类进化与发展的研究不应该聚焦于人类大脑内部，研究人类智力发展、语言产生、科技进步等一系列因素对人类文明的影响。而应该更多地考察大脑和大脑之间，这是一种集体性现象，一种集体智慧。通过梳理人类发展的整个历史，里德利指出"人类的智慧就成了集体性、积累性的，这种现象并未出现在其他动物身上"②。正是人类个体思想的交融与集体智慧、集体思维的发展推动了人类的繁荣。理论物理学家伦纳德·蒙洛迪诺（Leonard Mlodinow）在《思维简史：从丛林到宇宙》（*The Upright Thinkers：The Human Journey from Living in Trees to Understanding the Cosmos*）中主要探讨了"从直立行走，到月球漫步，从石器时期的原始人，到发展量子物理时代的现代思想者，是什么推动着人类不断进步？人工智能时代，机器会不会产生意识，从而影响甚至彻底改变人类的思想进程？思想作为人类的特质，未来会将我们带向何方？"③ 作者从这几个问题对人类思维的特征及其起源进行系统的论述，并对人类未来发展提供了现代化的思考。美国布朗大学认知、语言与心理学教授史蒂文·斯洛曼（Steven Sloman）长期致力于研究思维如何影响人类生活方式。他在2017年所著的《知识的错觉：为什么我们从未独立思考》（*The Knowledge Illusion：Why We Never Think Alone*）一书中对存在于人类认知过程中的"错觉"进行了新的研究，他指出"让人类崛起的是集体思维。而非个人理性。知识存在于群体中，专家也依赖群体

---

① 注：作者是从肖维岩洞（Grotte Chauvet）的发现及其所记载的人类活动开始计算的。肖维岩洞是位于法国南部阿尔代什省的一个洞穴，因洞壁上拥有丰富的史前绘画而闻名，洞内岩画可以追溯至32000年前。

② Matt Ridley, *The Rational Optimist：How Prosperity Evolves*, London：Fourth Estate, 2010：Ⅲ.

③ [美]伦纳德·蒙洛迪诺：《思维简史：从丛林到宇宙》，龚瑞译，中信出版社2018年版，第364—370页。

的智慧,知识掌握在谁的手里并不重要,重要的是拥有获取知识的能力"[1]。此外,中国科学院心理研究所白新文先生近年来一直致力于对集体智慧、共享智慧的研究,构建了共享心智模型,探索了个体知识结构与群体知识结构之间的相互关系[2]。

从当前学者对人类思维的研究不难看出,人们对思维的认识开始逐渐从区分人与动物、人类思维进化发展历史的探索逐渐转向对思维与人类文明发展的相互关系,从对个体思维的一般规律的探索转向个体间思维交互发展和集体(群体)思维的内涵、特征、功能和思维规律上,逐渐认识到集体思维对人类文明发展的重要意义,逐渐展开对集体思维与个体思维相互关系和集体思维内涵、特征及其功能和意义的研究,为本书探索学生集体思维的发展以及学生个体思维与集体思维交互关系提供了文献支撑和理论基础。

(三)关于集体思维内涵的进一步解释

通过对文献的梳理可以看出,学界关于思维的研究主要是为了认识"人"与"人类"自己,其中非常重要的一个途径和方法就是通过对比人与动物,以及不同物种的思维本质、特征的差异,构建了对人类自己的认识。

关于人与动物的根本区别的理论有很多,这同时也涉及不同的思维起源说,如思维的"语言起源说",认为思维几乎是与人类语言的产生与发展同步的。毫无疑问,语言是人类社会性发展的产物,因而从思维与语言的起源上论证思维的集体性是较为容易的。但是,本书并不满足于这样的解释。关于思维的研究还有一种假说是思维的发生源自人类自我意识的出现——拥有自我意识就意味着可以理解和区别他人的能力。还有一种关于思维的起源是"工具

---

[1] Steven Sloman, Philip Fernbach, *The Knowledge Illusion: Why We Never Think Alone*, New York: Riverhead Books, 2017, p. Ⅱ.

[2] 林晓敏等:《团队心智模型相似性与正确性对团队创造力的影响》,《心理学报》2014年第11期。

论"和"劳动起源说"。思维起源于人类在劳动过程中工具的使用与发展。有一项研究旨在探讨"人类的近亲古猿也会使用工具，但为何只有人实现了大踏步地前进？"。通过对比猿猴和人类思维研究表明，人类与猿猴在思维上的差异根本是"集体思维"的存在，而集体思维的发生与发展最为重要的因素在于"累积性思维"。人类祖先思维的发展经过了不会使用工具到"天然工具"的使用，然后是意识地改造"天然工具"。众所周知，猿类和人类都会使用天然工具，而唯一的差别是，猿猴使用天然工具的时候是"随用随丢"：问题解决后就把工具扔了，下次使用工具的时候再就地取材。而人类不一样，人类对待工具使用具有"累积性思维"，他会将使用过后的工具（当然包含经验）带回。而这正是人类思维进化发展的关键所在。将工具带回意味着经验的累积，人类在未来解决问题时就可以根据自己的目的、需要、兴趣等一系列因素"挑选得心应手的工具"[①]。这里需要指出的是，古人类是群居的，这种累积不仅仅指个人的累积，还包括群体中他人带回的工具和经验，也就是说，人类不仅可以从个体已有经验和工具中根据主体需要选择合适的工具，同时还可以从群体中选择。这就为改造工具、发明工具，同时交流、交换并传递人类经验提供了基础。从这个意义上讲，集体思维就是人类在累积性思维的基础上实现集体间不同思维的碰撞交互，并根据主体需要在理性认知的基础上综合解决问题的过程。

二 有关课堂教学及其运行机制的研究文献述评

课堂教学是育人的主阵地，是学生成长的重要场域，这一点是不证自明的。但从近代学校教育发展历程来看，课堂教学作为育人主阵地这一认识并非稳固不变的，几乎每一次的社会剧变和教育变革都给课堂教学发展带来了巨大的挑战。20 世纪 70 年代开始，随

---

① 张浩：《思维发生学》，中国社会科学出版社 1994 年版，第 82—85 页。

着人类社会信息化和全球化进程的加速，后现代思潮的兴起，人们对学校教育和课堂教学展开了无情的批判。以伊万·伊利奇（Ivan Illich）为代表的西方学者认为传统学校教育和课堂教学不能满足社会对时代新人培养的要求，不能适应当代社会的发展，需要从形式到内容、方法及手段上做全面的变革乃至取消①。伊利奇在《去学校化社会》一书中针对学校教育，尤其是作为现代化、制度化的课堂教学展开了无情的批判："我们所知道的大部分东西是在学校之外学到的。学生的大部分学习都是在教师不在场时自己进行的；即使教师在场，学生也经常是自己进行学习的"②。伊利奇对学校教育的批评不无道理，随着人类信息化的不断发展，"不只是教育，社会现实本身已经学校化了"③，人类学习的方式发生了翻天覆地的变化。学习早已不再仅仅局限于学校和课堂中，互联网技术的发展使得学习可以随时随地地发生。美国未来学家阿尔文·托夫勒（Alvin Toffler）在《第三次浪潮》中指出："人们在教室外学到的知识比教室内还多"④，并且伴随着信息技术与学校教育的不断深度融合，产生了一系列颠覆性的教学方式和学习形式，翻转课堂、在线学习、微课、慕课等越来越成为人类学习的重要形式，对传统以班级授课制为主要组织形式的课堂集体教学提出巨大挑战⑤。因此，信息化背景下，课堂教学如何实现突围，保持自身独特性，坚守育人主阵地这一历史使命是当代教育者必须回应的时代命题。

课堂教学育人的独特性体现在区别于家庭、社区、工作场域中

---

① 叶澜：《新基础教育论：关于当代中国学校变革的探究与认识》，教育科学出版社 2006 年版，第 242 页。

② ［美］伊万·伊利奇：《去学校化社会》，吴康宁译，中国轻工业出版社 2017 年版，第 V 页。

③ ［美］伊万·伊利奇：《去学校化社会》，吴康宁译，中国轻工业出版社 2017 年版，第 8 页。

④ ［美］托夫勒：《第三次浪潮》，黄明坚译，中信出版社 2006 年版，第 249 页。

⑤ 郭文革：《在线教育研究的真问题究竟是什么——"苏格拉底陷阱"及其超越》，《教育研究》2020 年第 9 期。

的学习，课堂教学是制度化、科学化、系统性、专业性的人类学习和学生发展的场域，是"人为制造"和旨在促进儿童成长的"雏形社会"①。所谓"雏形社会"具备类似于社会发展的基本结构和组织样态。在社会组织上主要表现为班级集体与同辈群体；在社会角色上表现为课堂教学是由权威的教师以及与相似而又不同的学生；在社会文化上表现为作为"法定文化"的教学内容，作为亚文化的教师文化和学生同辈群体文化；在社会活动上表现为课堂教学是有目的、有计划的以认知发展为基础的人际交往关系；在社会规范上主要表现为课堂和班级的规章制度。尽管在学习型社会不断发展的今天，人类的学习和儿童的成长不仅仅局限在课堂教学过程中，但由于课堂教学"社会"的独特性，尤其是由教师、学生、教学内容所形成的系统的集体文化场域决定了课堂教学育人场域的"无可替代"的价值②。课堂教学作为师生、生生集体的认知交互过程所形成的群体心理的课堂气氛，如师生、生生在集体交往中所积淀的价值观、思维模式、态度、语言、情感、意向、非语言的文化象征符号、人格特征等③，构成了学校教育和课堂教学促进学生发展不可或缺的集体力量。然而，长期以来我国对课堂教学的研究定位于教学的基本环节，即在备课、上课、批改作业、课外活动以及考试这一进程中，上课处于中心环节，学生的发展被淹没在"班""课""书"中，不能很好地利用集体的力量。为了打破传统课堂教学理论对学生发展的束缚，实现课堂教学研究与实践的转型发展，新课改以来，我国教育者逐渐开始探讨如何在课堂集体互动的教学活动过程中促进学生发展。"我国中小学课堂教学研究与研究主题，正实现从传统走向现代的根本转换，从而拓展了研究视

---

① 吴康宁：《课堂教学社会学》，南京师范大学出版社1999年版，"前言"第2—3页。
② 丁念金：《新时代教学论的发展方略》，《山西大学学报》（哲学社会科学版）2019年第5期。
③ 申荷永：《学校中团体气氛的综合研究》，《南京师大学报》（社会科学版）1991年第2期。

域，不断形成新的研究问题范畴。研究的重点在于：通过对课堂教学的行为分析，探讨学生是如何实现发展的"[1]。在此基础上产生了一系列具有影响的学校教育改革研究和实践，如裴娣娜先生领衔的主体教育实验，叶澜先生领衔的新基础教育改革和"生命实践"教育理论，以及朱永新先生发起的"新教育实验"。裴娣娜先生在《教育创新与学校课堂教学改革论纲》中指出，"现代教学生成发展的内涵是：在实践、活动基础上通过合作与交往促进学生差异发展。实践与活动、合作与交往、差异发展是我们目前在推进课堂教学改革创新中必须坚持的三个核心概念……20世纪90年代中期，教学认识的社会性问题逐渐成为教学论研究的一个重要问题。针对教学实践中学生普遍缺乏合作意识和交往技能，部分学生的社会性过度或社会性不足，学校教学同样应着力解决传统教学活动中主体交往性质的垄断性、交往形式的单一性以及交往对象选择性和交往机会的不均衡性等问题"[2]。

教学研究与实践的核心任务是解决学生有效学习和充分发展的问题，揭示教学条件下学生学习与发展的内在机制，即课堂教学的运行机制问题。对课堂教学过程内在运行机制的探讨，既涉及本体论的思考——课堂教学是什么，又涉及认识论的反思——如何认识，或者说从什么样的视角把握课堂教学过程及其本质。因此，由于对课堂教学过程及其本质以及立场、视角的差异，教育者对课堂教学运行机制的阐释和理解也不尽相同。如陈佑清教授从一般的教育过程阐释了教育促进学生发展的基本机制：提出"教育作用→学生活动→学生的发展"这一教育模型。认为教育并不直接对学生的身心结构及其素质发展产生影响，而是以学生活动为中介，首先对学生活动的内容进行选择和组织，然后对活动的过程施加影响。同样，教师的对象也是学生的活动，其实质是引发和促进学生主体能

---

[1] 裴娣娜：《现代教学论生成发展之思》，人民教育出版社2012年版，第374—375页。
[2] 裴娣娜：《教育创新与学校课堂教学改革论纲》，《课程·教材·教法》2012年第2期。

动的活动，并通过师生间的交往对学生的活动进行激发、诱导、指导、帮助、示范和评价等，进而间接地"改造"学生的身心结构，促进学生发展①；李松林教授同样将课堂教学中师生的活动作为基本分析单位，综合马克思的实践论、皮亚杰的发生认识论、米德的社会认识论、苏联的活动心理学、当代情境认知主义学理论等理论，探索和构建课堂教学活动促进学生发展的基本运行机制及其一般过程②；郭华教授认为教学过程是学生个体的特殊认识过程，提出"两次倒转"的教学运行机制：学生的认识过程是将人类认识过程"倒过来"的过程，学生的认识起点是人类认识的终点。教学的过程就是把"倒过来"的过程再"转回去"，即通过学生典型地、简约地经历人类认识过程的方式，使学生能够主动全面占有人类认识成果，深刻理解人类认识过程意义、过程和方法③。通过"两次倒转"的过程将外在的人类科学文化知识转化为学生主体内在的精神财富。此外，教育者关于课堂教学形式阶段的阐释实质上也是探索通过怎样的课堂教学过程促进学生发展，比较有代表性的如赫尔巴特（Herbart）提出的"明了、联想、系统、方法"，杜威（Dewey）的"思维五步法"，舒瓦勒茨（Schwartz）的"提出目标、准备、讲授、掌握、体验"，迪尔泰（Dilthev）提出的"感受、理解、表达"，克伯屈（Kilpatrick）的"提出目标、计划、进行、评定"，凯兴斯泰纳（Kerschensteiner）提出的"问题、假设、验证、结论"，奥苏贝尔（Ausubel）提出的"呈现、判断和分析、调整、转化、内化"，布鲁纳（Bruner）提出的"知觉、发现、再认、想象、判断、记忆、思维"。教育者关于课堂教学过程及其形式阶段的理论可谓众星熠熠，极大地丰富了教学理论发展的同时也推动了

---

① 陈佑清：《教育促进学生发展的机制》，《中国教育学刊》2001 年第 6 期。
② 李松林：《论学生认识发展的活动机制》，《教育学报》2008 年第 5 期。
③ 郭华：《带领学生进入历史："两次倒转"教学机制的理论意义》，《北京大学教育评论》2016 年第 2 期。

教学实践的不断革新。然而，梳理已有相关理论不难发现，学者们关于课堂教学过程的形式阶段及其运行机制的理论探索多是聚焦于"教"与"学"的相互关系和矛盾，或着眼于"教"的过程和环节，或重视"学"的程序和规律，将课堂实体化为抽象性、一对一的"教"与"学"的互动过程，忽视了课堂教学集体性特征及其形式结构矛盾。课堂中学生的发展不是在抽象的"教学"互动中实现的，而是在教师与学生以及同伴之间集体的交往过程中实现学生个体的发展。

实际上，关于课堂教学过程的集体属性以及如何在课堂教学过程通过集体的师生交往活动机制促进学生发展，以马卡连柯为代表的苏联学者在20世纪20—30年代进行了深入的探讨，并形成了系统的集体教育理论和实践模型。马卡连柯尖锐地指出：根据个人的特点（性别的、年龄的、道德的、社会的）来进一步发展这种逻辑，我们就要仍然走个人、单数的老路，在超越教育学中以一个儿童这个刺目的字眼来表示单数的发展①。课堂教学的对象究竟是什么？马卡连柯认为学生是集体生活和集体关系中的社会人，而不是脱离社会条件、生物性的单个的人。毫无疑问，集体既是课堂教学的对象又是课堂教学的主体，"我们应当把有组织的教育影响针对着集体，同时我们相信，对个人的最实际的工作方式，是把个人保留在集体内……在以班级授课制为基础的当代学校中，教师大部分时间和多数情况下不是面向个人而是面向集体实施教育活动……学生作为教育的对象，不是抽象的、具有这种或那种特色的、单个的人，而是置身于集体关系之中的具体的社会成员。因此我们要探索集体发展的规律，进而从整体上把握集体中个体发展

---

① 全国比较教育研究会：《马卡连柯教育思想研究论文集》，北京师范大学出版社1988年版，第259页。

的规律"①。从这个意义上说，马卡连柯的集体是教育的对象的科学论断为探讨和构建课堂教学师生、生生集体交互活动机制提供了理论基础。当然，集体并非课堂教学的唯一属性，作为"独立个体"的学生自我及其主体性参与是课堂集体互动的根本保障，集体与个体的相互关系构成了课堂教学一体两面的存在。集体作为课堂教学过程的客观性存在，不管是作为主体还是作为其存在的重要属性，课堂集体都蕴藏着巨大的教育力量。然而，当前教育界对课堂集体力量的挖掘还不够深入，对集体发展的基本机制的认识还不够系统。这就需要教育者对课堂教学过程中主体与活动做辩证和深入的研究，一方面要研究激发和调动课堂教学集体及其主体积极性的动力机制；另一方面要探索课堂集体教学过程一般发展机制，从而在整体上揭示课堂教学过程中集体与学生主体发展的辩证关系。

三 有关学生思维发展的相关研究文献述评

（一）有关学生思维发展的一般理论研究

可以说，对思维的研究存在两个方向：一是对人类思维发展的历史的纵向的发生学研究。二是对人类思维的不同民族、地区的思维方式横向的比较。当然，研究思维不仅仅是为了促进人类对自身的认识以及不同文化之间的理解，更多是指向未来发展。从这个意义上说，对思维的研究还可以做另外两种方式的划分，一种是对"过去"的研究，一种是对"未来"的研究。前者主要是对思维的本质、特征、方式等一般规律的研究。后者是探讨如何培养一定的思维方式，这也就是教育学主要探讨和研究的问题。

与哲学、心理学、社会学、人类学等相关学科对思维的研究着重对思维的历史发展与演进、思维的本质与特征内涵等方面探索不

---

① 全国比较教育研究会：《马卡连柯教育思想研究论文集》，北京师范大学出版社1988年版，第262页。

同，教育学对学生思维的发展多是强调培养学生一定的思维方式，诸如批判式思维、创造性思维、发散思维等思维方式的特征及其养成。实际上，对学生思维的研究也存在大致两个层面的研究思路：第一种是对学生思维一般性研究，这类研究多存在于心理学的研究，诸如皮亚杰《发生认识论》对儿童思维发展阶段的研究、维果茨基《思维与语言》关于学生思维培养与社会文化历史背景的相互关系等。这个层面上的学生思维研究与其他学科有关思维的研究是相通甚至是相互补益的。中国社会科学研究院张浩研究员认为"研究原始人的思维和儿童思维，实际上都是思维发生学的展开。原始思维是历史上展开的人类的早期思维，儿童思维则是通过浓缩的方式在个体中再现的原始人的早期思维，种族的发展积淀为个体的发展，历史的过程以逻辑的形式保存在个体发生中"[1]。学生思维的成长，实际上也就是人类思维进化历史的重演。恩格斯曾指出"正如母腹内的人的胚胎发展史，仅仅是我们动物祖先从虫豸开始的几百万年的肉体发展史的缩影一样，孩童（学生）的精神发展是我们的动物祖先、至少是比较近的动物祖先的智力发展的一个缩影，只是这个缩影更加简略一些罢了"[2]。第二种就是关于学生思维养成的具体的研究，它包括课堂教学与学生思维发展、教学方式与学生思维发展、教学内容与学生思维发展等。

(二) 有关课堂教学与学生思维发展

思维是智力的核心，人类的一切活动都是建立在思维活动基础上的，教学活动也是如此。在思维性教学方面，中外许多学者都有所论述。如杜威提出了"反省的思维的分析"，并应用于教学过程；加登纳提出了多元智力理论，开展了一系列的教育实验；斯腾伯格著有《思维教学——培养联盟的学习者》，提出了思维三元理论。

---

[1] 张浩：《思维发生学：从动物思维到人类思维（增订版）》，中国社会科学出版社 1994 年版，第 8 页。

[2] 《马克思恩格斯选集》第三卷，人民出版社 1972 年版，第 517 页。

20世纪40年代，美国将批判性思维作为教育改革的主题，80年代后，将批判性思维作为教育改革的核心。在我国，北京语言大学谢小庆研究员一直致力于宣传和推广学生批判性思维（又叫审辩式思维 critical thinking），他开通微信公众号，每天推送一篇相关的文章，并以公众号为平台向读者开放批判性思维的心理学专业测量。近几年，国内也纷纷意识到批判性思维对学生发展的重要作用，逐步加大了对学生批判性思维培养的研究和讨论。学生思维发展与课堂教学的关系也逐渐受到学者们的关注。教育者们纷纷探索构建"思维课堂"，促进学生思维发展：深圳市南山区第二外国语学校尝试以学生为中心构建课堂教学的基础，以激活学生的思维凸显课堂教学的核心，以丰富的课堂活动作为提升思维品质的载体，实现问题导学与深度思维的统一、集体思维与个体思维的统一和教师研导与学生研学的统一[①]；山东省泰安市实验学校所构建的"思维碰撞课堂"荣获2014年基础教育国家级教学成果二等奖。"思维碰撞课堂"是一种以差异的个体思维为资源，以师生、生生多维对话为基本形式，以全程和主体间的交互反馈为保障，借此培养学生独立思考和批判反思能力。构建"思维碰撞课堂"的目标是让学生成为"有思想的人"，提倡"在交流中获取知识，在争鸣中生成智慧，在对话中深化理解，在比较中学会反思"，意在提高课堂的教学质量，提升学生的思维品质与创新能力。随着学界深入探讨学科教学与发展学生核心素养的相互关系，推动核心素养在课堂教学过程中的落地，教育者越来越将改革的视角聚焦于学生思维的发展。认为思维是核心素养的"核心"，培养和发展学生的核心素养，就是要学生养成和发展一定的思维方式。而在具体的课堂教学实践中，2019年，杭州市上城区整合区域内优势教育资源，协同华东师范大学基础教育改革与发展研究所联合成立全国中小学"思维课堂"教

---

① 叶延武：《思维课堂：意蕴与实践——基于深圳市南山区第二外国语学校的课堂文化建设》，《教育研究》2012年第7期。

学研究联盟，探索和构建推动学生思维发展的课堂教学实践。顾明远先生 2016 年 11 月 21 日在杭州举办的"批判性思维：课堂教学变革"所做演讲中指出"教育的根本任务是让学生的思维得到发展，思维的变化、人的观念的变化，都是学生成长很重要的过程"；哈佛大学教育研究院凯瑟琳·埃尔金教授（Catherine Z. Elgin）2016 年 5 月 6 日在华东师范大学的演讲中指出：亚里士多德提出"人性繁盛"为教育的目的，"人类是只有在交往中才能繁盛的社会性动物，我们需要像杜威说的那样，通过诉诸他人的洞见，形成、批判以及修改我们不断发展的善的观念。我们还需要识别，我们个人关于善的观念的领悟是如何紧密地与我们社会关于善的观念联系在一起、与我们社会其他成员对善的寻求联系在一起。与其在个人主义与集体主义之间发生争执，毋宁是个人主义与集体主义相互补充。我认为，培养鉴赏这些见解的能力以及建成这样一个社区的动机，是教育的根本目的。"[①] 在另一场演讲中，埃尔金教授通过对比孔子的教育目标和杜威的教育目标后指出孔子理论中角色义务的狭隘性和杜威理论不能保证道德标准进步方向的局限性。然而，两种理论对现代教育改革都是有意义的，使人们认识到好的教育应该赋予学生批判性思维、创新思维和集体思维……其中，集体思维使学生学会合作，公平地竞争。只有这样，才能让学生拥有发展所需的"适应环境"的能力。

此外，如果说有关课堂教学、核心素养与学生思维发展是从宏观上探讨学生思维发展的一般机制，那么有关教学方式与学生思维发展则从相对微观的视角探讨学生思维发展的机制与过程。随着基础教育课程改革的深入，新课改所倡导的自主、合作、探究、对话等教学方式不仅转变了学生被动的学习方式，同时为学生思维的深度参与提供了"合法的边缘性参与"。学者们在探讨自主、合作、

---

① 凯瑟琳·埃尔金等：《教育的目的》，《教育发展研究》2016 年第 18 期。

探究、对话的教学方式与课堂教学改革时，也逐渐注意到学生一定的意识、精神和思维方式的参与及养成对进一步提升课堂教学的重要作用；当然也出现了一些新的教学方法或教学模式可以促进学生一定思维能力的发展。文章梳理学界有关英语学习与学生思维能力发展的研究后发现，教育者既有从一般教学理论探讨英语学科教学与学生思维发展的相互关系的，也有从教学方法、教学内容和国内外文化差异中探讨两者的相互关系的。作者结合英语学科的特点，系统论述了英语学科教学对养成学生观察与发现能力、比较与分析能力、逻辑思维能力、概念建构能力、信息记忆与转换能力、批判思维能力、认识周围世界的能力、时空判断能力、严密思维能力和创新思维能力十种思维能力的相互关系[①]。

（三）有关教学内容与学生思维发展的研究

2014 年我国开启了一系列关于学生发展核心素养与课堂教学革命的研究，随后教育部陆续颁布了发展学生核心素养理念下一系列课程标准，笔者通过梳理 2017 年修订的各科课程标准发现，每一个学科都重视将学生思维能力的发展与核心素养相互结合，甚至关注到学生合作精神、集体意识等一系列集体思维方式的要求。以下是笔者针对各科内容进行的简单梳理。

表 1　　　　　　　各学科重视学生思维能力的内容

学科	教学内容	教学目标（要求）	备注
语文	语文学习任务群	组织学生开展合作探究、研讨交流活动，鼓励学生以各种形式相互协作，展示与交流学习成果	教学内容共 18 个学习任务群，并彼此渗透融合、衔接延伸
英语	人与社会—责任、权利及规章制度	利用学生学校生活、家庭生活中的素材开展教学，鼓励学生开展小组活动，增强合作意识	单元主题

---

① 程晓堂：《英语学习对发展学生思维能力的作用》，《课程·教材·教法》2015 年第 6 期。

续表

学科	教学内容	教学目标（要求）	备注
思想政治	当代国际政治与经济	引用国家之间合作、竞争、冲突的实例；阐述合作共赢的理念，认识构建人类命运共同体的意义	选择性必修模块
	合作共赢是最大公约数	引导学生在拓展国际视野的过程中，坚持总体国家安全观，坚定不移地走中国特色社会主义道路，积极贡献中国智慧和力量，推动构建人类命运共同体	教学活动主题
化学	科学态度与安全意识	增强合作意识，养成独立思考、敢于质疑、勇于创新的精神	必修课程主题
	化学反应与能量转化	合理利用化学反应中能量变化的意识和思路，提升科学探究与创新意识和科学态度与社会责任的化学学科核心素养	必修课程主题
生物	分子与细胞	阐明细胞各部分结构通过分工与合作，形成相互协调的有机整体，实现细胞水平的各项生命活动	必修课程模块
	校园动植物分类	培养学生合作精神和社会责任感，使学生理解人与自然是生命共同体，人与环境是相互制约、不可分割的整体	选修课程
地理	区域发展	结合"一带一路"建设，说明国际合作的重要意义	选择性必修模块
	海洋地理	运用综合分析的方法，理解人类与海洋长期以来的相互关系	选修课程
历史	中古世界的多元面貌 全球联系的建立	感悟人类文明的多元性、共容性和不平衡性，能够以开放的心态，认识到世界各地区、各民族共同推动了人类文明的进步，初步具有世界意识	必修课程
	当代世界的发展特点和主要趋势	认识人类社会面临的机遇与挑战，理解和平、发展、合作、共赢成为时代潮流；牢固树立构建人类命运共同体意识，共同担当，同舟共济，共促全球的和平与发展	必修课程

此外，在讨论核心素养与学科教学的融合、核心素养在课堂教学的落地都是基于一定学科思维方式的养成，教育者们意识到没有一定的学科思维的养成，就不可能培养出相应的学科核心素养，也不可能实现真正的"课堂革命"。

此外，国外关于课堂教学与学生思维方式的研究不胜枚举，这里笔者不做过多陈述。但不得不提的一个研究是美国学者阿尔菲·科恩（Alfie Kohn）所构建的"超越纪律"的课堂管理理论。他认为，教育者想让学生更有责任感和能自我指导，但是他们的纪律是如此的具有压制性，以至于剥夺了本该由学生承担的责任，根本没有帮助学生学会如何解决自己的问题，甚至还使学生明白自己能在哪些方面逃避惩罚。科恩建议用"集体感"代替纪律，使所有学生都关注集体的利益。他要求学生在课堂上用"我们"而不是"我"来思考。这种集体感可以使学生的活动更有目的性，并且更加关心他人，而这正是所有教师希望通过纪律策略达到的目的[1]。通过这种方式，让学生明白个人的利益依赖于整个班集体的利益帮助学生更有效地解决问题，承担责任，展示自我控制与他人合作的能力。

总的来说，不管是在一般教学理论，还是在具体的教学方式、教学目标和教学内容上，学界都已经意识到课堂教学对于培养学生思维方式的重要作用，这些研究无疑是有价值的，同时也为本书的开展提供了文献基础。仔细梳理文献不难发现，人们对学生思维方式、思维能力的培养多是泛泛而谈，缺乏系统和深入的研究与实践。对于如何将课堂教学与教学目标、教学方式、教学内容中所蕴含的育人价值统一起来，构建师生、生生集体思维交互发展的课堂教学。基于课堂教学中师生、生生集体思维的交融与互动，逐步养成学生集体合作的意识、态度和行为习惯，以班级

---

[1] Kohn Alfie, *Beyond Discipline: from Compliance to Community*, Alexandria: Association for Supervision & Curriculum Development, 2006, p. xiv.

集体意识为基础,逐步拓展到学校、社会、民族、国家和全人类等其他更高层次和形式的集体意识,从而养成学生新时代背景下的国家意识和人类观念,实现人类命运共同体思想在中小学生教育中落地生根。

第四节 研究思路、内容与方法

一 研究思路

本书主要遵循自上而下的理论演绎的研究思路,以"通过集体思维的课堂教学培养和发展学生思维"为出发点,首先采用发生学的方法回顾人类思维的进化史和发展史,以此总结和提炼课堂集体思维的一般特征、基本内涵、发展机制等关键问题。基于马克思关于人的"类本质"理论和"对象化"认识理论、维果茨基的"高级心理机能"理论以及托马塞洛的"共享意图假设",采用演绎的办法构建课堂集体思维教学的理论模型。综合哲学、心理学、认知神经科学、社会学、人类学等学科的研究成果,揭示课堂教学中师生、生生集体思维交互的过程以及学生集体思维的发展基础,采用归纳的办法探索课堂集体思维发展的内在机制,在此基础上构建课堂集体思维教学模式(具体研究思路框架见图1)。

二 研究内容

首先,课堂集体思维的立论基础。从本体论、认识论和发生学角度探索集体思维的立论基础。在这一部分本书将会分别论证:集体思维是人类发展的本质属性;人类认识活动本身是集体思维的;人类思维的发生学研究表明:思维的发展遵循"集体无意识"到个体思维发展再到集体思维发展的过程。从教育目标上来看,人类命运共同体是习近平新时代中国特色社会主义思想的重要组成部分,是习近平总书记在把握世界大势和历史发展规律的基础上,为人类

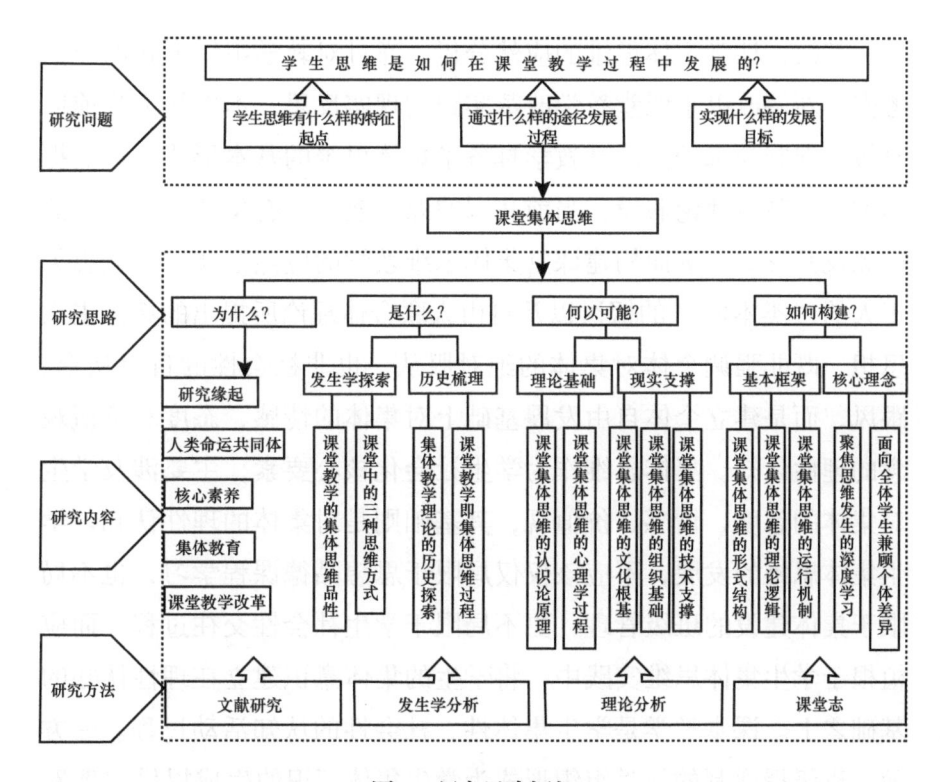

图 1　研究思路框架

未来发展提供的中国智慧。人类命运共同体为新时代理解和处理个人与集体的关系提供新的指导思想，对学校进行公民教育、集体主义教育、爱国主义教育提出新的要求。在新时代构建人类命运共同体背景下，要培养学生正确的国家意识和人类观念，应以班级集体为基础，逐步拓展到学校、社会、民族、国家和全人类等其他更高层次的集体形式。马克思主义实践哲学认为，实践是思维和意识的基础。学生集体意识的养成和集体思维的发展依赖于具体的集体实践活动，课堂教学中师生、生生的社会性交互是学生最主要和最基础的日常集体实践活动形式，因而只有在课堂集体思维的教学实践活动中，通过师生、生生集体思维的互动才能真正培养学生的集体意识，实现学生集体思维的发展。进而以班级的集体思维为核心和要素，逐步扩展到学校、社会、民族、国家和全人类的集体思维。

其次，课堂集体思维的应然分析。通过对教学组织形式的历史考察，新课改以来课堂教学改革实践的现实反思，本书认为当前以班级授课制为基础的课堂教学具备了集体思维的基本形式，进而提出本书的基本理论假设：当前我国的课堂教学具有集体思维教学的内涵及其形式。进而构建课堂集体思维教学的应然框架。马克思关于人的"类本质"的探讨以及自由人联合体理论所提出的集体主义思想，既非强调个体对集体的绝对服从，也非社会性的盲目从众、跟风，而是建立个体自由发展基础上对集体的情感、态度和价值观念的理性认知。集体思维作为学生社会化核心要素，主要涉及学生对集体的态度、情感、价值观，其基础则是对集体的理性认知。学生集体思维的发展，不应该仅仅局限于思想品德课程学习，也不局限于集体建设的班级管理，更不局限于学生社会性交往过程，而应植根于学生集体思维实践中，将学生的集体意识建立在理性认知的基础之上。课堂教学是学生集体性、社会性的认知活动过程。一方面，班级授课制的教学组织形式为学生集体意识的生成提供"实践的格"；另一方面，学生在集体思维交互的课堂认知实践中，将认知活动对象化，形成对教学方式、教学内容、师生关系等一系列课堂教学要素的对象性认识，构成集体意识"行为的格"。并通过日常课堂教学"实践的格"与"行为的格"的不断交互、重复，实现学生对两种"格"的意识的内化，即学生将对集体的认识、情感、态度、价值观等从"实践格"和"行为格"中独立出来，抽象为集体意识的"逻辑的格"，从而实现集体意识从实践到行为，最后到思维、逻辑层次的系统生成与内化。

最后，课堂集体思维生成机制的构建及其应用策略。学生集体思维的发展培养受不同因素的影响，在不同的集体类型和场域中集体思维的表现形式和作用大小都不尽相同。在家庭中，学生集体思维主要建立在亲密的血缘关系之上，成员相互关心、相互了解、亲密交往，主要表现在个体对家庭团体的高信任和情感依赖；学生在社区和社会的集体思维主要建立在共同的目标基础上，主要表现在个体对共同的行为目标和社会规范的认同；学生在学校中的集体思维主要建立在班级的组织制度上，"班"不仅是教育学意义上一种教学组织形式，也是社会学意义上教学总体性结构关系的总和，同时还是管理学意义上的"组织集体"。以班级为单位的教育活动是学校日常教育实践中最为基础性的构成，确立了师生、生生日常教育生活世界的行为规范，构成学生思维图式、学习生活的基础，具有丰富的集体力量和精神内涵。在学理分析基础上尝试构建和实施"吸引、参与、启发、发展"四个阶段的集体思维教学模式，推动学生经历"相互确认、相互补充、相互对峙和相互启发"的集体思维交互四个过程，构建学生集体思维的内在生成机制，探索促进学生集体思维发展的教学模式、策略和方法。

三 研究方法

根据研究问题需要，本书主要采用发生学的研究方法论思想展开课堂集体思维研究。具体而言，以发生学研究方法论为总体指导思想，遵循哲学研究的一般思路，即本质研究、价值研究和对策研究，采用文献研究和逻辑分析的方法对课堂集体是什么、为什么、何以可能以及如何建构展开理论分析和逻辑演绎。参考课堂志的研究方法，通过深入课堂教学进行观评课和观看大量网络录课视频的方式，收集、梳理和总结课堂观察笔记和教学案例，将理论思辨与案例分析相结合展开对课堂集体思维的一般发生过程及其运行机制的研究。

发生学研究是本书的总体方法论指导。所谓发生学方法是指把研究对象作为发展的过程进行动态的考察，通过分析现象的发生及其发展过程，着重考察发展历史过程中主要的、本质的、必然的因素。发生学的研究源起于自然科学对胚胎和物种起源的研究，人类学最早将发生学引入社会科学研究领域中，可以说，研究人类发生学的方法至今依然是社会科学方面发生学研究的基本范式。具有代表性的是达尔文的《人类的由来》，主要采取从现存可查证的材料中进行发生学研究的方法；还有摩尔根的《古代社会》，主要采用考察现存原始部落和氏族探究人类起源的研究方法和技术[①]。马克思在《资本论》中创造性地使用辩证的方法，阐述了关于"历史发生学""系统发生学""现象发生学""认识发生学"的客观逻辑和主观逻辑的统一，缔造了发生学真正意义上的社会科学基础[②]。当前，发生学方法已经成为反映和揭示自然界、人类社会和人类思维形式发展、演化的历史阶段、形态和规律的重要研究方法。

皮亚杰在《发生认识论》中利用发生学的方法考察和研究了儿童的认识与思维的发展过程。他反对儿童认识发生的先验论观点，从发生学的角度研究人类认识的发生与发展过程，研究作为认识形成之基础的认识结构（心理结构），探索知识发展过程中新知识形成的机制。他认为认识的结构不牵涉任何先行的遗传程序设计，遗传作用只能限于后天成就的可能性范围有多大。从认识发生过程中个体组织和社会环境之间的相互关系入手，提出认识的"同化"和"图式"概念，揭示了儿童认识发展的基本特征、过程及其规律。我国学者张浩在《思维发生学》中通过梳理和总结古人类学、考古学、现代神经生理学、民俗学等学科的最新成果对人类思维的发生发展问题进行了系统的研究和论述，将人类思维发生和发展的历史作为研究对象，从哲学高度阐明了思维活动的生理基础和心理机制、动物思维与人类思维、思维与语言、思维与实践的关系等问题，从而系统地论述了从动物思维到原始人类思维、从原始思维到文明思维的发生发展过程及其规律性[③]。皮亚杰和张浩的研究中大

---

① 楼培敏：《发生学方法》，《社会科学》1986年第10期。
② 许光伟：《保卫〈资本论〉：经济形态社会理论大纲》，社会科学文献出版社2014年版，第1—19页。
③ 张浩：《思维发生学》，中国社会科学出版社1994年版，"序（赵凤岐）"第1页。

致可以总结为两种发生学的研究方式：第一种是即时性或者说共时性研究，从研究对象的发生过程入手，具体分析其发展过程的影响因素，进而揭示研究对象发生发展的内在过程及其机制；第二种为历时性，也可以说是历史的研究，主要是分析、总结已有研究对事物的特征、内涵和历史发展等相关研究，从而构建关于事物发展过程的一般规律。两者关于思维的发生学研究，既为本书提供了研究方法论指导，同时也提供了理论基础。

总结和梳理已有研究中关于集体思维的相关研究，揭示集体思维发展过程的特征、影响因素及其发生机制。结合课堂志的研究方法，深入课堂教学现场，将课堂教学中师生、生生集体思维交互过程作为本书的研究对象，探索和揭示课堂教学实践中集体思维发展的过程、结构和生成机制。因而，从这个层面上讲，本书存在两条研究路线，一条研究路线是综合已有研究和相关理论对集体思维立论基础和内生机制进行理论上的描述，属于一种抽象的、历史的、历时的发生学研究。另一条研究路线就是探索课堂集体思维发展过程的基本特征、影响因素、一般过程及其规律，属于实践的、现时的、现实的、共时的发生学研究。课堂志研究方法是本书所采用的另一种重要研究思路和方法论思想。课堂志是教育者对课堂场域中的教学现象进行观察、描述、解释与访谈的混合研究方法。课堂志的核心特征是深描，通过深描揭示现象背后蕴含的意义，从这个意义上说，课堂志是以诠释学、现象学等理论为基础的研究方法论。作为混合研究方法，课堂志是由观察、访谈、叙事、解释等具体方法组合而成的，这些方法在人文社会科学研究中既可以独立使用，又可以作为组合的混合使用[1]。此外，课堂志在教学研究中还是一种独特的案例研究，案例研究来源于师生的课堂教学的日常生活世界。课堂志的研究方法论思想主要来源于人类学和社会学中直面研

---

[1] 王鉴：《课堂志：作为教学研究的方法论与方法》，《教育研究》2018 年第 9 期。

究对象的"田野"考察。随着我国教育科学化的发展，学者们对教育的"田野"考察和质性研究越来越重视。我国学者王鉴最早提出"课堂志"的教学研究方法论思想，并在个人的研究和实践中不断倡导、构建和完善课堂志的研究方法论体系。他利用课堂志开展了一系列关于课堂合作学习和教学改革的相关研究，受到了学者们的关注。就本书而言，课堂志更多是作为一种研究方法论思想的参考。研究者深入课堂教学现场，综合利用课堂观察、师生访谈、教育叙事等具体的研究方法。另外，研究者通过观看大量优质网络视频录制的课堂教学，收集和整理课堂观察笔记，结合本书提出的课堂集体思维理论模型，将理论研究和案例分析相结合，探索和构建课堂集体思维的一般过程及其运行机制。

第一章

集体思维视角下的课堂教学

近代以来，随着工业化的不断发展，为满足人类社会文明进步和工业经济持续发展培养更多人才，扩大教学规模、提高教学效率，普及义务教育逐渐成为学校教育现代化、制度化、科学化的重要命题。在这一历史背景下，夸美纽斯提出"将一切知识教给一切人"的教学理想，"一切男女青年都应该进学校"逐渐成为推动人类学校教育扩大规模、提高教学效率的核心动力。基于此，以班级授课制为基础的课堂集体教学理论应运而生。夸美纽斯首次系统阐述和构建了课堂集体教学的理论模型。他认为"一个教师同时教几百个学生不仅是可能的，而且也是要紧的；因为，对教师，对学生，这都是一种最有利的制度"[①]。以班级授课制为基本组织形式的课堂集体教学是普及义务教育，推进学校教育现代化、制度化的必然产物，同时，班级授课制自身在不断发展和完善的过程中反过来又进一步促进了学校教育现代化、制度化的发展，极大地提升了学校教育的规模和效率。然而，一方面，人类近代社会不断发展，伴随着人文主义的兴起、人类自我意识的觉醒及其对"人"的关注，班级授课制由于过于强调集体统一和强化知识灌输的历史惯性而不断受到人们的批判；另一方面，班级授课制在不断完善和发展过程

---

① [捷]夸美纽斯：《大教学论》，傅任敢译，人民教育出版社1984年版，第139页。

中，教育者往往聚焦于"班"与"课"的理论建构和实践探索，授课是班级集体教学的唯一内容和目的，以"课"为主体，从课程、教材、教法到课的结构、程序和模式自成体系。而课堂教学活动的主体，在教学过程中积极能动的学生集体不见了，班级集体教学成了无"主体"的躯壳，课堂教学成了无主体的活动，出现了"见课不见人"的咄咄怪事，导致在实际的教学工作中，教育者的注意力重点放在教学大纲、课程、教材、教法等实际教学技术和过程的若干环节上，严重忽视班级集体教学过程中学生集体力量[①]。因而，如何在集体教学中关注并促进儿童个性发展与社会化的统一，提高课堂集体教学质量亦成为横亘在课堂教学研究与实践的一个悬而未决的现实问题。激发学生思维，促进学生思维发展之于课堂教学的重要意义已不言而喻。然而，学生的思维到底是如何在课堂教学中发生、发展的，至今依然是困扰中外教育界的一个"思维黑箱"问题。对于这样一个扎根于社会实践的哲学问题的问答，只能回到课堂教学的现实中去，分析、总结和梳理课堂教学中思维发生的基本过程、一般规律和发展机制。

第一节　课堂集体教学理论的历史探索

课堂教学是制度化的"人为"教育，其制度化的重要标志在于班级授课制的确立，"一个教师面对多个学生"。并通过授课的程式、过程、标准的完善进一步深化和提升课堂教学的系统性和完备性。陈桂生先生在梳理人类学校教育制度化发展历程时，以教学组织形式的转变为节点，将人类学校教育划分为"古代非制度化的教学组织（个别教学）"与"近代制度化教学组织（班级授课制）"[②]。近代学校教育制度化的产生和发展无疑缘起于夸美纽斯，

[①] 唐迅:《班级集体教育实验的理论与方法》，广东教育出版社2000年版，第21—22页。
[②] 陈桂生:《"教育学视界"辨析》，华东师范大学出版社1997年版，第148页。

他首次系统提出和阐释了以班级授课制为基本组织形式的课堂集体教学理论模型与实践原则。随着人类社会和教育实践的不断发展，人们对于扩大教学规模、提升教学效率、提高教学质量的认识也不断深化，有关课堂教学研究与实践也逐渐产生了一对形式结构矛盾：课堂集体教学与学生个体发展。展开来说，就是课堂教学既要面向全体学生，在统一的教学目标、教学进程、教学内容和评价标准的要求下保证教学公平、公正的同时，又要着眼于每一个学生的个性自由全面发展，不断提高教学的质量和效益。历史地看，教育界对这一形式结构矛盾的认识是一个不断深化的过程。夸美纽斯虽然系统阐释了课堂集体教学理论模型与实践原则，但与此同时，他将教师的教比喻为知识的溪流，把学生的注意力隐喻为水槽，教学过程犹如"太阳"的工作："太阳并不单独对付任何单个的事物、动物或树木；而且同时把光亮和温暖给予整个世界"[①]。给课堂集体教学埋下了"知识灌输"的理论"隐患"。赫尔巴特基于学生统觉过程所构建的课堂教学形式阶段理论固然为教学过程提供了坚实的理论基础和系统化、可操作的基本环节和程序，极大地推进了课堂教学科学化发展，但同时也进一步确立和完善了"教师中心、教材中心、教室中心"传统课堂教学理论及其实践模式。

总的来说，以班级授课制为基础的课堂集体教学在进一步完善的同时不断受到人们的批判。另外，卢梭因为倡导自然主义教育，强调教育服从自然的永恒法则，根据儿童身心发展规律来实施教育，尊重儿童天性发展，高度重视儿童在教育中的主体地位和作用，有力抨击了传统教育观点，在教育领域引起了具有深远影响的革命，而被誉为"教育上的哥白尼"。至此，学校教育中有关集体统一的"教"与学生个体发展、个性自由的"学"构成了课堂教学研究与实践的两条平行的发展路线，学校教育的发展也伴随着人

[①] [捷] 夸美纽斯：《大教学论》，傅任敢译，人民教育出版社1984年版，第137页。

类普及义务教育、自然主义教育、进步主义教育等教育思潮的影响一直在"教"与"学"中左右摇摆,在"教师中心"与"学生中心"踟蹰徘徊,课堂教学过程中存在的形式结构矛盾越来越成为影响课堂教学改革深化与转型发展的重要命题,亦即如何在课堂集体教学中兼顾学生个体差异,实现学生个性化、多元性发展是新时代课堂教学深化改革面临的迫切现实问题。

一 卢梭:理想的教育环境是一个教师与一个儿童

人们往往习惯性地将卢梭教育思想总结为"自然主义教育",并基于这一视角阐释和解读对卢梭教育思想的理解和认识。卢梭固然在教育目的上明确提出了培养"自然人",在教育过程主张"顺其自然",尊重儿童天性,倡导培育敢于冲破封建枷锁的社会"新人"的自然主义教育。但从整体视域考量卢梭的教育理论不难看出,其教育思想本身不是铁板一块,不是水晶纯净体,而是充满着矛盾和冲突,是一个开放的体系①。任何教育思想和理论无外乎回应和探讨"培养什么样的人、怎么培养人、为谁培养人"这三个关于教育价值、技术和事实的经典问题,卢梭教育思想的矛盾和冲突集中地体现在现实与理想的对立和统一。卢梭在《爱弥儿》开篇发出振聋发聩的"自然主义"宣言:"出自造物主之手的东西,都是好的,而一到了人的手里,就全变坏了。"②但在接下来的论述中不得不承认和接受"人为教育"的重要性以及培养公民的教育目的价值取向。他指出,"我们生来是软弱的,所以我们需要力量;我们生来是一无所有的,所以需要帮助;我们生来是愚昧的,所以需要判断的能力。我们在出生的时候所没有的东西,我们在长大的时候所需要的东西,全都要由教育赐予我们。这种教育,我们或是受之

---

① 于伟:《公民抑或自然人——卢梭公民教育理论的前提性困境初探》,《教育研究》2012年第6期。

② [法]卢梭:《爱弥儿》上卷,李平沤译,商务印书馆1978年版,第5页。

于自然，或是受之于人，或是受之于事物。我们的才能和器官的内在发展，是自然的教育；别人教我们如何利用这种发展，是人的教育，我们从影响我们的事物获得良好的经验，是事物的教育。所以，我们每一个人都是由三种教师培养起来的……在这三种不同的教育中，自然的教育完全是不能由我们决定的，事物的教育只是在有些方面才能由我们决定。只有人的教育才是我们能够加以控制的。"① 亦即是说，尽管卢梭强调教育要顺应自然，顺应儿童天性。但学校教育作为人类制度化、"人为塑造和控制"的教育方式，不能异化为"放任儿童自然发展""任由教学顺其自然"的"无为教育"。课堂教学是"为人"的教育，同时也是"人为"的教育。卢梭的自然教育思想不是绝对的"顺其自然"，而是强调"三种教育配合一致"。尽管是三种教育的和谐统一并不能"由任何人决定"，但我们必须竭尽所能地接近这个目标。

课堂教学是制度化"人为"教育，其制度化的重要标志在于班级授课制的确立，"一个教师面对多个学生"。并通过授课的程式、过程、标准的完善进一步深化和提升课堂教学的系统性和完备性。然而，卢梭在《爱弥儿》中力图证明理想的教学环境是一个教师与一个儿童，他指出"你所青睐的这位教师每五年可以换一个学生；而我青睐的这位教师则永远只教一个学生"②。由于卢梭本人并没有实际的学校教育实践，而是基于对贵族教育和家庭教育的一般认识，因而其教育思想彰显了强烈的柏拉图"乌托邦"式的教育理想③。但是，卢梭对儿童个性的关注为课堂教学实践提供了一条重要的发展路线。从卢梭开始，学生个体发展和个性自由成为制度化学校教育难以忽视的"焦点"，为课堂教学研究与实践提供了一种坚实的"人本主义"发展路向。亦即是说，从夸美纽斯到卢梭，课

---

① [法] 卢梭：《爱弥儿》上卷，李平沤译，商务印书馆1978年版，第7页。
② [法] 卢梭：《爱弥儿》上卷，李平沤译，商务印书馆1978年版，第31页。
③ [美] 克雷明：《学校的变革》，单中惠等译，山东教育出版社2009年版，第9页。

堂教学研究与实践的两条发展主线已经基本确立：集体教学与个体发展。

二 裴斯泰洛齐：怎样使一个儿童在获得自由的同时又塑造他本人

裴斯泰洛齐生活在被称为"理性时代"和"启蒙时代"的18世纪，欧洲出现了一系列诸如"天赋人权""天赋观念""社会契约论"等富有挑战的新思想。在这个时代，国家主义教育和初等教育大众化、普及化蓬勃发展。为了使更多的民众接受教育，裴斯泰洛齐终其一生致力于构建系统和完整的学校教育理论和实践体系。他的教育思想和教育实践的出发点是"一切为了孩子"，所提出的要素教育思想是为了简化教学方法，使得最普通的农村妇女也有可能教育自己的孩子[①]。要素教育的基本内涵是，教育要从一些最简单和基本的，为儿童所理解、接受的"要素"开始，再逐步过渡到更加复杂的"要素"，促使儿童各种天赋能力全面和谐地发展。换言之，课堂教学是制度化学校教育的基本实践形式，而学校制度化的发展无疑得益于人类初等教育大众化与普及义务教育的现实需求。以往，人们对初等教育大众化与普及义务教育的发展往往聚焦在马丁·路德的宗教改革运动以及由拉夏洛泰、孔多塞、费希特等领导和代表的国家主义教育思潮的发展。从人类教育发展史来看，马丁·路德、拉夏洛泰等人只是从宏观层面，特别是立法层面推动了国民教育大众化与普及义务教育的发展，裴斯泰洛齐则是从微观层面，以改进学校教学方法，构建系统的学校教育实践体系为国家教育制度提供了实践的可能性基础。裴斯泰洛齐的教育思想不仅为学校教育实践和课堂教学提供了坚实的科学理论基础，同时他的教学心理学化理论逐渐开始关注如何利用课堂教学中集体的力量促进

---

① 单中惠：《西方教育思想史》，教育科学出版社2007年版，第190页。

学生个体的发展，探讨"怎样使一个儿童在获得自由的同时又塑造他本人"①。从这个意义上说，裴斯泰洛齐的教育理论不仅是对卢梭自然主义教育思想的继承和发展，同时也是对夸美纽斯教学论思想的继承和发展。并且作为赫尔巴特的前辈，裴斯泰洛齐的教学心理学思想深刻地启发和影响了赫尔巴特的教学形式阶段理论②。

裴斯泰洛齐的教育思想一方面继承和发展了卢梭自然主义教育思想。他不仅接受了卢梭主张教育目的在于发展人的本性、教育过程要遵循人的自然本性发展的规律的系统观点，还把卢梭教育思想中一些不切实际的东西更加具体化了。并且与卢梭缺乏系统的学校教育实践不同，裴斯泰洛齐终其一生致力于学校教育研究与实验，他在实践中把卢梭教育思想的积极方面大大地向前推进了③。另一方面，裴斯泰洛齐的教育思想与实践为推动人类初等教育大众化和民主主义教育发展提供了坚实的理论基础和实践范型。他是人类教育史上第一个明确提出教学心理学化的教育家："我正在试图将人类教学过程心理学化，试图把教学与我的心智的本性、我的周围环境以及我与别人的交往都协调一致起来。"④ 此外，裴斯泰洛齐的《林哈德与葛笃德》效仿卢梭的《爱弥儿》，但与卢梭仅仅聚焦学生个体的个性发展不同，裴斯泰洛齐在教学过程中高度关注并重视集体的力量，在教学过程中强调集体而非个人的背诵，主张教学要为学生个体差异留有余地，学生要根据能力而不是年龄进行分组。他认为"通过以下途径可以取得更多的效益。如果把许多儿童集中起来进行教育，那么就可以激励他们相互竞争，就可以容易地在儿童之间相互传递已经学得的知识；那些迄今为止加强记忆的迂回做

---

① ［美］克雷明：《学校的变革》，单中惠等译，山东教育出版社2009年版，第10页。
② 李申申：《西方早期的教育心理化运动》，《心理学探新》1989年第4期。
③ ［瑞士］裴斯泰洛齐：《裴斯泰洛齐教育论著选》，夏之莲译，人民教育出版社1992年版，第17页。
④ ［瑞士］裴斯泰洛齐：《裴斯泰洛齐教育论著选》，夏之莲译，人民教育出版社1992年版，第189页。

法可以通过主题的类比、纪律、增强注意力、大声重复以及其他一些联系来加以避免或减少"①。可以说，裴斯泰洛齐的教育理论与实践，不仅高度重视学生个体发展，并且尝试探讨系统化、科学性的教学过程理论，同时他对课堂教学中集体与个体相互关系的讨论也潜移默化地影响了后来的教育者。但遗憾的是，尽管他关注到了课堂教学中集体的积极力量，但并没有对此进行系统的论述。

三　贺拉斯·曼：个人价值怎样才能同儿童集体教育一致起来

贺拉斯·曼高度重视教育之于推动人类文明进步和社会发展的重要意义，他认为普及教育能够成为人类环境的"伟大平衡器""社会机构的摆轮"以及"无穷财富的创造者"。教育能够消弭贫困，通过教育，标志全部人类历史的"穷人"和"富人"之间的仇恨与不和也将随之消失②。由于贺拉斯·曼推动美国公共学校发展的先驱性贡献，被称为"美国公共教育之父"。像很多具有进步思想的美国社会与教育改革家一样，贺拉斯·曼坚信只有公民具备能够作出明智决定的知识，自由和民主才是稳固的。因而，通过教育传递知识是构建自由和民主社会的基本途径。贺拉斯·曼所倡导建立的公共学校对所有人开放，将接受学校教育视为每一个儿童天赋权力的一部分，甚至认为由来自不同种族和文化背景的学生所组成的学校能提供最好的公立教育。因此，学校对穷人和富人一视同仁，不仅免费，而且高度重视教学质量的提升。贺拉斯·曼虽然意识到知识是力量，但同时指出这种力量既有可能作恶，也有可能行善。因此，传递知识的同时养成一定的道德价值也是必要的。

美国是一个多样性、多元文化并存的国家。贺拉斯·曼要推动公共学校发展、普及义务教育，就必然面临着如何将具有多元文化

---

① [瑞士] 裴斯泰洛齐：《裴斯泰洛齐教育论著选》，夏之莲译，人民教育出版社1992年版，第44页。
② [美] 克雷明：《学校的变革》，单中惠等译，山东教育出版社2009年版，第8页。

背景和差异的个性需求的学生聚集在一起,并通过集体教学实现学生个体自由发展的现实问题。亦即是说,"个人的价值怎样才能通过集体教育一致起来"。从贺拉斯·曼的教育理论和教育实践来看,他确实意识到了这一现实难题,但他却没有根本性地解决这个问题。例如,他认为,儿童在气质、能力和兴趣方面不尽相同,因此,课程设置应当适应这些差别。但是,受美国个体主义思想的禁锢,他的自由与发展观念最终回到了类似于"自律才能自由"的观点。他认为一所免费的学校的纪律必须是每个人的自我约束。他用"自治""自制""自愿遵循理性和义务的法则"来阐述公共教育目的。在贺拉斯·曼看来,道德行为的本质是自由的自我选择,只有在培养儿童自我约束的艰苦过程中,他们才会觉得公立学校确实尽了他对自由所承担的义务[①]。贺拉斯·曼尽管没有真正解决课堂集体教学与学生个体发展之间的矛盾、冲突与张力,但他的实践及其理论主张却让教育者开始高度关注学校教育和课堂教学中不同学生之间的多元文化与多样性价值取向的个体差异问题,真正系统地考虑如何在具体的课堂教学过程中照顾多元文化差异的学生个体。

四 马卡连柯:集体教育思想与平行教育原则

集体主义教育是马卡连柯教育思想中非常重要的内容。他认为苏维埃教育最重要的特点就是集体主义教育:"我们的教育任务,就是要培养集体主义者"[②]。在马卡连柯集体教育思想中,"在集体中通过集体和为了集体而进行教育的原则"以及"平行教育原则"是其集体主义教育思想的两个基本原则和实践路径。这两个原则构成了马卡连柯集体教育思想的核心内涵,他的集体教育原则就是要寻求一种方法,"它既是总的和统一的方法,又是使每一个单独的

---

① [美]克雷明:《学校的变革》,单中惠等译,山东教育出版社2009年版,第10页。
② 全国比较教育研究会:《马卡连柯教育思想研究论文集》,北京师范大学出版社1988年版,第5页。

个人能发挥自己特点并保持自己个性的方法，这样的任务才无愧于我们的时代，无愧于我们的革命。"[1] 马卡连柯在《儿童工学团工作方法经验》一书中首先对集体的概念和内涵进行了系统的探讨，他认为集体与个体都是一种实体性的客观存在，我们既要与集体发生关系，也要与个人发生关系[2]。集体与个体是人类生活、生产活动，包括思维活动中一体两面的存在。集体与个体的相互关系并非如传统伦理学、政治学等学科对集体与个体关系的认识具有意识形态上的对立、紧张与矛盾，致力于探讨"集体优先还是个体优先""集体价值至上还是个体利益为根本"，而将集体与个体二元对立。他还批评那种强调协同动作以及共同反应的集体概念和内涵，认为这样定义集体充满了"生物学气味"，而不是社会和人的"集体"。高度赞扬"环境和组织的共同性以及独立自主性"和"社会需要的共同满足"等对集体本质的描述。在马卡连柯看来，除了家庭、家族、部落、民族、国家等个人在诞生时就已经存在，自己无法决定的集体组织和形式外，构成集体的重要基本社会原则是——自愿，"如果孤立地来看各个个别情况的话，我们可以把自愿的原则成为社会的原则……只有这样的原则我们才承认它是社会的原则，正是它才能决定人们的结合，并且这种结合是从全世界劳动人民团结一致（不是在宣言中，而是在人类的交际和活动的最现实的形式中实际表现出来的团结一致）的原则性立场出发的"[3]。总之，马卡连柯的集体教育思想高度关注集体与个体相互统一的关系，集体与个体是学校教育和课堂教学实践活动一体两面的存在，而非二元对立的紧张和矛盾。

在马卡连柯的教育思想体系和实践中，培育和发展学生的集体意识和集体主义精神是课堂教学的重要育人使命。集体不仅是课堂

---

[1] 吴式颖等：《马卡连柯教育文集》上卷，人民教育出版社2005年版，第80—81页。
[2] 吴式颖等：《马卡连柯教育文集》上卷，人民教育出版社2005年版，第13页。
[3] 吴式颖等：《马卡连柯教育文集》上卷，人民教育出版社2005年版，第17页。

教学过程中一种实体性存在，同时也是课堂教学的必要手段和中介，如何通过集体的中介作用和集体力量促进学生个体发展和个性增长是马卡连柯集体教育的重要内容。集体的中介作用可以简单地用一句话来概括就是"在集体中通过集体和为了集体的教育原则"。展开来说就是，首先建立起"集体"；其次，要善于利用集体进行教育。集体不仅是实体性的存在，更具有巨大的教育力量，只有通过集体和在集体中才能培养学生对集体的责任感、义务感；最后，马卡连柯用"平行教育原则"具体阐释如何"在集体中通过集体"挖掘和利用巨大的集体力量。所谓平行教育原则就是教育者对集体及集体中每一个学生的影响和教育是同时的、平行的。教师要巧妙地利用集体去影响个人，通过集体影响个人是教育个人的一种形式，而教师通过集体与个人发生关系、学生通过集体与同伴建立亲密关系才是教育的实质。这种形式和实质是统一的，二者是平行不悖的[①]。历史地看，马卡连柯是教育史上少有的高度关注课堂集体教学与个体发展相互统一，并就如何利用课堂集体力量促进学生个体发展进行系统和深入的探讨的教育者。

五 杜威：个体经验生长与集体联合生活

人始终是课堂教学的原点，学生的成长和发展始终是课堂教学的终极旨趣。但现实地看，学生的发展绝不是完全独立自主、孤立独自的发展过程，而是在集体的课堂环境中通过师生、生生互动的过程实现个体个性化与社会化发展的有机统一。杜威的民主主义思想固然实现了学校教育的"哥白尼"式的革命，在教育教学过程中真正关注学生个体的成长与发展。但同时杜威也没有忽视学习环境——集体的、联合生活和共同体的生活环境之于学生个体发展的重要意义和价值。他在《民主主义与教育》中对民主的概念进行了

---

① 全国比较教育研究会：《马卡连柯教育思想研究论文集》，北京师范大学出版社1988年版，第7页。

明确的界定，系统阐释了学生个体发展与集体教学环境的相互关系："民主主义不仅是一种政府的形式，它首先是一种联合生活的方式，是一种共同交流经验的方式。人们参与一种有共同利益的事，每个人必须使自己的行动参照别人的行动，必须考虑别人的行动，使自己的行动有意义和有方向，这样的人在空间上大量扩大范围，就等于打破阶级、种族和国家之间的屏障，这些屏障过去使人们看不到他们活动的全部意义。这些数量更大、种类更多的接触点表明每个人必须对更加多样的刺激作出反应，从而助长每个人变换他的行动。这些接触点使个人的能力得以自由发展，只要行动的刺激是不完全的，这些能力就依然受到压制，因为这种刺激必须在一个团体里，而这个团体由于它的排外性排除了很多社会利益"[1]。从杜威民主主义教育思想可以梳理出两条明显的发展线索：个体经验的更新与成长，集体（共同体）的联合生活与民主化进程。连接两者的关键则是个人的"参与"和主体间的"沟通"。

参与共同体的联合生活是个人主体地位彰显和学生个体发展的根本路径，沟通则是个体经验生长与更新的关键，通过这两个概念，杜威将个体的经验成长与集体的联合生活和民主化过程有机统一起来。每一个个体参与民主的共同体生活是杜威教育思想的重要旨归，杜威在《民主主义与教育》的第一章就旗帜鲜明地指出："每一个个体，作为群体的生活经验载体的每一个单位，终有一天会消失。但是群体的生活将继续下去。"[2] 个体的参与不仅是学生学习主体地位的彰显，参与的过程还意味着将差异的个体特征带入课堂教学过程中，转化为集体互动的资源，进而推动学生在集体交往和主体间沟通过程中促进个体经验的增长和共同体的发展。在杜威

---

[1] ［美］约翰·杜威：《民主主义与教育》，王承绪译，人民教育出版社2001年版，第97页。

[2] ［美］约翰·杜威：《民主主义与教育》，王承绪译，人民教育出版社2001年版，第7页。

看来，社会是在传递和沟通中存在的。并且经验是在传递和沟通中蕴生教育和社会意义，同时也能够进一步加深和更新传递者本人对经验的理解。沟通具有教育性，而所有沟通发生的根基则在于学生个体主体性地参与沟通过程。"一个人分享别人所想到的和所感到的东西，他自己的态度也就或多或少有所改变……要沟通经验，必须形成经验；要形成经验，就要在经验之外，像另一个人那样来看这个经验，考虑和另一个人的生活有什么联系点。以便把经验搞成这样的形式，使他能理解经验的意义。"[1]

从卢梭到杜威，教育者关于学校教育中课堂集体教学与学生个体发展之间的相互关系的探讨呈现出从模糊到逐渐明晰的过程。在这个过程中，一方面，随着普及义务教育的不断发展，扩大教学规模提高教学效率使得人们逐渐认识到集体教学是学校教育无法真正舍去的教学组织形式；另一方面，随着教育民主化的不断发展，关注每一个学生的全面发展和个性自由也越来越成为课堂教学的重要命题。课堂教学所存在的形式结构矛盾，即集体的教与个体的学之间的矛盾随着人类学校教育的现代化发展越来越突出，成为制约当前学校教育和课堂教学改革深化发展的重要影响因素。现实地讲，课堂教学是由权威的教师和相似而又不同的学生组成的学习集体，其实质是师生、生生围绕着一定的教学主体或问题展开集体思维的过程。课堂教学在形式结构上呈现着明显的集体思维品性，以集体思维为切入点重构课堂教学过程及其本质对于深化课堂教学改革，推动课堂教学转型发展具有重要的理论价值和现实意义。

第二节　课堂教学中的三种思维方式

课堂教学是由权威的教师和相似而又不同的学生组成的学习集

---

[1]　[美] 约翰·杜威：《民主主义与教育》，王承绪译，人民教育出版社 2001 年版，第 10 页。

体，集体教学与学生个体发展构成课堂教学的形式结构矛盾。长期以来，受二元对立思想的掣肘，教育者往往将集体与个体对立，或是将课堂集体抽象为与具有鲜活个性特征的学生个体相对立的整体"一"，或是将学生独特个性和个体差异视为影响集体秩序、集体统一的"异类"，或高度关注课堂教学的"整齐划一"，或强调学生的"个性张扬"，因而产生了两种低水平的教学思维方式——群体思维和个体思维：群体思维着眼于课堂整体，重视教师权威及其对课堂教学的控制；个体思维聚焦学生个体差异，强调以学生为中心，主张将课堂还给学生，充分发挥学生的主体性。导致课堂教学实践始终在"教师中心"与"学生中心"左右徘徊，或是着眼于教师"教"的程序、环节、设计及其权威的控制和主导地位，或是聚焦于学生"学"的过程、规律、发展及其主体地位和个性自由、个体差异。课堂教学实质上是师生、生生集体思维碰撞、交互和发展的过程，不管是"教师中心"重视教师权威，还是"学生中心"强调学生主体，都体现出课堂教学中"个体"与"集体"之间的张力与矛盾。只有构建课堂集体思维，将学生个体差异转化为群体互动的有效资源，才能在师生、生生集体思维的碰撞、互动、交往过程中实现集体教学与学生个体发展的有机统一。

一 集体教学：课堂教学中的群体思维

群体思维（group thinking），又叫团体思维，是社会心理学研究的重要范畴，主要是指在凝聚力较强的群体中不合理地过分追求一致的现象[1]。就其作为一种思维方式来讲，群体思维就是群体像一个人一样思维的现象，其实质是一种同质化的思维方式。课堂教学实质上是由"权威"的教师和"相似而又不同"的学生所组成集体，为群体思维提供了一定的现实基础。陈向明教授将群体思维

---

[1] 《中国大百科全书·心理学》，中国大百科全书出版社1991年版，第430页。

视为影响小组合作学习的重要影响因素，她认为小组合作应该避免群体思维，因为群体思维产生于凝聚力较强的群体组织中，而在这类组织中，群体会压抑个体，产生不良效果。如在一些宗教派别、军事组织、运动队和政治集团就很容易表现出一种凌驾于个人之上的群体认同，只相信群体的信仰和理念，对个人的观点不予重视[①]。然而，群体思维作为课堂集体互动中存在的客观现象，其本身并无绝对的好坏优劣之分，犹如存在于课堂集体学习中的社会抑制和社会助长效应一样，学习同伴的存在，到底是助长还是抑制学生的学习和发展，不能一概而论，需要深入分析群体思维在课堂教学中发挥作用机制及其表现形式，有针对性地克服群体思维对课堂教学造成的负面影响。

群体思维作为一种产生于群体互动、交往过程中的思维方式，集中表现为两种群体现象上——从众和权威服从。从众主要是指个体源于群体压力或者集体无意识，自觉或不自觉地顺从群体的行为，如随大流、人云亦云等。有学者认为：从众不仅是指与其他人一样行动，还指个人受其他人行动的影响。从众不同于独自一人时的行动和思维，从众是根据他人而做出行为或信念的改变……个人是否从众的关键是，当个体脱离群体时，行为和信念是否仍保持一致[②]。权威服从是群体思维另一种常见的表现形式。在任何组织和团体中，群体成员服从具有合法权威的命令是非常重要的。群体中的权威既可以是实体的，如群体中的核心人物或领袖人物，也可以是虚拟和抽象的，如群体的规则、纪律和成文或不成文的契约等。权威服从既是群体组织运行的重要保障，有利于群体不断发展，但同时也可能造成"集体罪恶"或"平庸之恶"。如第二次世界大战的纳粹士兵认为"他们从没有自发地干什么坏事，也完全没有什么

---

① 陈向明：《小组合作学习的条件》，《清华大学教育研究》2003年第4期。
② [美]戴维·迈尔斯：《社会心理学》（第11版），侯玉波等译，人民邮电出版社2016年版，第186页。

意图，无论是好的意图还是坏的意图，他们只是在服从命令"①。

课堂教学实质上由"权威"的教师和"相似而又不同"的学生所组成的集体，师生共享相同的学习环境、相近的认知水平、统一的学习课题与教学进度。集体的课堂环境不仅为学生提供学习的社会性条件和资源，同时也构成了学校教育生活的基本行为结构和框架。学生在课堂中学习人类知识、文化的同时也亲历着"社会生活"，在课堂社会中体验服从、沉默、反抗、竞争、合作等带来的种种酸甜苦辣和喜怒哀乐②。从众和权威服从作为群体思维的两种重要的表现形式，集中体现了个体与群体在互动和发展过程中的相互关系及其影响机制。不管是在理论上还是在实践中，从众和权威服从都显而易见地存在于课堂教学过程中，构成师生体验和学习"课堂社会生活世界"的重要内容。

在班级授课中，从众和模仿被赋予重要的教育价值和教学论意义。夸美纽斯作为首次对班级授课进行理论探讨的教育家，不仅认为"一个教师同时教几百个学生是可能的，也是很重要的"，同时指出："年轻人还是在大的班级里受教育更好，因为当一个学生成为其他学生的榜样和激励时，教育的效果更好，也更愉快。看到别人做什么就跟着做，看到别人在哪里就跟着去哪里，跟随走在我们前面的人，保持我们一直走在后面的人的前面，这是我们所有人最自然地喜爱的行为准则。"③ 班集体不仅为学生提供"令人愉快的学习玩伴"，同时还可以让学生跟随同伴的学习步伐，在"照着做、跟着念、跟着走"，以及对榜样的学习和模仿中实现自身发展。从众在一定程度上使得课堂教学易于控制，减轻教师的负担，同时使学生学习比较轻松、愉悦。在课堂实践中，从众更为典型的现象是

---

① ［美］汉娜·阿伦特：《反抗"平庸之恶"》，陈联营译，上海人民出版社2014年版，第58页。

② 吴康宁：《课堂教学社会学》，南京师范大学出版社1999年版，"前言"第3页。

③ ［捷］夸美纽斯：《大教学论·教学法解析》，任钟印译，人民教育出版社2006年版，第62—63页。

教师提问时，学生对某一观点不假思索地附和、人云亦云和异口同声地回答，还有抄作业、"对答案"、小组合作"搭便车"、整齐划一的解题思路，等等。这一系列现象或是源于学生迫于群体的压力，害怕成为"异类"，或是出于对"标准答案"的认同，其实质都是学生缺乏独立思考和自主判断的从众行为。

权威服从也是课堂教学中常见的现象。尽管新课改以来，传统"教师中心"的课堂教学不断受到教育界的批判，教师的绝对权威地位逐渐转向更加强调师生平等的引导者、组织者、合作者的角色和地位。如果单纯从民主角度看，师生无疑在人格上具有平等的地位。但在集体性的课堂教学中，教师的权威是不容置疑的。教师作为提供教育服务的专业人员，是课堂教学的组织者和引导者，是班级集体公意的"自然代表"，是班级集体契约的"自然权威"。正如花草树木趋向于阳光一样，学生也有模仿、接近、趋向教师的自然倾向。教师的权威不仅体现在学生的向师性，还体现在对课堂秩序的管理和对纪律的控制上。组织课堂教学，维持良好的课堂秩序，几乎是每一个教师的基本期许。要保持良好的课堂教学秩序和纪律，势必要求学生服从教师管理及其权威，否则课堂教学将陷入无序的混乱之中。此外，课堂教学始终是以科学知识学习和人类文化经验传递为基本任务，学生课堂学习的内容和思考的对象是具有确定性的知识。知识像一只"看不见的手"引导和支配着课堂群体交往，师生、生生之间的互动势必落脚于对知识和真理的"唯一性"认同上，并最终实现认知水平的"统一"，这在一定意义上也为课堂中的权威服从提供了现实基础。

表面上看，以从众、权威服从为主要表现形式的群体思维是课堂教学中显而易见的客观现象，是师生共享相同的学习环境、相近的认知水平、统一的学习课题的自然产物，是作为"权威"的教师组织和管理课堂教学，按照课程标准要求达到教学目标，统一教学进度，保证教学秩序，有效完成教学任务的重要保障。但如果过于依赖群体思维，过分强调集体的统一，势必将课堂教学推入集体无意识之中，产生适得其反的效果。根据真实故事改编的电影《浪潮》中描述了一个"群体思维"的课堂教学实验：原本一群自由散漫的学生，在课堂中放任自我，大声聊天，无心听讲，上课只是为了拿学分。教师文格尔别出心裁地设计了一个"独裁"课堂教学实验。在为期一周的实验中，他们建立了以教师文格尔为权威的课堂集体，那些原本自由散漫的学生体验到集体和纪律的重要性以及团结的力量之后也变得积极主动，热爱学习，课堂教学井然有序，充满了积极向上的正能量。然而，他们在享受作为集体一分子的优越感的同时，通过统一的口号、服装和标志不断排斥异己，在对集体的狂热信仰中逐渐丧失自我，逐渐陷入"独裁"与"纳粹"之中，最终酿造了一死一伤的悲剧。

群体思维实质上是一种同质性和去主体化的思维交互方式。课堂群体思维强调基于共同的学习进度、程序、内容和目标，学生无需用太多"脑子"思考个人的学习方法、进程，随大流、照着做，跟从教师的指挥即可完成学习任务，并通过从众与权威服从等社会影响机制实现课堂群体的趋同。趋同本是一个生物学概念，原意指两种或者两种以上不同的生物由于适应环境的压力而呈现出表型上的相似性[1]。实现课堂集体的趋同，主要有两种路径，第一是同质化，第二是排异。一方面，课堂教学通过从众，逐渐实现课堂集体对教学内容的统一把握，促进学生在认知能力、发展水平的不断趋同和同质化。学生本是由于年龄相仿，发展水平相近而组成班级集体，并在班级集体的互动和发展过程中而更加相似。构成一个"由于相似而成为集体，因为成为集体而更加相似"的逻辑循环。另一方面，课堂教学通过权威服从，逐渐实现课堂集体的"排异"和对个体行为的规训。那些任何在课堂教学中扰乱课堂纪律，影响课堂

---

[1] 郭绍青等：《高校微课"趋同进化"教学设计促进翻转课堂教学策略研究》，《中国电化教育》2014年第4期。

教学秩序和进程的"特异"行为都将受到集体的规训。此外，教师往往还通过提醒、点名、提问、惩戒等手段"规训"学生个体行为，通过对时间、空间和力量等课堂"权力"的实施以掌控教学。如控制和调配学生的座次与位置，对课时、教学节奏的把握达到对学生集体的规训。这种"规训"从根本上讲是立足于集体，强调学生个体对规则的"服从"。

二　学生个体发展：课堂教学中的个体思维

个体思维（individual thinking）并非仅仅指个体独自进行的思维活动，而是与群体思维相对应，主要指个体本位的、"个人主义"的思维方式，强调思维的个体性和主体特征，重视个人观点、态度、情感的表达和个性的张扬，是个体差异及其个性特征在其思维方式和思维活动中的体现。思维是自然地以个体为单位发生的人类活动，思维并非机械地反映客观事物的过程，任何思维的发生必然是基于主体独特的经验、意向、立场、情感、态度和价值观等，带有明显的个性特征。不同个体甚至同一个体在不同时间，对同一事物的认识和理解是不尽相同的，"横看成岭侧成峰，远近高低各不同"。正是不同的个体思维及其差异的认识构成了多元的文化理解及其丰富多彩的人类世界。个体思维强调个体差异及其个性自由，重视学生主体能动性的发挥，与自我意识发展密切相关。从人类思维的发展历史来看，当个体认识到"我"的存在，认识到个体差异，将"我"与他人，"我"与周围世界区别开来之后，思维就具有了主体的意义，并为个体思维的实现提供了主观的基础。笛卡尔用"我思故我在"这一哲学命题奠定了思维的"主体"（主观主义）品性："已被证明是存在的那个'我'，是由我思维这件事实推知的，所以当我思维的时候'我'存在，而且只有当我思维时'我'才存在，若我停止思维，'我'的存在便没有证据了。'我'是一个思维的东西，即这样一种实体：其全部本性或本质在于思维,而且为了它存在并不需要有场所或物质事物。"① 在课堂教学中,学生个体差异是显而易见的客观事实,课堂教学离不开学生个体主体性的发挥及其参与。课堂教学归根结底落脚于学生个体的全面发展,因而,个体思维自然而然成为课堂教学不能忽视的影响因素。

世界上没有两片完全相同的叶子,教室里也没有两个完全相同的学生。客观而又独特的学生个体差异既是构成"相似而又不同"的课堂群体,成为课堂群体互动的重要资源,同时也是学生个体思维的重要基础,构成学生主体性发挥的重要内在动力。个体差异是课堂教学中显而易见的客观事实,但并不是说存在个体差异就一定会有个体思维。课堂中个体思维是客观的个体差异与学生主体的个性张扬相互作用的结果。新课改以来,强调以人为本,肯定学生的价值和尊严,主张将课堂还给学生,倡导学生个性的张扬,关注课堂教学中的个体差异成为教育界关注的重要主题。随着课堂教学改革的深化发展,逐渐实现了学生观的两个转向:第一个转向是从抽象的学生观转向关注"具体个人"的学生观②。强调每一个学生都是生机勃勃的个体,有自己独特的个性与需要,具有独特的潜能,是独一无二区别于其他个体的存在;第二个转向是从"贫乏"的学生观转向"丰富"的学生观,从传统认为学生是知识的被动接受者转向主动建构者。学生并非什么都不懂、知识贫乏的个体,而是对外部事物有独到的理解和认识,倡导在教学过程中为儿童个体经验的表达开辟适当的空间③。两个转向表面上并没有很大的区别,但实质上却分别涉及学生个体思维的两个关键因素:前者的转向是对学生不同个体之间差异的关注,后者则更多地强调学生主体性及其个性的张扬。总而言之,随着课堂教学改革的深化发展,教育界在

---

① [英]罗素:《西方哲学史·下卷》,马元德译,商务印书馆1976年版,第94页。
② 叶澜:《教育创新呼唤"具体个人"意识》,《素质教育大参考》2003年第4期。
③ 李召存:《课堂教学:为儿童个体表达留空间》,《中国教育学刊》2012年第9期。

学生观上实现了课堂中"人"的回归,不仅关注了思维主体——"具体个人"独特的个体特征和个体差异,并且对学生个性张扬及其主体性也给予了高度的重视。逐渐意识到学生是知识意义的建构者,不同的个体由于原有经验不同,对同一事物会有不同理解,主张教学要引导学生从原有经验出发,生长(建构)新的经验的过程[①],重视学生个体知识、个人经验、个性发展对课程和教学的意义。课堂教学也不再局限于知识灌输和授受,更多倾向于学生个体独特性、个人天赋和潜能的激发和挖掘。然而,过于强调学生个体差异和个性张扬使得课堂教学走向了另一个极端,其所产生的负面影响同时也引发了教育界关于课堂教学中个体思维及其个性自由的关注和反思。

自由的限度是哲学社会科学领域探讨的一个重要问题:人在何种范围内有权按照自己的意志和理性自由地行动?引申到教育领域则主要探讨:学生个性自由和个性发展是否同样存在一个合理的限度?这个限度的范围、边界和底线是什么?新课改以来,整齐划一和灌输的课堂教学受到了教育界的极大批判,关注学生学习主体地位、个体差异和个性需求成为课堂教学改革的主流观念。教育界在高度重视学生个体差异和个性发展的重要意义的同时,也开始反思学生个性自由发展与教育的规定性、强制性之间的相互关系,学生个体思维可能存在的个人主义倾向及其危害逐渐被教育者关注。如有学者批判地分析了当前存在于我国"博放教育"中的个人主义、精英主义倾向:"博放教育"致力于将约束降到最低,主张解放学生,让学生在集体之外成长,让每一个学生可以变得伟大。但是,当个性自由及其发展被无限放大之后,"一切构成个体发展的外在限制都不再有了。个人如何变得伟大呢?"[②]《教育研究》编辑部在

---

① 何克抗:《建构主义的教学模式、教学方法与教学设计》,《北京师范大学学报》(社会科学版)1997年第5期。

② 刘云杉:《自由的限度:再认识教育的正当性》,《北京大学教育评论》2016年第2期。

分析 2018 年中国教育研究前沿与热点问题中关于"构建面向儿童的学校生活"这一研究主题时指出:"要避免过分强调儿童、吹捧或任意拔高儿童,那种抽象地、浪漫地、伤感地甚至浮夸地谈论儿童立场的观点是有害的。"①

　　课堂教学固然要着眼于学生个体差异,但教育的魅力在于实现差异化、独特性的个体与多样化、丰富性的社会之间积极的互动,并通过师生、生生的交往、对话过程中实现个体的成长和发展;课堂教学要关注学生个性需要,但绝不是个性的无限张扬,课堂教学不是广场上的自由呐喊和自我表达,学习也不是个体独自发展的过程。关注学生个体差异不能是只见树木不见森林,独立自主的学习是课堂教学的重要内容,但绝非课堂教学的全部内容。此外,在课堂教学中,教师既是专业人员,又是学校职工。作为专业人员,要求关注每一个"具体个人"的学生发展,"个别地"对待学生个体差异,做到因材施教。而作为学校职工,教师既要按照课程标准的要求达到统一的教学目标并统一教学计划和进度,又要保证课堂教学秩序,有效地完成教学任务。课堂中的个性差异既是课堂教学的重要资源,同时也是课堂秩序的"隐患"。总之,个体思维激发和参与是课堂教学的重要条件,学生的个体差异和个性需求尽管是课堂教学的基础和起始点,但课堂教学不能无限地包容学生的个性需求,学生个性自由、个性发展和个体思维是存在一定的限度和范围的,其限度就来自于课堂教学的教育性及其集体(公共)属性。

三　集体思维:课堂教学中集体与个体的有机统一

　　群体思维和个体思维都是课堂中显而易见的现象,集体的课堂环境对于学生发展的重要意义不言而喻,个体差异之于学生全面发展的价值同样不证自明。群体思维和个体思维各有其优势,但对课

---

① 本刊编辑部:《2018 中国教育研究前沿与热点问题年度报告》,《教育研究》2019 年第 3 期。

堂教学同样存在无法忽视的消极影响。两者的对立和矛盾同时又构成教师日常课堂教学的巨大困扰。例如，如何兼顾学生个性张扬和课堂集体秩序的维护？如何平衡学生个体发展和集体共同进步？如何处理课堂集体的同质和异质问题？如何实现学生个性差异与集体统一？如何在集体的课堂教学环境中有效实施因材施教？诸如此类的现实的问题不断地考验着教师在"个体"与"整体（集体）"之间的抉择与平衡，考验着课堂中"教"与"学"的张力与统一。

回到课堂教学现象本身来讲，群体思维着眼于课堂集体，从整体出发组织和管理课堂教学，重视教师的权威和教学节奏的整齐划一，强调课堂集体对于学生发展的重要意义，其实质是一种同质性的课堂交往和互动过程，学生容易在从众、权威服从和随大流中丧失个体的主体性、能动性，成为知识学习的"机器"；个体思维着眼于学生的个性差异，强调以学生为中心，主张将课堂还给学生，基于学生个体的兴趣、经验、需求、认知风格和能力组织管理课堂教学，其实质是将课堂教学异化为个体性、个别化、异质性的学习过程，容易造成学生自我意识膨胀，集体意识淡漠，给课堂教学纪律和秩序带来极大挑战。表面上看，群体思维与个体思维的对立只是关于"集体优先，还是个体优先"的讨论。实质上，这是一种"原子论"的认识方式，或是将课堂教学抽象为整体的"一"，或是将课堂教学简化为由一个个学生组成的"集体"，将集体与个体对立起来，忽视课堂教学过程中集体与个体的有机统一。

课堂教学既不是学生个体孤立的发展过程，也不是群体无意识地盲从、随大流的过程，其实质是师生、生生集体思维的过程。所谓集体思维就是交融各个主体或者不同认知水平的理解，经由群体性的差异互补、相互启发，实现个体认知水平的提升和集体的发展。集体思维视域下的课堂教学，个体和集体是有机联系的。个体是集体中的个体，集体是由"相似而又不同的"学生构成的集体。集体的课堂教学环境是学生个体发展的前提和条件，师生、生生之间的同质性为集体互动提供了必要条件和可能。同时，学生的个体差异既是课堂集体思维的起点，同时也是集体思维互动的重要资源，并通过师生、生生之间的差异互补和不同认知水平的融合，得以实现 1+1>2 的课堂教学效果。集体思维的视域中，个体与集体是课堂教学过程一体两面的存在，既不能将一方凌驾在另一方之上，更不能将两者割裂开来相互对立。忽略任何一方的存在，课堂教学都不可能很好地发挥其育人的价值。"只有在集体中，个人才能获得全面发展其才能的手段，也就是说，只有在集体中才有可能有个人自由[1]。"集体思维不仅是课堂中的一种思维活动或思维方式，更是一种教学理念和教学思想，对于当前我国课堂教学改革与转型具有重要价值和意义。本书主要从三个方面阐释构建集体思维的理论路径。

第一，转变课堂教学组织及其管理理念，推动课堂教学从"集体学习"向"学习集体"转变。以班级授课制为主要组织形式的课堂集体"教学"尽管为师生、生生展开集体思维提供了组织形式基础。然而，长期以来，我国教育界一方面主要将班级集体建设划归为班主任的管理工作，把班级集体建设视为管理和德育工作的对象，对班级集体的管理多以强调集体统一和学生对集体规则的遵守、服从为主；另一方面，学科教师在组织课堂教学过程中，多采用提醒、点名、提问、惩戒乃至体罚等手段"规训"学生行为。这种"规训"尽管能够及时制止或纠正学生的课堂行为，保证课堂教学的有序进行，但"规训"从根本上讲是立足于学生个体对规则的"服从"，其实质是强制性地停止学生个体的"违规行为"以恢复集体秩序，在一定程度上抑制了学生主体性的发挥，容易产生服从和从众的课堂效果。课堂教学本质上是师生集体性、社会性的认知实践活动过程，不管是班级集体建设还是组织课堂教学，都不能过

---

[1] 《马克思恩格斯选集》第一卷，人民出版社1972年版，第82页。

分强调外部强制灌输的管理理念，而应该建立在学生内在的个体认同和理性认知基础上，植根于师生、生生课堂集体思维的互动过程中。班级集体不仅仅是课堂教学的基本组织形式，更是师生、生生课堂集体思维的基本行为框架；班级集体建设不仅是班主任管理工作的对象，还是学科教学的重要内容。只有将班级集体建设与学科教学融合起来，才能在师生、生生之间的集体思维过程中培养学生的集体意识和对集体的理性认同。将班级集体建设和管理置于课堂集体思维的逻辑结构中，引导学生在课堂集体的社会性交往中都参与到相互理解、充分交流、差异互补的集体思维的过程，推动课堂从"集体学习"向"学习集体"转变。

第二，重构课堂教学过程及其形式结构理论，将学生个体差异纳入集体思维的互动发展过程，实现个体与集体的有机统一。自夸美纽斯提出"将一切知识教给一切人类"的教学思想，如何"迅速、彻底、愉快地"将外在的人类科学文化知识转化为学生内在的精神财富便成为教学研究和实践的永恒主题。然而，教育者对课堂教学过程及其本质的探讨，往往将"教"与"学"的矛盾视为课堂教学的基本和主要矛盾，相对忽视了课堂教学的形式结构矛盾"集体的教"与"个体的学"，导致所建构的教学过程及其形式阶段理论往往是抽象的、单数性的"教"与"学"及其互动过程，造成课堂教学理论及其实践在"集体"与"个体"的天平两端左右徘徊。围绕"如何将人类科学文化知识转化为学生内在的精神财富"这一主题来看，人类科学文化知识的进步和发展并非仅仅是某个"伟大人物"的个人贡献，而是人类集体智慧的结晶和科学家共同体集体思维的结果。课堂教学既不能过分强调教师的外部灌输，又不能过于重视学生个体内在经验的联结，而是遵循"知识怎么来的怎么教"，模拟人类科学知识产生和发展的过程，亦即师生、生生围绕一定的主题或教学内容展开集体思维，经由师生、生生之间充分思维交互和碰撞，相互补充、相互启发，实现学生个体人类科学文化知识的掌握和理解。具体来讲，课堂教学是由"权威的教师和相似而又不同的学生"组成的课堂集体，课堂教学始终存在两种不同认识和思维水平的交融：一种是不同学生的个体差异和经验之间的交融；另一种是不同认识水平——已知与未知之间的交融，主要是师生之间、学生与课程内容之间不同认识水平的交融。课堂集体思维正是通过这两种不同认识和思维水平的交融，将学生的个体差异纳入师生、生生之间集体性的互动结构中，并通过师生、生生之间相互启发、相互补充，实现个体与集体的有机统一。

第三，以学生思维的激发和参与为切入点，构建思维课堂促进学生思维发展。激发学生思维，促进学生思维发展一直是课堂教学高度关注的现实问题。然而，由于教育界对课堂中学生思维的发生、发展问题存在认识和理解上的偏差，在一定程度上影响了思维教学的有效性。教育者或是混淆思维课堂和思维教学的内涵，将构建思维课堂等同于思维教学，认为构建了思维课堂就实现了学生思维发展；或聚焦于课程教学目标探讨学生思维的发展，忽视课堂教学过程中学生思维的激发和参与；或是将思维教学视为一种额外的教学工作，忽视思维教学的"自在"与"自觉"。产生这些误解的根本原因在于混淆作为过程和结果、目的和手段的思维之间的联系。思维不是人对客观世界的简单反映，而是在社会性的互动中构建关于自然界或人类世界的认识理念系统，并从中生长出信念和道德律。经由思维，个体实现与自我、社会、人类世界的联通。换言之，思维并非外在于学生和课堂之外的目标存在，思维不仅是课堂的核心，更是学生个体发展的根本所在。思维是学生构建个体与社会、个体与人类世界之间认识和理念系统的基础，并在此基础上，理解和掌握人类知识，实现个体生命的成长和道德观念发展。课堂教学本身就是师生的特殊的认识实践和思维活动过程，没有学生思维的参与和发展，课堂教学无疑是失败和无效的。课堂教学只有通过激发和引导学生思维参与，在师生、生生集体思维互动中才能有效促进学生的思维发展。概而言之，课堂教学是基于思维、通过思维和为了思维的发展过程。学生思维的发展需要教学的帮助，需要课堂中师生代际、生生同伴间集体思维的互动和交往。学生思维的发展必须走出个体思维的束缚，对个体经验进行抽象的概念、命题和观念的联结、综合，并通过师生、生生之间不断地假设、验证来持续地建构和更新学生个体的理念系统。因而，不管是课堂教学目标，还是学生个体发展和社会化过程，都必须在师生、生生集体思维中实现，在师生、生生集体思维互动的课堂教学中实现学生思维的发展和个体生命成长。

第三节 课堂教学的集体思维品性

思维是课堂教学的核心，课堂教学始终离不开师生思维的激发和参与。课堂教学中学生的发展，毫无疑问是在师生、生生思维交互中实现。然而，课堂教学是通过怎么样的思维交互过程及其内在机制促进学生的发展，依然是困扰教学研究与实践的重要问题[1]。历史地看，赫尔巴特与杜威所提出的"四段教学法"和"思维五步法"是教学史上两个最为经典的课堂教学形式阶段理论。由于理论主张的差异，赫尔巴特和杜威分别被后世教育者贴上传统与现代的标签，人们往往认为前者的教学过程及其理论是传统"教师中心"理论的代表，后者是现代"学生中心"的代表。从两者提出的教学过程及其运行机制来看，他们都不约而同地将学生的思维和心理活动作为构建课堂教学过程运行机制的基本分析单位。赫尔巴特根据学生统觉心理学过程，构建了"明了、联想、系统、方法"的经典四段教学阶段及其过程；杜威根据人类反省思维的特征提出"思维五步法"的课堂教学过程及其运行阶段。两者所建构的课堂

---

[1] 李松林：《发展之源与教学之方：学生发展的活动及其教学应用》，教育科学出版社2013年版，"序"第1页。

教学过程及其运行机制对人类学校教育研究与实践产生巨大且深远的影响。但是，不管是赫尔巴特的"四段教学法"还是杜威的"思维五步法"，尽管他们都关注课堂中师生的思维和心理活动过程，但从根本上看，所探讨的是一般的思维发展过程，忽视了课堂教学中师生、生生思维交互的外在形式结构，即思维集体交互的外在形式结构。思维作为课堂教学核心，对课堂教学过程及其运行机制的理论构建既离不开对思维的本体考察，同时也不能忽视对课堂中思维发生和发展的外在形式的认识论考察。从人类思维的发生学考察来看，思维具有不可忽视的集体性特征；而从课堂教学中思维的特征及其存在形式来看，课堂中学生思维的发展绝不是独自的、个体性的思维发展过程，而是在师生、生生思维交互和碰撞中实现个体的发展。从这两个方面来看，课堂教学过程呈现出明显的集体思维品性，具体来说：第一，思维是课堂教学的核心，课堂教学始终离不开师生思维的激发和参与。从发生学角度考察思维的发生、发展过程，思维是集体性与个体性的有机统一。思维的集体性从本体意义上彰显了课堂教学的集体思维的本质属性；第二，课堂教学是人类文明演化发展的产物，传承和发展文化是课堂教学的重要使命。从文化进化论来看，课堂教学的文化传承过程符合人类累积性文化演进机制[①]，在实践形式上呈现出集体思维的"原始"形态。

一 思维是课堂教学的核心：思维概念的发生学梳理

"思维是什么"，抑或者说"思维如何反应存在"这一问题构成了人类哲学的基本问题，对于这个问题的回答实际上也是对"人"本身的叩问。人是思维主体，对思维的探索就是人以主体方

---

① 注：所谓累积性文化演进是指，人类可以通过社会学习，不断地改进自己的文化产物，并一代代地传承下去。简单来讲，文化的累积性进化指的是由于所传递行为的累积性更新，行为表现在不同代的学习者间不断进步，通过累积、文化传递和代际更新实现人类文化的不断进化和发展，并最终提高了人类自身的适应性。详细的解释下文会做深入的探讨。

式，以主体内在尺度为坐标实现对思维与思维主体之间关系的把握，同时进一步推进对人的认识。思维是课堂教学的核心，一方面，思维构成课堂的基本内容，课堂教学是师生特殊的认识和思维活动过程，始终离不开师生思维的参与和发展。不管是学生感知学习材料、理解教学内容、掌握学科方法、迁移运用知识等学习过程，还是提出问题、分析问题、解决问题等师生、生生课堂互动过程，抑或者是教师明确教学目标、设计和组织课堂教学、创设教学情境、反思教学过程，始终离不开师生思维的参与和发展。另一方面，培养和发展学生思维是教育的重要使命，是课堂教学基本目标。育人作为课堂教学的根本任务，其实质是在"立德树人"的要求下教会学生"如何做事、如何做人、如何思考"，其关键和核心是养成和发展学生一定的认识世界和改造世界的思维方式。因而，课堂教学在一定程度上是基于思维和为了思维的过程，或者可以说课堂教学就是在师生、生生思维的碰撞和交互过程中实现学生思维发展。简言之，就是在思维课堂中促进和发展学生思维。因而，对思维概念的发生学梳理，就是从一般意义上探讨思维是如何发生、发展的，进而为课堂教学中学生思维的发生、发展提供理论支撑。

从人类历史来看，对人的认识和对自我的认识最根本的是探讨"人是什么""人与世界、与其他物种的区别"以及"人是如何认识这个世界"这一系列基本问题。在苏格拉底以前，关于"人是什么"这一问题的回答最为经典的是智者学派的代表人物普罗泰戈拉所提出的"人是万物的尺度"。尽管智者派将哲学对自然界本体论的探讨转向对"人"的思考，但在认识论上却陷入了相对主义和经验主义。智者学派认为人是凭感觉来衡量一切，凭欲望来行动，将人仅仅视为具有感觉和欲望的人。苏格拉底认为智者们并没有真正认识"人"，因为人之所以为人，不仅是他有感觉、欲望和情感等，更重要的是人有灵魂、有理性和美德。人的灵魂中有理性是人的本质所在，也是人和其他动物的区别。正是从苏格拉底开始，"认识你自己"成为哲学的基本问题，哲学从天上回到人间，对人的探讨进而也就聚焦在"人是如何认识自己和这个世界"，聚焦在对人的思维的认识上。黑格尔在《哲学史讲演录》中指出："在苏格拉底那里，我们也发现了人是尺度，不过是作为思维的人；如果将这一点以客观方式来表达，它就是美，就是善。"① 苏格拉底之后，柏拉图首次提出思维的概念："思维是心灵与自身的对话，判断是思维的结论"。亚里士多德则进一步明确指出人的本质在于人的思维能力，因为人拥有"能思维的灵魂"。他在《论灵魂》中指出："有某些种生物具有全部精神的力量，有某些生物精神力量较少，有的只有一种精神力量。我们所说的精神力量是滋养的、与食欲有关的、感觉的、运动的和能思维的力量。植物只有第一种滋养的力量，而另一种生物又多了感觉的力量。有感觉力量的生物又必然有食欲的力量……某些动物还具有能运动的力量，而另一种生气勃勃的存在，即人，和可以存在的像人一样或优于人的生物，具有思维的力量，即心灵。"②

对思维的探索和人类"自我认识"的核心命题，成为探索人与自然界、人与其他物种区别的根本所在，构成了近代以来哲学认识论的基本问题。与传统哲学将人与动物的区别的研究进行抽象的理解不同，费尔巴哈和马克思提出人的"类本质"的思想，将人与动物的区别上升到作为人"类"与动物的根本区别。"类"既是抽象的又是具体的，人是类的存在物，人的本质是通过人的个体及其相互关系表现出来。人的类本质还是指人类的本质，意指人类作为整体所具有的本质特征与动物的根本区别③。人的"类本质"思想是

---

① [德] 黑格尔：《哲学史讲演录》第二卷，贺麟等译，商务印书馆1982年版，第62页。
② [美] 莫蒂默·艾德勒等：《西方思想宝库》，《西方思想宝库》编委会译，吉林人民出版社1988年版，第9—10页。
③ 王双桥：《论人的类本质》，《求索》1998年第1期。

费尔巴哈人本主义思想的核心,费尔巴哈通过分析"人与动物的根本区别是人的类意识的存在",提出了"类、类生活、类本质"等一系列概念和术语。马克思从实践论出发,继承和超越了费尔巴哈关于人的"类本质"思想。他认为"人是类存在物,不仅因为人在实践上和理论上都把类——他自身的类以及其他物的类——当作自己的对象;而且因为——这只是同一种事物的另一种说法——人把自身当作现有的、有生命的类来对待,因为人把自身当作普遍的因而也是自由的存在物来对待"①。马克思在《1844年经济学哲学手稿》中广泛使用了"类存在""类本质""类特性""类生活"等概念。马克思不仅认为"人是类在物",指出人的类本质,同时还强调人能够意识到自己的"类",不仅通过"类"将自己与其他物种区别开来,还通过"类"实现与人的沟通和交往。亦即是说,人在具体的思维过程中,具有个体独特的意向、经验、兴趣和情感等,但同时人的思维始终存在并呈现出"类"的特征和属性。

人的思维能力并非天赋的,只能在后天的实践中养成和发展,并通过一定的人类行为来显现。从人类思维的个体发展史来看,思维的发生和发展大致也经历了三个阶段:第一,有清醒的自我认识能力,只有当个体将"我"与周围世界、"我"与他人区别开来,实现自我认识的飞跃,把自己的意识、行为作为对象进行思考,赋予思维以主体意义,才能真正实现思维和自我认识的质的飞跃。这是思维的初始和萌生阶段;第二,必须具有一定的抽象概括能力,能够将他人的思维与自己的思维联系起来。这个时候的明显标志是开始理解他人,小孩子往往在学会说话前实际上已经能够基本理解他人的思维和意图,能够根据父母的简单指令作出相应的思维反应;第三,具有相当复杂的语言,因而才能表达自己的思维,并同

---

① [德]马克思:《1844年经济学哲学手稿》,人民出版社2018年版,第51页。

周围人交流。这个阶段可以说是思维在生理意义上的成熟阶段,尽管此时儿童的思维主要是以直觉思维为主,但已经具备人类思维的基本结构,不仅能够理解他人思维,还能够与他人的思维产生碰撞、交流而进一步提升和发展自己的思维。

  不管是从人类思维的发展史还是思维的个体成长史来看,人类思维在发展和成熟的过程中实际上都蕴含了集体思维的前提条件和基本结构:理性的反应、"类思维",能够理解他人思维和意图并能够通过进一步交流实现思维的碰撞、交流和进一步发展。集体思维的概念脱胎于思维,其实质是人类思维活动的一种实践形式。作为一种特殊的思维活动,与批判性思维、发散思维、创新思维等思维概念主要突出的是思维类型或思维方式的不同,集体思维概念更多强调的是思维主体维度上的"特殊"。集体思维是具有集体性的主体的思维活动,或者说是以集体为主体的思维活动。它不是心理学或者哲学,或是日常人们所理解的"思维是指理性认识,即思想。或指理性认识的过程,即思考。是人脑对客观事物间接的和概括的反映……人借助于语言,把丰富的感性材料加以分析和综合,由此及彼,由表及里,去粗取精,去伪存真,从而揭露不能直接感知到的事物的本质和规律。思维是反映客观现实的能动过程,它既能动地反映客观世界,又能动地反作用于客观世界"[①]。集体思维聚焦于现实的思维过程,强调从思维主体维度认识和把握思维的过程、特征。因而,从这个层面讲,集体思维具有两种独特的内涵:第一,集体思维是以集体为主体形式进行的人类思维活动形式;第二,集体思维突出强调思维的主体——人在思维过程中对人的本质的现实观照,人在思维过程中具有独特的个体意向、经验、兴趣和情感等,但同时人的思维始终存在并呈现出"类"的特征和属性,简单来说就是人的思维总是呈现出一定民族的思

[①] 辞海编辑委员会:《辞海》缩印本,上海辞书出版社1979年版,第1676页。

维方式和文化特征，或者可以说是某一团体、地域或共同体的思维方式。表面上看，思维自然地是以个体为单位进行的人类活动，但在更深层次上体现集体的特征，并受一定集体环境和文化的深刻影响。集体思维就像"一双看不见的手"，在无形中影响甚至控制个体思维的发生、发展。

二 思维的集体性：课堂集体思维的本体合法性

思维不仅构成人类理性和智慧的核心，同样也贯穿了个体智力发展和成长的始终。表面上看，思维自然地是以个体为单位发生的人类活动，任何思维的发生必然是基于个体（主体）独特的经验、意向、立场、情感、态度和价值观等，带有明显的个性特征。但是，不管是从思维的主体——人，还是与思维具有紧密关系的语言、思维的内容、思维赖以存在的基础——知识来讲，思维都具有不可忽视的集体性。思维的集体性首先在本体论意义上为集体思维提供了合法性的存在基础。同样地，课堂教学中学生的思维发展绝非孤立的、独自的个体性的发展过程，而是在师生、生生集体的互动中不断成长和发展的过程。课堂中的学生思维固然是以个体为单位自然发生的认知实践活动，并且课堂教学归根结底落脚于学生个体思维的成长。但是，集体作为课堂教学过程中的客观实在，"集体是教育的主体"这是马克思主义集体教育思想中一个具有革命意义的命题。课堂教学是由权威的教师和相似而又不同的学生组成的学习集体，集体作为主体的能动性、积极性与主动性是不可忽视的。然而，教育者们对集体在教育过程中的主体地位的认识，往往徘徊在社会本位论与个体本位论、集体优先还是个体优先的二元对立之上。学生个体作为思维的主体，而思维从其本体意义上同样具有不可忽视的集体性，思维是集体与个体的有机统一，同样地，课堂教学过程也是作为单个学生主体与作为复数形式的集体主体的有机统一。思维作为教师与学生、学生与学生、个体与集体之间互动的基本联结点，思维的集体性从本体论意义上为课堂集体思维提供了"合法"的理论定位。

长久以来，人们更多的是探讨思维的个体性及其主体特征，将思维视为人类个体认识世界以及大脑内部"神秘"的认知信息加工过程，对思维的研究局限在一般意义上讨论思维与存在、思维与语言的关系，忽视了对思维本体，尤其是思维的集体性的研究。必须指出的是，强调思维的集体性并非将思维的集体性与个体性对立，而是认识集体性和个体性是思维一体两面的存在，两者缺一不可。对思维集体性的探讨不仅能够为学界对于思维的研究提供一个新的方向，更为重要的是为本书关于集体思维内涵提供本体论的合法性存在基础，同时为探讨集体思维的发生的一般过程和发展机制提供理论支持。

人是思维主体，是一切社会关系的总和，人的思维总是置于一定的社会文化环境中，人的集体性是不言而喻、不证自明的。表面上看，思维是个体独立的认识和思想活动，是个体大脑内部信息加工的过程，思维是个体大脑的基本属性。对大脑与思维关系的研究尽管为认识和掌握思维的脑科学和认知神经科学提供了坚实的基础，但是思维作为人的"主体主观能动性"的认识和思想活动，"科学客观地"认识和反应仅仅只是思维活动的冰山一角。过于强调思维的脑科学研究就像我们对鸟儿飞翔的研究仅仅局限在对其翅膀的属性和结构的研究一样，从而忽视探索和总结飞翔背后的空气动力学原理。对思维的研究同样应该更加关注影响人类思维发生和发展背后的基本机制。20世纪80年代，钱学森先生不仅倡议将思维作为一门科学探讨思维的基本规律，同时倡导学者们研究社会思维的一般过程和基本规律："社会思维学就是要研究人作为一个集体来思维的规律，他与集体的相互关系、相互影响……人是社会性动物，人的发展不能脱离社会对人的影响……我们是不是要认真探讨下，在思维科学中的基础科学里也要研究集体和集体所创造出来的精神财富对一个人思维的作用"[1]。美国社会心理学家、符号互动论的奠基人乔治·赫伯特·米德（George Herbert Mead）对人及其思维的社会性特征进行系统的研究，并创造性地提出了思维的社会性及其发生、发展机制。他认为："心灵是在社会过程中，在社会性相互作用这个经验母体中产生出来的……所有他人的态度组织起来并被一个人的自我所接受，便构成了作为自我的一个方面的'客我'，与之相对应的方面则是'主我'，主我和客我的统一便是完整的自我。"他认为思维作为人类的一种意识和认识活动，不能简单地归之为生理或行为反应，因为与思维相伴的理性在更深意义上是社会性的，理性在集体和群体活动中实质上表现为"个体采取他人的态度，个体置身于他所属的整个群体态度中的行为"[2]。从思维发生、发展的现实过程来看，人作为思维的主体，人的思维一方面是在一定社会生活、社会关系和个人所处环境、所受教育的产物；另一方面，人的思维直接地表现为人在实践、交往和经历中所形成的一系列观念、意识、价值和理论体系，人始终是在一定的集体、社会和文化背景所展开的思维和认识活动，不管是从人的思维的属性、背景、过程、内容，还是思维的目的和结果来看，人的思维始终具有一定集体性特征。思维的主体——人的集体性特征也就自然而然确证了思维的集体性。

马克思不仅提出了"人是一切社会关系的总和"的人的本质观，同时他在《1844年经济学哲学手稿》中将人的"类本质"与对象性认识过程结合起来，探讨了思维的集体性和"类"特征："人是类存在物，他才是有意识的存在物，他自己的生活对他来说是对象"[3]。人的类本质充分地体现在人类在认识和思维过程中对自己

---

[1] 钱学森：《关于思维科学》，上海人民出版社1986年版，第132页。
[2] ［美］乔治·H. 米德：《心灵、自我与社会》，赵月瑟译，上海译文出版社1992年版，第3—4页。
[3] ［德］马克思：《1844年经济学哲学手稿》，人民出版社2018年版，第51—56页。

和他人本质的对象性认识。人在认识和思维的过程不仅会意识到个人是"类的存在",是集体的一分子,同样也会将"类"和集体的特征作为认识的对象,运用集体和"类"的思维方式去认识世界,或是在集体中实现思维的对话、交流和碰撞。人的"类本质"首先在人的本质特征上为集体思维的发生和发展提供了可能。此外,马克思关于人的类本质与对象性认识过程同时也构成了人类集体思维的基本结构和认识发生机制。

语言与思维的关系是一个古老的论题,对语言与思维关系的探讨直接关系到人类认识和思维的本质。语言作为思维的"外壳""工具"和"载体",语言的社会性和集体性在一定程度上直接决定了思维的集体性,进而为集体思维的碰撞、沟通和交流提供基础工具的支持。18 世纪早期,德国语言学家、哲学家、政治家威廉·冯·洪堡特(Wilhelm von Humboldt)最早提出了"语言左右思维"的理论和假说,他在《论人类语言结构的差异及其对人类精神发展的影响》一书中系统阐述了语言与思维的关系,认为语言是构成思维的官能,二者相互等同;人们必须借助语言去认知自然世界,语言的差异不在于声音和符号,而在于世界观本身。洪堡甚至说"语言与人类精神发展深深交织在一起……语言是思维走向完善的必然结果,同时也是一个人被称作人所具备的资质的自然发展"[1]。洪堡不仅意识到语言对思维的影响,他还指出,作为集体性和社会性的语言同样塑造和形成了思维的集体性,思维的集体性和社会性是构建个体与人类整体的直接联系,甚至可以说是个体获得人类集体归属感的重要机制:"从表面上看,语言只是社会性地发展着,人只有尝试检验过他的话在别人那里的可理解程度,才能理解自己。因为当自己创造的词从被人的嘴里重新说出时,客观性就被提高了。但主观性并未受到丝毫削弱,因为人和

---

[1] [德]威廉·冯·洪堡特:《论人类语言结构的差异及其对人类精神发展的影响》,钱敏汝译,陕西人民出版社 2006 年版,第 277 页。

人重视相互感觉倒是一致的……思维的力量既需要与它自己相同的东西，而又需要与它不同的东西。相同的东西将思维力量点燃，不同的东西使他得到了它内在的种种创造的一块试金石……所有人的说话，从最简单的开始，都是将个人的感受与人类共同的自然本质相连接"[①]。洪堡关于"语言左右思维"的理论和假设不仅开创了关于语言与思维关系的科学研究，并且极大影响了后世学者关于语言与思维关系的探讨，如美国语言学家萨丕尔及其学生提出的"沃尔夫假设"。

马克思在《德意志意识形态》中不仅提出了"现实个人"的思想，同时还对思维和语言之间的关系以及思维和语言的社会性、集体性进行了系统的论述："语言和意识具有同样长久的历史；语言是一种实践的、既为别人存在并仅仅因此也为我自己存在的、现实的意识。语言也和意识一样，只是由于需要，由于和他人交往的迫切需要才产生的"[②]。如果说语言学家主要是从语言学角度切入探讨语言与思维的关系，维果茨基则主要是基于对人类思维的文化特征入手，探讨语言与思维的关系。他在《思维与语言》中不仅创造性地提出了语言和思维的关系，更是通过批判性地分析皮亚杰关于思维的发生学研究提出了思维的社会性和集体性特征。维果茨基将皮亚杰关于思维的研究大致类化为"我向思维"和"定向思维"。"定向思考是有意识，也就是说，它追求存在于思考者心目中的目标。它是有智慧的，也就是说，它适应现实并努力影响现实。"我向思考"是下意识的，亦即是说"我向思考"所追求的目标和它所解决的问题本身都不存在于意识之中。鉴于此，维果斯基认为"定向思考是社会性的，随着定向思考的发展，它会逐渐受到经验规律和逻辑本体规律不断增长的影响。我向思考则与之相反，它是

[①] [德] 威廉·冯·洪堡特：《论人类语言结构的差异及其对人类精神发展的影响》，钱敏汝译，陕西人民出版社2006年版，第64—65页。

[②] 《马克思恩格斯全集》第一卷，人民出版社1995年版，第34页。

个体性的，并遵循着一组它自身所特有的规律"①。实际上，语言的社会性和集体性特征不仅为集体思维的概念和内涵提供了本体论意义上的合法性存在基础，同时，语言也为集体思维的交流、对话、碰撞提供基础，没有共同的语言和交流系统，集体思维是不可能真正产生和发展的。简言之，集体思维的发生和发展离不开语言的支持。

三 累积性思维：文化传承视域中的课堂集体思维

传承和发展文化是课堂教学的重要使命。从人类文明演化的历程来看，课堂教学就是师生、生生之间的文化实践活动，是教师和学生以文化主体身份参与文化的交往、互动过程。而学生的发展正是在课堂教学的文化交往、互动过程中实现个体社会化，彰显课堂教学的文化育人功能。课堂教学的文化属性及其文化育人过程构成了促进学生发展的双向互动和生动循环的过程。一方面，学生始终是处于一定文化中的人，理解和内化本民族、地域的文化，获得文化的同一性，学生才能真正成为"文化人"，实现个体社会化；另一方面，学生的发展与文化的过程相互交织。从广义上说，学生的发展和社会的进步都离不开文化的发展，文化的传承和发展又离不开人的发展，尤其是作为年轻一代的学生的发展。文化是人创造的，供人习得和享用，同时也制约和规范人的观念和行为方式。文化是作为群体或社会的人共同创造的结果，反过来又作用于人。学生作为年轻一代，其生命成长和社会化、个性化过程，就是使学生不断地占有社会文化，成为社会意义和文化意义上的"成人"。课堂教学作为培养人的活动，需要植根于一定的文化背景、文化传统和文化价值观念。从这个意义上讲，课堂教学就是在师生、生生文化交往和互动过程中，以知识学习为基础，促使学生理解、习得人

---

① ［苏］列夫·维果茨基：《思维与语言》，李维译，北京大学出版社2010年版，第13—14页。

类和本民族文化，内化和传承文化，获得文化的同一性，以具有文化自信和文化自觉的意识和能力[①]。从课堂教学文化传承和发展的内容来看，知识是人类科学文化的基本产物，是人类典型的文化形式，更是文化的结晶。知识和文化的发展绝不是个体或者说伟大历史人物的个人贡献，而是集体智慧的结晶，并且是人类在长期的历史实践过程中不断累积以及螺旋生长的产物。知识和文化作为客观的现实存在，固然是学生学习的对象和内容，但是知识和文化背后赖以存在的生产过程及其生产逻辑更是学生学习的核心。学生的学习，不是直接的知识和文化灌输、传递过程，而是学习人类文明成果结晶的同时，内化人类文化与知识发展内在的生产方式。从文明演化的历程来看，累积性思维构成了人类文明演进的重要机制，同时也是课堂教学过程中师生、生生文化交往和互动的基本逻辑过程。

累积性思维概念的产生源自彼得·理查森（Peter Richerson）和罗伯特·博伊德（Robert Boyd）1988年在《文化与进化进程》一书所提出的累积性文化进化理论（cumulative cultural evolution）。他们认为，人类与其他物种的本质区别在于人类的累积性文化演化机制，人类文化具有累积性文化进化的独特特征，人类可以通过社会学习，不断地改进自己的文化产物，并一代代地传承下去[②]。简单来讲，文化的累积性进化指的是由于所传递行为的累积性更新，主要表现在代际学习者间的不断进步，通过累积、文化传递和代际更新实现人类文化的不断进化和发展，并最终提高人类自身的适应性[③]。理查森和博伊德的累积性文化进化理论对人类进化和文化进化研究产生了巨大的影响，德国马克普朗克进化人类学研究所的迈

[①] 郭元祥等：《论课堂教学中的文化育人》，《课程·教材·教法》2020年第4期。

[②] Boyd R., Richerson P. J., *Culture and the Evolutionary Process*, Chicago: University of Chicago Press, 1988, pp. 1–18.

[③] 辛自强等：《文化进化的实验与非实验研究方法》，《北京师范大学学报》（社会科学版）2012年第3期。

克尔·托马塞洛（Michael Tomasello）通过长期对灵长类动物与人类在使用工具这一方面的差异进一步完善了累积性文化进化理论，并提出人类进化的累积性思维："人类随着实践的推移积累着各种改进，这就是说人类具有文化历史。他们积累改进并且拥有历史，因为支持他们的是特别强的文化学习过程，而使文化学习过程特别强的原因是它受到了人类独有的认知适应所支持，即把他人理解为就像自己一样的有意向的生命体，这样就产生了社会学习的各种形式，它们起到了棘轮的作用，在社会群体中忠实地保留新发明的成果。直到更新的发明取代它。"①

  累积性思维及其文化进化机制实际上是从进化学角度探讨了人与其他物种的区别，阐释了人类文化独特性的演进机制。另外，累积性思维作为一种人类文化演进过程中所形成的独特"思维方式"，内涵了人类"集体思维"的原始形态。从思维发生来看，思维起源于人类在劳动过程中工具的使用与发展。但是对于为什么"人类的近亲古猿也会使用工具，但是只有人实现了大踏步地前进？"这一问题，学界给出的答案略有不同。一项对比猿猴和人类思维的研究表明，人类与猿猴在思维上的差异根本是"集体思维"的存在，而集体思维的发生与发展最为重要的因素在于"累积性思维"。众所周知，人类祖先思维的发展经过了不会使用工具到"天然工具"的使用，然后是意识地改造"天然工具"的过程。其中，在使用天然工具到改造工具过程中实现了人类的进化。猿类和人类都会使用天然工具，而唯一的差别是，猴子使用工具只是一种"本能"行为，它们无法区分使用工具及其使用工具的目的和活动本身。猿猴使用天然工具的时候是"随用随丢"——问题解决后就把工具扔了，下次使用工具的时候再就地取材。因而猿猴的思维水平也就永远停留在本能地使用"天然工具"的水平。而人类不一样，原始人类对待

---

① ［美］迈克尔·托马塞洛：《人类认知的文化起源》，张敦敏译，中国社会科学出版社 2011 年版，第 39 页。

工具使用具有"累积性思维",他会将使用过后的工具(当然包含经验)带回储存。对工具及其经验的累积为人类进化提供了关键。"我们的远古祖先,从不会使用工具到学会使用天然工具,确实是一个了不起的飞跃。这说明他们此时的活动,已经不再是纯粹动物式的本能,而是一种被意识到了的本能活动。后来,在频繁地使用天然工具的活动中,慢慢又觉得天然工具不那么得心应手,或者不能按照人的目的、要求去发挥作用,于是改变木棒和石块的形态的推断和设想,便在头脑中逐渐形成了"[①]。人类祖先使用工具是一种具有"主体意识的本能",并且在频繁地使用天然工具过程中实现经验的累积,为按照人的目的、要求去"改造工具"提供了前提和可能。尽管现在我们无法真正测量和确定当时原始人类的大脑是否真正能够支持存储和提取"经验积累"的记忆能力,但原始人类的群居性为实现"集体地积累"提供了前提和可能。原始人类是群居的,这种累积不仅指个人的累积,还包括群体他人带回的工具和经验。群体性的累积让原始人类能够轻而易举地对比和发现不同工具的特征和特点,进而按照个人的需要、目的选择"得心应手"的工具,按照个人目的和需求为改造工具提供了前提和可能。

总的来说,累积性思维实际上为人类交流、交换并传递人类经验提供了基础,是人类改造工具、发明工具的重要思维基础。累积性思维是人类集体思维的"原始形式",为人类演化出通过个体与个体之间的经验和交流、交换和不同思维的碰撞交互提供了可能。简单来说,累积性思维首先为 $1+1>2$ 提供了等式左边存在的可能,集体思维无法离开集体性的经验的积累,而这种集体性的经验积累首先需要不同个体提供个体经验,进而为经验交换、交流提供可能。

[①] 张浩:《思维发生学》,中国社会科学出版社 1994 年版,第 83—84 页。

四　共享意图：课堂中师生的集体思维交互

人类原始的"累积性思维"分别从本体论和整体层面为集体思维提供了前提和可能，对于集体思维的具体过程来讲，也就是成员之间思维的对话、交流、碰撞如何产生？思维的集体性何以转换为"集体思维"的发生、发展的内生动力？换句话说，虽然人类合作、对话、交流和沟通的需要为集体思维提供了本体论的可能和前提，但依然无法解释这种集体性和社会性的需要源自何处。文化和语言以及思维的集体性不仅仅是人类思维发展的背景和前提，文化和语言具有重要的社会协调作用，他们不仅为人类沟通、对话、合作、交流提供语言工具，同时也进一步塑造了人类思维本身：在人类互动过程，我们往往可以站在对方的角度思考，并依据这种思考调整自己的想法或行为。当人类个体参与到群体性活动时，他们会形成主体间的共同目标和联合主意，之后在不断交互过程中实现各自群体角色和立场的确立，并形成相应的行为协调规范。语言不仅是个人思维的外在表现和个人态度、情感和观点的表达，语言更多是指向他人的社会行为。人们总是希望以特定的方式引导对方的注意力与想象力，让对方知道、明白和理解他要做什么、表达什么。这种行为之所以可能，就在于人类在漫长的进化中出现的"共享意图"能力：能够理解彼此的意图和观点，并且能够根据群体的意图和观点不断调整、更新个人的意图、观点和行为。

共享意图并非人类的本能，而是思维不断发展过程中逐渐养成的一种能力。托马塞洛认为，人类个体在经历了理解客观实体、理解他人、理解自我，当个体逐渐将"我"与自然世界、我与他人区分开来，并实现对自我的认识，大致在 9—12 个月之后发生了个体思维的"革命"性转变——联合意图的出现[①]。这个时期他们尽管

---

① Moore C., Dunham P., *Joint Attention: Its Origins and Role in Development*, New York: Psychology Press, 2014, p. 103.

无法言语，但是已经表现出理解他人意向，认识到他人与自己一样"是有意向、理性的主体，他们也有能力和别人从事涉及共同目标、共同意图以及共同关注焦点的互动"。为了证明这一点，托马塞洛不仅个人进行了系统的儿童观察和实验，同时援引了大量儿童认知和心理发展的相关研究结论。

至少在9个月大时，儿童就知道别人有目标，也就是说，知道别人会有想要的东西，甚至更小的孩子就可能知道这一点了（Woodard, 1988）；至少在满周岁时，儿童理解行动者要主动选择方法追求目标，也就是他们要先有意图，此时儿童也能感觉某种合理的原因，知道对方为何选择某个特定手段而不选择别的；至少在12—15个月大时，儿童能够晓得别人知道什么，或者说他们晓得别人熟悉什么；至少在9—12个月大时，儿童开始和别人参与三元的共同关注事件，建立合作沟通所具有的共同基础；与此相关的，至少在12—14个月大时，儿童已经知道，哪些东西是他们先前与别人共同关注、彼此经历过的，哪些又没有。换句话说，他们不仅知道我们一起看到什么，也了解我们从先前经验中一同知道了什么至少在14个月大时，儿童已经能与他人建立共享的目标和意愿，譬如他们会一起合作从事问题解决的活动，而更早地具备共同意图的互动，也许可以证明他们满周岁前，已经可以与人形成共享的目标。实际上，在儿童学会说话之前，主要通过肢体语言，如手指的形式与他人沟通并共享意图。甚至还未学会说话前先学会了"听话"，幼儿在学会说话前已经能听懂人类简单的语言和指令，如从原来的张开双手就是要抱抱到能够听懂"让我抱抱"。尽管我们无法靠观察儿童的自然发展来进一步系统深入地说明儿童共享意图的发展过程及其心理机制，但是通过对比人类和黑猩猩可以进一步理解共享意图在人类思维发展过程中的作用和意义[①]。

---

① ［美］迈克尔·托马塞洛：《人类沟通的起源》，蔡雅菁译，商务印书馆2018年版，第102—106页。

共享意图不仅为人类沟通、对话、合作和交流提供了心理基础，当然也为集体思维提供了交互的基本心理机制。总之，思维不是个体独自的狂欢，思维过程不仅仅牵扯到个体自身。人类思维过程本身就像一个爵士演奏者的表演，他使用的乐器是由他人制造的，表演曲目的编排有前人留下的固定套路，能够登上舞台也经过了其他演奏者的反复指导，并且最为重要的是他的演奏是融入了乐队的表演①。思维从其本体论意义上说是一种自在的、抽象的"集体思维"过程。而课堂教学作为人类的"文化"传承和发展过程，不管是从课堂教学的核心、内容还是目标，都呈现出明显的集体思维特征。以集体思维为切入点，不仅能够重构我们对课堂教学的基本认识和理解，同时对于实现课堂集体教学与学生个体发展的统一具有重要的理论意义。

总而言之，课堂教学的集体思维品性可以从两个层面来讲：第一，思维作为课堂教学的核心，学生思维的激发、参与和发展贯穿课堂教学过程始终。思维的集体性为课堂集体思维提供了本体意义的合法性，这一点可以说是显而易见和不证自明的；第二，从课堂教学的文化属性及其文化育人过程来看，课堂教学过程呈现着清晰的人类文化演进的累积性思维逻辑和共享意图的集体思维交互、对话和碰撞过程。课堂教学是师生、生生集体互动和交往的文化过程，每一个学生独特的个体经验、观点和态度为课堂教学的文化累积与螺旋发展提供了现实基础，在数量和发展逻辑上保证了构建 1+1>2 的课堂教学效果的可能性前提；而共享意图的存在为不同个体之间的对话、交往和相互理解、思维碰撞、经验交融提供了发展的基础。

---

① ［美］迈克尔·托马塞洛：《人类思维的自然史》，苏彦捷译，北京师范大学出版社2017年版，第1—4页。

第二章

课堂教学即集体思维过程

  课堂教学是什么，或者说什么是课堂教学，对于这一教学本质问题的探讨可谓是一个历久弥新的话题。以至于教育者对这一问题的思考和争论"越是深沉和持久，在我们心中唤起的惊奇和敬畏就会日新月异，不断增长"。对教学本质的探索和思考不仅是人类天生的好奇心使然，同时也是教学论研究和教学实践的"第一原理"和起点：任何的教学理念和实践都是教育者基于对教学本质的认识、理解所做的自觉或不自觉的基本假设和基本信念，并在此基础上所进行的实践活动。随着我国教育教学实践的发展，教育界对教学本质的认识和思考出现了"百花齐放、百家争鸣"的理论积淀和学术发展，经历了"本质主义"与"反本质主义"激烈争论，实现了"实体论"思维向"实践论"思维的现实转变，逐渐从纯粹形而上的思辨研究回到课堂教学之中，回到教学现象和事实本身，在具体的教学情境中去研究教学本质是什么，或者教学的本质不是什么。

第一节　面向事实本身：课堂教学过程的本质回归

一　课堂教学过程本质的重释：从美诺悖论说起

新课改以来，教育界对于课堂教学过程及其本质的讨论可以说是"百家争鸣，百花齐放"，出现了几十种乃至上百种关于课堂教学过程及其本质的不同假说和理论。尽管人们对教学本质的认识和理解并没有真正实现完全的统一，但无一例外的是，教育者们都从不同角度批判传统强调知识灌输和知识传递的课堂教学。同样，尽管没有人能够否认知识的价值，但是对于知识在课堂教学中的地位和作用、学生是通过怎样的课堂教学过程实现人类科学文化知识的获得和理解的，学界依然存在不同的认识和理解。对于这个问题的讨论，先从美诺悖论（又称学习悖论）谈起。

美诺悖论是柏拉图《美诺篇》中苏格拉底和美诺二人围绕"美德"这一主题展开对话的过程中所提出的一个关于学习的两难问题。对话开篇美诺就问苏格拉底："请你告诉我，苏格拉底，美德能教吗？美德是通过实践得来的吗？或者说，美德既不能通过教诲也不是通过实践得来的，而是一种天性或别的什么东西？"[①] 苏格拉底坦诚地说自己对美德一无所知，并在反复的对话中指出了存在于美诺对话中的一个两难问题，即是今天所理解的美诺悖论："一个人既不能试着去发现他知道的东西，也不能试着去发现他不知道的东西。他不会去寻找他知道的东西，因为他既然知道，就没有必要再去探索；他不会去寻找他不知道的东西，因为在这种情况下，他甚至不知道自己该寻找什么"[②]。西方学术界围绕这一知识论"难题"，结合对这一悖论所隐含的逻辑的不同解读，展开了激烈的

---

① ［希］柏拉图：《柏拉图全集》第一卷，王晓朝译，人民出版社2002年版，第495页。
② ［希］柏拉图：《柏拉图全集》第一卷，王晓朝译，人民出版社2002年版，第506页。

讨论①。尽管美诺悖论的存在仅仅是一个逻辑上的"漏洞",不会影响人类对知识的渴求和天生的学习欲望,人类学习的本性促使我们不断地认识和思考新事物,不断地深化人类对世界的认识和理解,进一步推动人类知识的繁荣。但是人类是如何习得知识的,依然需要人们探索。正如罗素在《人类的知识:其范围与限度》一书中所探讨的主题:"我们是怎样得到我们关于世界的知识的?"同样地,对于教学论或者课堂教学来说,学生如何获得人类文化科学知识,或者说外在的人类科学文化知识如何转化为学生的内在精神财富始终是教学论和教学实践探索的核心命题。美诺悖论的存在,同样启发我们不断地深化对课堂教学这一永恒主题的认识和理解。实际上,教育者们也纷纷从不同角度探讨美诺悖论之于课堂教学和学生学习的意义。如有学者指出:如果学生没有先在的认知结构,如何能"无中生有"呢?在这个意义上,心灵获得或学习新事物是不可能的。因而,获得的知识隐喻就无法很好地解释美诺悖论②。也有学者指出,《美诺篇》中隐含的苏格拉底的"产婆术"——对话本身就是破解美诺悖论的方法。"教"其实就是帮助人们清除现实世界的遮蔽去完成前世美德的记忆,而不像教其他种类知识或者技艺那样直接地授予或者"教给"别人这种美德知识,教学不是以知识授予别人而是知识自己产生的产婆。唯有借助哲学的助产士,通过对话唤醒心中德性,让真理显现③。梳理教育者对美诺悖论的认识和理解不难看出,学者们主要是利用美诺悖论批判知识传递和知识灌输的课堂教学过程及其本质观,而在很大程度上忽视了美诺悖论本身所蕴含更深层次的意义。

　　从美诺悖论的缘起来看,之所以会产生这个悖论,其根本原因

---

① 盛传捷:《"美诺悖论"的新思考》,《哲学动态》2016年第2期。
② 曾文婕等:《获得·参与·知识创造——论人类学习的三大隐喻》,《教育研究》2013年第7期。
③ 张济洲等:《美德是否可教——论苏格拉底的德性教化》,《教育研究》2013年第4期。

在于美诺的"自以为是"。他以为他知道什么是美德,实际上他对美德"一无所知"。这不仅是"恶棍"美诺的无知,同时也是人类"知识"的缺憾:人类不仅只是知道所知道的,不知道所不知道的,并且当我们知道某个事物时,很难想象他人不知道。人类的自我意识往往让个体固执地认为"自己才是对的,自己是知道的"。例如,在每次考试的时候,学生几乎都"觉得"考题做对了,甚至在反复检查之后都觉得没有问题,但很多时候,事实并非这样。实际上,每个人对于事物的认识都是"不完全"的,或者可以说是"不全面的"。美诺悖论解蔽的方式不仅仅是人类天生的学习欲望,对新事物的好奇和思考。更为重要的是,人类不是孤立的认识世界和构建关于这个世界以及我们自身的知识的,只有在集体思维的交互过程中人类才建构了关于这个世界丰富多元的认识及其知识体系。正如在《美诺篇》中,美诺悖论虽然产生于苏格拉底与美诺的对话过程,却又通过苏格拉底的"产婆术"和对话唤醒了美诺心中的德性。课堂教学也不是学生孤立的思考、认识和思维发展过程,而是师生、生生集体思维的过程。这个过程中,既存在师生不同认识水平的思维交互,也存在生生同伴之间同一认识水平的不同个体理解和认识的交互。正是通过这两种层次的认识对话和交互,学生个体经验经由师生、生生集体思维过程实现人类科学文化知识的习得和理解。总之,就美诺悖论的解蔽方式及其教学论意义来看,课堂中的学习并非学生孤立的、独自的思维和发展过程,只有在师生、生生集体思维的交互过程中实现个体思维和认识方式的解蔽,才能使课堂教学过程中存在的集体形式结构分析成为理解和建构课堂教学过程及其本质的一种新的视角和思路。

二 审视与反思:课堂教学过程及其本质的历史论争

对教学过程及其本质的讨论可谓是一个历久弥新的话题,既是教育界的一个经典问题,同时也是一个热点问题。之所以经典,是因为教学过程及其本质既是教学论学科发展的基本问题，又构成了教学实践的第一原理问题，任何教学都是教育者基于一定的对教学本质的认识、理解所做的自觉或不自觉的基本假设和基本信念，并在此基础上所进行的实践活动；伴随着人类社会的不断进步和教育教学的不断发展，时代不断涌现新理论、新情况，推动着教育教学实践及其形态发生巨大的变化的同时，也推动了教学过程的基本样态的变革，并进一步更新人们对教学本质的认识和理解。因而，有关课堂教学过程及其本质的认识并不可能真正实现"理论的统一"，不仅会随着社会发展呈现不同的时代特征，同时也会因为不同的立场和视角出现多元的认识和理解。

教育者对课堂教学过程及其本质的探讨也各有侧重，或是对教学概念的理解与梳理，或是对教学构成要素的分析，或是对教学存在与发展的历史形态考察，或是对教学基本属性和职能的探讨，或是从教学论学科建设与学科发展角度探讨教学本体问题等。梳理学界有关课堂教学过程及其本质的探讨不难发现，人们对教学本质的理解多是基于哲学、社会学、心理学和科学等其他学科理论的视角。如基于哲学认识论将教学活动视为特殊的认识活动过程和认识发展过程；基于马克思主义实践哲学理论将教学视为一种实践活动；基于心理学将教学视为学生的认知、情意、审美等发展过程；基于社会学将教学视为师生之间的互动、交往过程；基于系统科学将教学视为复杂性的系统过程；基于文化学、生态学将教学视为一种文化的、生态发展过程。此外，除了从不同学科视角探讨"教学是什么"这个本质问题外，有关教学本质的问题的讨论衍生出教学论一个重要的研究领域和主题——教学本体论。如张广君从教学存在与教学本质两个维度系统地回应"教学是什么"，构建了教学本体论。用发生学的方法分析教学存在的基本形式、一般表征、基本职能和属性、历史演化以及教学存在的本质问题等；也有学者指出教育界关于教学本质的争论体现了"现象与本质"的哲学思维方式，伴随着讨论的逐渐深入，产生了"教学本质"与"教学本质观"这两个问题的混淆，并从教学本体意义上对两个问题进行了区分和澄清[①]；也有学者指出教育界关于教学本质的争论是教学论学科成熟的表现，是教学论在学科发展中的自觉的反思过程；还有学者指出教学作为人类社会生活的一种特有活动，其含义必然是多元的。

教育者有关课堂教学过程及其本质的讨论一方面极大地丰富了教学论的理论研究和学科发展；另一方面促进了教学实践的巨大变革。但是，教育者对课堂教学过程及其本质的探索往往容易陷入"本质主义"的陷阱。对教学是什么的追问，往往将教学视为一种外在于人的实体，采用"主客二分"的认识模式，追求教学认识的确定性和绝对性。这种实体思维和主客二分的认识容易导致对现实教学活动的遮蔽和遗忘，忽视课堂教学现象世界的丰富性和实践性，从而使教学论研究陷入纯粹形而上的思辨[②]。当前，教育者对课堂教学过程及其本质的讨论或是倾向于采取演绎的方法，从哲学、心理学或人类学的概念和理论推导出课堂教学的基本结构或一般过程；或通过隐喻的方法，将课堂教学理解为其他人类实践活动，借由本体和喻体之间的类比，促进对课堂教学过程及其本质的认识和理解；或使用分析的方法，着眼于课堂教学的要素或某一功能、属性，分析课堂教学的基本结构和一般过程。不同的研究方法和视角固然丰富了人们对课堂教学过程及其本质的理解和认识，但在一定程度上也造成了课堂教学实践中的"歧路亡羊"：追求最优化的高效率教学，从根本上改变传统教育，是任何教育教学理论都企图追求的那只羊。但是不同的理论体系和研究视角往往出现了

[①] 靳玉乐等：《中国新时期教学论的进展》，重庆出版社 2001 年版，第 94 页。
[②] 徐继存：《教学本质追问的困惑与质疑——兼论教学论研究思维方式的变革》，《教育理论与实践》2002 年第 11 期。

"歧路"现象，并未从根本上改变教学实践[1]。同时有关课堂教学过程及其本质纷繁复杂的解读又在一定程度上使得教育者眼花缭乱。

对课堂教学过程及其本质的探讨不仅仅是追寻其抽象的、一般性特征，更为关键的是确定"能够使其成为自身且区别于其他活动"的根本属性。课堂教学过程及其本质的根本属性，首先来自"教育的主体性"。所谓教育的主体性有宏观和微观以及世界观和认识论两个层面："教育是主体，教育是客观存在的一种事物，一种社会实践活动；在教育与政治、经济、文化、社会、科学、技术等整体组成的社会结构中，教育有其相对独立的主体地位。在学校或者任何一种教育机构中，教育者是主体，受教育者也是主体，他们相互展开的教育活动，是独立自主的教育活动，是自己运动的"[2]。一言以蔽之，教育并非一种其他诸如社会活动、认知活动、交往活动、对话活动等，教育就是其本身，无他而已。任何其他角度的隐喻仅仅是外部的一种理论视角而已，或者仅仅涉及了教育的某一种要素或特征而已，而忽视了教育活动本身，忽视了教育的主体性特征。对教育主体性的忽视，尤其是教育研究的主体性的缺失，在一定程度上产生了教育概念或教育理论的"先天不自信"，使得教育研究沦为"别的学科领地"[3]。对教育相关学科的研究和发展充斥着"拿来主义"：通过借鉴其他学科理论或概念丰富甚至推动教育学相关的研究的发展。教育学研究要实现学科自信，势必应确立教育学研究的主体地位，尤其是对学科基本理论和基本概念的探讨要更加突出教育主体性，回归教育的基本规律和基本现象、事实，着眼于教育研究及其实践的独特性，从教育事实和现象本身出发构建

---

[1] 张诗亚：《惑论：教学过程中认知发展突变论》，西南师范大学出版社2003年版，第40页。

[2] 王策三：《教育主体哲学刍议》，《北京师范大学学报》（社会科学版）1994年第4期。

[3] 陈桂生：《略论教育学成为"别的学科领地"的现象》，《教育研究》1994年第7期。

教育相关的概念体系及其理论框架。

课堂教学过程及其本质作为教学论学科的基本理论问题,尤其要坚持和确立课堂教学的主体性地位。课堂教学的主体性同样存在两个层次:第一,课堂教学是一个客观存在的事物,具有相对独立的主体地位,有其独特的运动规律和一般特征。强调课堂教学的主体性特征并非排斥外在视角的理解,而是更加强调基于课堂教学本身的独特性构建课堂教学过程及其本质属性;第二,课堂教学始终指涉人以及人的主体性实践活动。课堂既不能没有师生的主体性参与,也离不开师生主体性交互和发展。对课堂教学过程及其本质的探讨无论如何都不能脱离师生的主体性及其交互的结构和理论框架。总之,课堂教学的主体性既是课堂教学确定其本身的根本属性,同样也是其区别于其他实践活动的根本特征。对课堂教学过程及其本质的探讨既不能局限在一般的理论思辨或逻辑推演上,也不能仅仅着眼于课堂教学某一要素或者某种结构阐释其一般过程和基本特征。而应该回归教学论的核心主题和教学实践的现实问题,回到教学研究与实践的事实本身去寻找"能够使其成为自身且区别于其他活动"的主体性特征。

三 确定与区别:课堂教学过程不可取代的基本任务

对课堂教学使其成为自身且区别于其他活动的主体性特征的确定,来自课堂教学独特的价值问题和事实问题。价值问题是确定课堂教学本质属性的基本前提和充分条件,而事实问题则是课堂教学区别于其他同类实践活动的重要特征,是课堂教学成为其自身的必要条件。

就课堂教学的价值问题来看,课堂教学的根本任务是促进学生的发展。尽管国内外教育界对于实现学生怎样的发展以及如何促进学生发展存在较大的争议,但对于课堂教学指涉"人的发展"这一根本性的前提假设可以说是不证自明的。但是,进一步说,"人的发展"仅仅构成了课堂教学这一"存在"的充分条件,课堂教学存在的必要条件来自其与日常生活中其他场域的"人的发展"。众所周知,课堂教学并非唯一的可以实现人的发展的活动场域。就人类发展的现实来看,大致存在三种可以实现人的发展的实践空间和场域[1]：其一是自然环境,这是人的先天遗传在合适的后天条件下自动地、自然地成熟的过程,但还是少不了环境刺激,也需要有一定的学习。人的发展先天地遵从于一定的规律、结构和过程,如发展关键期的存在；其二是社会环境,这是人在自然、文化、社会环境、日常生活等的作用下,发展变化的过程,此过程中有大量的学习,如《中庸》里的"能尽物之性,则可以赞天地之化育；可以赞天地之化育,则可以与天地参矣"；其三是以课堂教学为主阵地和育人主渠道的学校教育,或者说制度化的人类教育。即通过有目的、有组织、有计划地教来推动和实现学生的发展,孟子所说的"得天下英才而教育之,三乐也"就是一个例子。

学生的发展无疑是课堂教学的根本任务,课堂教学中的学生发展首先建立在人的可塑性这一基本人性假设和前提之上。人的可塑性是赫尔巴特一生都坚持的教育理论前提,他反对卢梭的自然主义的教学思想。他在教学这一章的开篇论述："把人交给自然,或者甚至把人引向自然并让自然来训练,那是愚蠢的"[2]。通过教学培养儿童的意志,克服儿童天生的"不服从的烈性"是教学"人为"的价值和意义所在。教学区别于儿童经验的自然生长,甚至区别于儿童在家庭中获得的"教育"。教学是经验与交际的补充。教学之所以是必要和紧迫的是因为"经验虽然是我们整个一生中的老师,但它仅仅赋予我们庞大整体中极小的一个片段,无限的时间和空间

---

[1] 丁念金:《新时代教学论的发展方略》,《山西大学学报》(哲学社会科学版)2019年第5期。

[2] [德]赫尔巴特:《普通教育学·教育学讲授纲要》,李其龙译,人民教育出版社1989年版,第62页。

阻碍了我们获得无限多的经验的可能……交际在小小的感情范围中留下的缺陷与经验在巨大的知识范围中留下的缺陷，对于我们来说几乎同样重大的；无论是这方面还是那方面都必须同样地欢迎通过教学来加以补充"①。赫尔巴特虽然反对卢梭自然主义的教学理论，认为教学是对儿童经验和交际的补充，但这并不意味着他将教学视为知识的强制灌输。反而他强调教学必须建立在儿童的经验与交际的基础上："事实上，有谁在教育中想撇开经验和交际呢？那就仿佛避开白天而只满足于烛光一样"②。基于此，他进一步指出，经验和交际可能会使儿童感到厌烦，毫无疑问，教学工作同样不可避免地受到儿童的排斥。甚至在他看来，"教学不可能总是让人在山谷中游荡，相反将让人来练习登山，并在获得广阔视野中得到酬偿"③。承认教学可能让儿童感到厌烦，那么教师就必须考虑兴趣并在教学中"制造"兴趣："兴趣起因于有趣的事物和活动。事物与活动的丰富性产生兴趣的多方面性。教学的任务就是在于挖掘这种丰富性，并恰当地传输给学生"④。

如果说赫尔巴特将"人的可塑性"这一人性基本假设作为教育教学的基本前提，并终生努力建构科学的教育学科体系和框架，探索和确定教育学独一无二的主体性特征。那么，在赫尔巴特之前，夸美纽斯所提出的"将一切知识教给一切人类"的教学理想，并执着于追寻如何"迅速、彻底、愉快地"将外在的人类科学文化知识转化为学生内在的精神财富，这一理想和追求无疑构成了课堂教学研究和实践的永恒主题，构成了课堂教学区别于其他"人的发展的

---

① ［德］赫尔巴特：《普通教育学·教育学讲授纲要》，李其龙译，人民教育出版社1989年版，第62—63页。

② ［德］赫尔巴特：《普通教育学·教育学讲授纲要》，李其龙译，人民教育出版社1989年版，第62页。

③ ［德］赫尔巴特：《普通教育学·教育学讲授纲要》，李其龙译，人民教育出版社1989年版，第65页。

④ ［德］F. W. 克罗恩：《教学论基础》，李其龙等译，教育科学出版社2005年版，第76页。

实践活动"。现实地看,课堂教学是由权威的教师和相似而又不同的学生组成的学习集体。课堂教学既不是学生孤立的、自主的思维和发展过程,也不是群体性的无意识、随大流的盲从过程。就围绕"如何将人类科学文化知识转化为学生内在的精神财富"这一主题来看,人类科学文化知识的进步和发展并非仅仅是某个"伟大人物"的个人贡献,而是人类集体智慧的结晶和科学家共同体集体思维的结果。课堂教学既不能过分强调教师的外部灌输,又不能过于重视学生个体内在经验的联结,而是遵循"知识怎么来的怎么教",模拟人类科学知识产生和发展的过程,亦即师生、生生围绕一定的主题或教学内容展开集体思维,经由师生、生生之间充分思维交互和碰撞,相互补充、相互启发,实现学生个体人类科学文化知识的掌握和理解。

总而言之,师生、生生集体性交互结构不仅是课堂教学显而易见的基本事实,同时也构成了课堂教学过程及其本质的形式结构矛盾基础。课堂教学的基本任务和现实问题:外部知识(外在于学生个体的知识)如何通过与通过怎样的教学活动被学生所占有、成为学生的精神财富。集体思维不仅构成了课堂教学的基本现实,同时也是对课堂过程及其本质的深刻理解。课堂教学实质上就是师生、生生围绕一定的教学内容或主题展开集体思维的过程,并经由师生、生生的集体思维,推动学生个体经验和认识水平不断向人类科学文化知识的认识水平靠近,并进一步将人类科学文化知识转化为学生个体的内在精神财富,实现知识的再生产和创造、更新过程。集体思维不仅构成了课堂教学的基本事实和一般过程,探索和构建 $1+1>2$ 的课堂集体思维过程,其实质是对课堂教学过程的本质重构,为课堂教学带来新的理念和视角,对于在新时代背景下深化课堂教学改革,推动我国课堂教学转型发展具有重要价值和意义。

第二节　集体学习：课堂教学过程的现实分析

"透过现象看本质"是认识和理解课堂教学过程及其本质始终要坚持的基本原则，但透过现象看本质，并非完全剥离直观的现象世界，一味地强调对表象的辩证性分析和"看山不是山，看水不是水"。其根本在于批判地分析主观认识的过程，经由"去粗取精，去伪存真，由表及里，由此及彼"的探究过程实现个体主观的、感性的向理性认识的飞跃。探讨课堂教学过程及其本质，其关键在于去除研究者的主体偏见和有色眼镜，回到课堂教学的生活世界，基于事实本身架构对课堂教学过程及其本质的认识和理解。课堂教学是由权威的教师和相似而又不同的学生组成的学习集体，并非学生独立的、个体性的学习和发展过程，也非抽象的一对一或一对多的师生互动对话过程，而是师生、生生双向、多边、多人的结构性互动对话和交往过程。基于集体学习的这一课堂教学基本样态和事实所产生的师生、生生多人的互动结构是课堂教学区别于其他学生认知发展的根本特征，不仅能够有效实现课堂教学的"主体性回归"，为教育界认识和理解课堂教学过程及其本质提供新的视角和理论框架，同时对深化课堂教学改革，推动课堂教学的转型发展，构建具有中国特色的教学理论体系及其实践模式都具有重要的理论意义和现实价值。

一　课堂教学的数量特征

课堂教学既不是学生个体的、独自的、自我学习和发展过程，也不是抽象的师生"一对一"的对话和互动过程，而是师生、生生集体性的交往过程。课堂教学的现实性和具体性，首先在数量上表现为课堂教学是师生、生生群体性的多人互动交往过程。这一数量特征既是课堂教学显而易见的基本事实，构成了师生、生生互动的基本条件和前提，同时也内在地规定了课堂教学过程中师生、生生互动的基本形式和结构。数量特征在社会性互动中具有重要的价值和意义，涂尔干将人口数量、社会容量、社会密度等一系列数量特征作为分析社会发展的重要影响因素，他认为，社会容量和社会密度是引发人类社会分工变化的直接原因。人类社会分工之所以能够不断随着社会的发展而不断深化，就是因为社会密度的恒定增加和社会容量的普遍扩大[①]。无独有偶，西方现代社会学的另一位奠基人——齐美尔同样高度重视社会群体中的数量特征，并基于对群体中"量"的分析构建了形式社会学和社会几何学理论[②]。根据社会群体中"量"的差异，系统地阐述了大群体和小群体不同的互动结构和本质。

自夸美纽斯提出班级授课制的基本理论之后，"一位教师同时教多个学生"不仅成为一种现实的可能，随着人类社会的发展，逐渐成为课堂教学的主要组织形式。近代以来，尽管"班"的概念和形式发生了极大的变化，教育者纷纷从不同理论视角和立场探讨班级授课制的形式改进，甚至提出个别化的课堂教学理论和实践，但依然无法真正跳出师生集体教与学的基本课堂教学形态，集体学习依然是当前课堂教学的主要组织形式。课堂教学是师生、生生多人的互动交往过程，课堂教学这一数量特征是显而易见的基本事实，但是长期以来却被教育者视而不见。因而人们对课堂教学过程及其本质的讨论多是基于抽象化的、一般性的形式阶段理论，往往忽视了课堂教学是师生、生生群体性、多人的交往互动这一根本事实，忽视课堂教学过程这一"数量"特征所蕴含的深刻意义和精神内涵。尽管数量并非课堂教学中师生互动的决定性因素，但数量直接

---

① [法]涂尔干：《社会分工论》，渠敬东译，生活·读书·新知三联书店2000年版，第219页。

② 侯钧生：《西方社会学理论教程》，南开大学出版社2010年版，第94—98页。

影响和决定了课堂教学中师生、生生集体互动的基本方式和性质。齐美尔高度重视群体构成数量对于群体互动性质的影响。他从纯粹的数量关系入手，对群体规模大小与群体互动性质之间的相互关系进行了系统的研究。他认为，最简单的群体是二人群体（由两个人组成的群体，又可称之为小群体）。在两人组成的群体中，互动是直接的，这是两人群体最为明显的性质。两人群体之间直接的互动及其相互关系是多种社会关系存在的唯一条件，其他性质的社会关系都是以此为基础发展出来的。当群体增加一人，二人群体变成三人群体时，变化的不仅仅是群体的构成数量增减，更为深刻的是促进了群体互动性质和结构的"质变"。三人群体与二人群体大相径庭，在二人群体中，互动之所以是直接的，是因为两个人之间的互动，不需要以其他第三个人为中介来进行。而三人群体则不一样，人数的增加同样使得群体出现了另一种独立的社会结构和社会角色，三人的互动和交往也就无法完全像二人群体那样直接，需要借助一定社会角色或中介："一个群体从一定的规模开始，为了维持自己的生存和促进发展，必须形成一些规则、形式和机构，它在此前并不需要这些东西；另一方面，一些较密切的团体会表现出一些在数量上的扩大时不可避免地会丧失的品质和相互作用"[1]。

  同样地，课堂教学中师生、生生的互动无疑是一种多人群体互动的方式，互动的主体不仅有教师，同时也有"相似而又不同"的学生群体；不仅存在师—生、生—生之间二人的直接的互动，更多的是生—师—生—生之间多人的互动。课堂教学既非一对一的师生对话交往过程，也非抽象的一对多的教师旁白或灌输过程。课堂教学过程中的师生、生生互动和交往不可能是纯粹的、直接的、亲密的二人交往和互动，而是教师和学生双向、多人之间的互动交往过程。在班级授课制发展初期，人们更多关注的是同质性的学生集

---

[1] ［德］齐美尔：《社会学：关于社会化形式的研究》，林荣远译，华夏出版社2002年版，第32页。

体,不论学生数量多少,教师均将学生群体同质化抽象为"一个人",进而将教学简化为一个教师与一个学生的一对一教学[1]。尽管随着社会和课堂教学实践的不断发展,人们越来越关注到差异的学生之于课堂教学的重要性,学生不是空着脑袋进入教室的,课堂教学是由相似而又不同的学生组成的课堂集体。那么如何保证课堂教学中师生、生生多人之间充分的对话、交往和互动,就需要在师生二人交往的基础上探索师生、生生多人之间的互动交往活动方式及其实现途径。

二 课堂教学的结构特征

如同建筑离不开结构一般,课堂教学也存在一定的结构特征,甚至"任何好的课堂教学都是结构化的"。与建筑结构本质上不同的是,课堂教学的结构并非机械的构件及其组合的结果,而是师生、生生在一定的教育思想、教学理论和学习理论指导下的、在某种环境中展开的教学活动进程的有机稳定的结构形式,是课堂教学要素相互联系、相互作用的具体体现。课堂教学结构是课堂教学过程及其本质的直接体现,课堂教学结构的改变将会引起课堂教学过程的根本改变,也必将导致教育思想、教学观念、教学理论的深刻变革[2]。反之,每一次的课堂教学改革也必然引发课堂教学结构的巨大改变。因而,要重构对课堂教学过程及其本质的认识,无论如何也无法跳过对课堂教学结构特征的分析。

(一)课堂教学的结构性矛盾

课堂教学是师生多人的互动交往,这一数量特征直接决定了对课堂教学结构的分析不能将其简单地抽象为师生一对一或一对多的"教"与"学"的过程。课堂教学研究和实践的根本使命是如何将外在的人类科学文化知识转化为学生的内在财富,这种转换并非一

---

[1] 李怡明等:《论课堂教学结构异质化变革》,《课程·教材·教法》2014年第6期。
[2] 何克抗:《教学结构理论与教学深化改革(上)》,《电化教育研究》2007年第7期。

对一的师生对话、交往和互动的过程，而是一位教师与多个具有相当个体差异的学生的"教"与"学"的过程。课堂教学是由权威的教师和相似而又不同的学生组成的学习集体，这种集体学习的课堂教学形态尽管受到了人们的批判，然而几百年来依然保持着其存在的基本形态。毕竟课堂教学有着人们始终无法放弃或者不忍割舍的优点："课堂教学能够让年轻一代快速有效地为群体生活和今后的职业生涯做好准备。这种效率正是现今学校教育反对者批评得最为激烈的东西。学生在学校埋头苦读，说教取代了实际经验的积累。但也正是因为如此，对于高技术化、按劳动分工建立的知识社会而言，学校有其存在的价值，甚至是至关重要的。学校组织有效率地学习，使其他社会机构免受流浪学生的侵扰"[1]。既然在相当长的一段时期内课堂教学不能彻底摆脱师生、生生集体学习的基本样态，那么如何在多人的集体性"教"与"学"过程中实现教学的这一永恒目标既是重构课堂教学过程及其本质的理论前提，也是分析课堂教学结构的现实基础。因而，课堂教学的结构性矛盾突出地表现为"一"与"多"的矛盾：一位教师、统一内容、统一主题、统一进程与多个学生、个性差异、不同能力、不同兴趣之间的矛盾。

（二）课堂教学是结构化的认识和思维发展过程

学生认识和思维的发展既是课堂教学的核心内容，同样也是课堂教学的根本目标。课堂教学既离不开学生认识和思维的激发及参与，归根结底也落脚于学生认识和思维的发展。但是，课堂教学中学生认识和思维的发展既不是自然成熟的结果，也不是学生线性的经验积累和知识增长的结果，更不能通过教师外部的强制灌输而形成，而是师生、生生通过有计划、有组织、有秩序的结构化的过程，实现学生个体认识和思维的发展过程。课堂教学中学生认识和

---

[1] ［德］希尔伯特·迈尔:《备课指南》，夏利群译，华东师范大学出版社 2011 年版，第 42 页。

思维的发展是在教育者精心设计和"制造"的学习环境中，通过师生、生生集体性的对话、交往和互动过程，实现学生个体认识和思维的发展。总而言之，课堂教学中学生认识和思维的发展既要遵循儿童认知发展的基本规律，同样也要遵循课堂教学基本规律和结构。而后者恰恰是确证课堂教学必要性，实现课堂教学理论和实践的主体性回归，是课堂教学育人区别于其他育人形式的根本所在。赞可夫在《教学与发展》一书中系统探讨了教学与学生发展之间的相互关系，他明确提出教学结构决定学生发展进程的思想，并认为教学过程的某一结构是掌握知识过程和学生发展进程的决定因素[1]。课堂教学这一结构化的认识和思维发展过程的实质就是教师和学生围绕一定的主题或教学内容展开集体思维的过程，经由师生、生生之间充分思维交互和碰撞，相互补充、相互启发，实现学生个体人类科学文化知识的掌握和理解。具体来讲，课堂教学是由"权威的教师和相似而又不同的学生"组成的学习集体，课堂教学始终存在两种不同认识和思维水平的交融：一种是不同学生的个体差异和经验之间的交融；另一种是不同认识水平——已知与未知之间的交融，主要是师生之间、学生与课程内容之间不同认识水平的交融。课堂集体思维正是通过这两种不同认识和思维水平的交融，将学生的个体差异纳入师生、生生集体性的互动结构中，并通过师生、生生之间相互启发、相互补充，实现个体与集体的有机统一。因而，只有打破传统一对一或一对多的师生"教"与"学"过程，将师生之间不同思维水平的差异和生生不同个体的差异纳入师生、生生之间多向立体的课堂交互网络结构中，通过师生、生生相互补充、相互碰撞、相互启发、教学相长的课堂集体思维交互过程，推动学生认识和思维的不断发展。

---

[1] ［苏］赞可夫：《教学与发展》，杜殿坤等译，文化教育出版社1980年版，第12—14页。

三 课堂教学的集体特征

课堂教学是师生、生生集体"教"与"学"的过程。当前，我国教育者对集体教学的研究，或是将其视为课堂教学的组织形式，或将其作为德育的重要手段和目标，视为班级文化建设和管理的重要内容，将班集体建设与课堂教学过程相分离，忽略集体之于课堂教学过程的重要价值和意义。课堂教学过程中的集体区别于日常生活和伦理学、管理意义上的集体，呈现出独有的特征。具体来讲，课堂教学过程中的集体具有三层特征。

第一，课堂教学是师生、生生共享学习环境、条件和进程，在形式上首先表现为"在一起"的"教"与"学"过程。课堂教学的这一集体特征具有广泛性和普遍性，它的产生甚至可以上溯至近代学校教育的产生。自夸美纽斯提出"一个教师同时教几百个学生是可能的，也是很重要的"①，围绕着这一教学思想，他提出了班级集体教学的基本特征：将学生按照年龄或认识水平编成有固定人数的班级，由教师按照教学计划统一规定的课程内容和教学时数，有计划、有组织的一种教学形式。课堂集体教学的第一个特征首先就是强调整齐划一、统一内容、统一步伐。

第二，并不是说教师和学生"在一起"的"教"与"学"就是集体教学和集体学习，课堂教学中的师生并非"一袋马铃薯"，或者"公交车上相遇的人"，而是一种师生、生生共同的"联合生活"。这种联合生活，是由相似而又不同的学生与教师共同缔造的。课堂教学中的集体，既存在一定的同质性，也存在相当的差异性。师生、生生之间的同质性使集体成为可能，师生因为"相似"而聚集在一起，并因为互动和沟通提供了一定前提。否则，课堂教学中的对话和沟通只能沦为"鸡同鸭讲""对牛弹琴"。课堂集体教学

---

① ［捷］夸美纽斯：《大教学论·教学法解析》，任钟印译，人民教育出版社2006年版，第62页。

的异质性同样是显而易见的。这种异质不仅体现为学生个体间经验、能力、兴趣、意志等差异性，而且表现为师生不同认识水平的差异性。师生、生生之间的差异性不是集体 1＋1＝2 的量的积累，而是同质×异质＝质变的过程。课堂教学既非师生、生生孤立的、独自的思考和学习过程，又绝非个体思维简单相加之和，单纯追求学习的效率——集体的同步发展。而是将学生个体差异及其主体性的发挥纳入师生、生生的集体互动结构中，构建相互启发、相互促进的课堂集体思维过程，实现同质和异质的有机统一。

第三，课堂教学中的集体不是松散的"联盟"，也不是机器零件般的机械联合，而是师生、生生相互了解、相互关心、相互理解的学习共同体。实际上，相互了解、相互关心、相互理解的师生、生生关系是课堂集体教学的核心特征。正如杜威所谈到的，有着共同目的并不一定构成共同体，机器的各个零件和部分虽然相互联系并为着共同的生产目的，但能说它们是共同体吗？有机的共同体成员之间还必须相互了解、沟通，每个成员必须了解别人在干什么，而且这种了解是相互的以及可以沟通的[1]。当然，课堂教学中的集体并不是一蹴而就的，而是一个不断形成的过程。我国教育者针对班级集体的教育心理学、社会学研究和实验过程中，以师生、生生在交往过程中呈现的不同目标、人际关系、组织程度、集体意识等为标准，发现班级集体的发展一般经历了"松散群体—联合体—合作群体—本位群体—集体"等若干阶段。在不断的发展过程中，课堂集体逐渐形成了稳固或者说成熟的集体结构。主要包括四个方面：（1）集体的认知结构。课堂教学根本上是集体性的认知和思维发展过程，围绕着不同的教学内容和任务，形塑了不同的集体学习的样态。如不同的学科有不同的学习兴趣小组，不同的学习任务同样存在不同的学习小团体；（2）集体的情感结构，包括集体成员的

---

[1] ［美］约翰·杜威：《民主主义与教育》，王承绪译，人民教育出版社2001年版，第9—10页。

情绪认同、归属感、集体荣誉、心理氛围、士气、群体心理等；（3）集体的意志结构，如群体的需要、社会动机、价值观、信念体系、集体的心理定势、态度和行为趋向；（4）行为结构，如群体的互动行为、合作、竞争等①。总之，集体是课堂教学过程中无法忽视的存在，如何在课堂教学中实现师生、生生集体学习向学习集体的转变，探讨课堂教学过程的集体特征，充分利用集体的力量促进课堂教学发展和学生成长是当前以及未来深化课堂教学需要特别关注的现实问题。

第三节　集体思维：课堂教学过程的本质再认识

集体思维不仅是人类社会生活、生产实践中常见的思维活动，在课堂教学中也是显而易见的存在。课堂教学既不是教师外部强制灌输的过程，也不是学生孤立的、独自的思维发展和学习过程，其实质是教师和学生围绕一定的教学内容、主题或者问题展开集体思维的过程。课堂教学只有在师生、生生集体思维的交互碰撞和相互启发过程中走出个体思维的束缚，并通过师生、生生之间的对话、交往和互动持续地建构和更新学生个体的知识和理念系统，从而实现学生个体认识不断向人类科学文化的认识水平靠近，将外在的人类科学文化知识转化为学生个体内在的精神财富。

一　集体认识：课堂教学的特殊认识过程

课堂教学中的认识问题历来是学界探讨的重点，自 20 世纪八九十年代以来，教育界围绕课堂教学中认识的本质、特征、过程、机制等一系列问题进行了系统的研究和论述，不断深化人们对课堂

---

① 唐迅：《班集体教育实验的理论与方法》，广州教育出版社 2000 年版，第 93 页。

教学认识的理解。然而，以往教育界对课堂教学的认识过程的描述与阐释，往往停留在一般的哲学思辨和理论论证上，鲜少系统、深入地探讨和建构课堂教学的具体认识实践过程及其发展机制。课堂教学的认识过程是如何发生的？差异的学生个人经验到底是经由怎样的课堂教学过程实现人类知识的获得和理解？诸如一系列课堂教学的现实认识问题教育界依然没有给出系统的、明确的解释和研究。课堂教学是特殊的认识过程，其特殊性不能仅仅将课堂教学作为"特殊"的人类认识和思维活动，而在更加现实和深刻的层面，其特殊性现实地表现在课堂教学认识的集体性，课堂教学是师生、生生集体的、具体的认识实践活动过程，而非抽象的、一般的认识过程。其认识的特殊性，具体来说表现在三个层面。

第一，课堂教学是人类特殊的认识实践活动，其特殊性首先体现在日常生活中认识活动与课堂教学中认识活动的区别上。教学是"特殊的生活领域"，区别于儿童校外的"自然"的认识和经验过程。教学是人为的、有组织的、有计划的经验学习过程。这既是人类教育活动必要性的基本前提，同时也是教育活动可能性的基本前提。从认识过程来讲，教学无论如何都涉及从未知到已知的过程，是有目的、有计划、有组织、人为的"制造"过程，是"模拟"人类一般的认识实践过程，但又区别于人类日常生活的认识实践活动。正如王策三先生所强调的课堂教学认识的特殊性是学生的认识，不同于人类历史总认识，或一般认识。学生的认识纳入教育过程，是由作为"已知"身份和"成熟"发展的教师领导身心发展"未知"和"未成熟"的学生，通过学习知识和师生互动去认识世界发展自身[①]。尽管教学认识论自提出以来不断受到教育界的批判，但总的来说，学者们始终无法根本上否定课堂教学认识的特殊性，"因为说一千道一万，教学总是有关求知、学习、知识的问题（不

---

① 王策三：《教学认识论》，北京师范大学出版社2002年版，"序言"第2—3页。

论对它们各自作何解释)"①。

　　第二，课堂教学中认识的特殊性在更深层次上体现在课堂教学中认识与体验、感知、感受、经验的区别与联系。诚然，不管是人类日常生活，还是课堂教学中，认识的发生、发展过程必然伴随着师生感知、感受、体验、经验与知识学习过程。但是，如果课堂教学认识仅仅满足于师生的直观感知和体验，抑或者说是纯粹的经验活动，课堂将失去其独特的教学意义。课堂教学中的认识建立在直观基础上，直观是课堂教学认识的基础，是课堂教学的起点，但并不是课堂教学的全部内容。如在学习"圆明园的毁灭"这一课的内容时，圆明园的"宏伟壮观"与"残垣断壁"是学生直观的内容；在学习"长方体和正方体的表面积"这一课的内容时，长方体平铺的六个面是学生直观的内容。通过直观过程，学生将教学内容纳入意识之中。直观告诉学生看到了什么、产生什么样的体验。而课堂教学中的认识常常有两种"内容"：一是认识的东西，二是被认为所认识的东西。前者可以是直观的内容或者学生已有的经验认识；后者则主要是教学目标规定的内容和知识，认识的目的和任务是揭示和构建这两者之间的相互关系。只有在关系中才能认识和理解"认识对象"，这一点德国哲学家石里克在《普通认识论》中进行了系统而详尽的论述："如果一个对象没有与任何东西相比较，那么它就没有以某种方式结合到一个概念性系统中，正因为如此，它也就没有被认识。直观只是经验，而认识则是某种与之完全不同的东西，某种更多的东西"②。在了解和对比圆明园辉煌过去和毁灭的过程中，教会学生认读生字词，激发学生热爱祖国文化，增强学生振兴中华的责任感和使命感；在对比和联系关于长方形面积与平铺后的长方体的过程中，通过师生、生生的互动，学生逐渐获得长方体的表面积计算公式，并培养学生的空间感和数形结合能力。因

---

① 王策三：《教学认识论》，北京师范大学出版社2002年版，"序言"第10页。
② ［德］石里克：《普通认识论》，李步楼译，商务印书馆2010年版，第110页。

而，课堂教学中的认识，不能仅仅停留在直观上，更应在认识对象与对象化的认识过程中感知、体验、分析、比较、综合认识内容，实现直观和感性认识的不断深化和升华。

第三，课堂教学认识的特殊性最根本和现实地体现在课堂教学是师生、生生集体认识过程。集体的认识过程区别于单数的、抽象的个体认识过程，不是简单的个体认识之和，也不是单纯地追求认识上的效率——认识集体的同步发展。而是基于学生个体差异和主动性发挥基础上的集体思维交互、碰撞的过程。这种集体认识过程存在两种不同认识水平的交融：一种是不同学生个体经验之间的交融，学生在集体的对话、合作中实现思维的碰撞和知识理解；另一种是不同认识水平——已知与未知之间的交融，主要是师生之间、学生与课程内容之间不同认识水平的交融。在教师的引导下实现个人经验与人类科学认识水平、新旧知识之间的交融。总之，课堂中的集体认识，就是在集体的环境中，师生、生生集体思维交互的认识实践活动过程。学生的个人经验经由师生、生生的集体思维过程，实现人类知识的获得、理解和发展。

总而言之，课堂教学是人类特殊的认识实践活动过程，其特殊性在于它是"人为制造"的认识实践活动过程，认识活动的主体是由权威教师和相似而又不同的学生组成的集体，教师引导学生通过集体的互动实现人类科学文化知识的习得和理解。认识的过程不仅仅建立在直观经验上，其中教师准备的间接经验和同学之间差异的认识和经验同样是学生认识发展不可或缺的认识资源，并通过感知、体验、分析、比较、综合的过程实现个体认识的深化和升华。

二 课堂教学即师生、生生集体思维过程

集体思维对人类社会发展的价值和意义不言而喻，它不仅是思维科学的重要研究主题，同样受到社会学、心理学、人类学、认知神经科学等相关学科的广泛关注。我国学者钟启泉教授早在 20 世

纪90年代就提出了集体思维的概念,将其作为课堂教学研究的重要课题。然而,我国教育者似乎并没有意识到集体思维之于课堂教学改革和转型的重要意义。现实地讲,课堂教学是由权威的教师和相似而又不同的学生组成的学习集体,课堂教学既不是学生个体的、独自的、自我学习和发展过程,也不是抽象的师生"一对一"的对话和互动过程,而是师生、生生集体思维的过程。集体思维不仅构成了课堂教学中师生、生生对话、交往、合作探究的行为内涵,在更深层次上可以说构成了课堂教学的基本存在方式。

新课改以来,课堂教学的对话、交往、合作、探究越来越受到人们的关注,教育者围绕着"课堂教学即对话""课堂教学即交往""课堂教学即沟通与合作"等一系列观点展开了系统的论述,极大丰富了课堂教学理论研究的同时也促进了课堂教学实践的不断深化改革。然而,什么是对话?如何提高师生交往的质量?怎样提升学生合作学习的效率和能力等一系列问题依然困扰着课堂教学理论和实践的发展。教育者往往局限于从教学形式或者教学方式上探讨如何促进课堂教学中的师生对话、交往、合作、探究,而忽视师生对话交往互动的实质及其教学论意义。课堂中的对话、交往、合作探究并非仅仅是一种教学方式的改变和革新,究其根本是探讨如何激发和促进师生、生生间集体思维的交互碰撞和相互启发,将外在的人类科学文化知识转化为学生内在的精神财富。简言之,课堂教学过程中的对话、合作和交流,既不是抽象的、社会性的师生交互过程,也不是简单的学生个体思维的启发或发散,其实质是通过激活课堂教学中师生、生生集体性交互,以实现不同认识水平的思维交融和不同学生个体经验差异互补,将课堂的集体资源转化为学生发展的有利条件,实现课堂教学从集体学习向学习集体转化的过程。

此外,课堂教学始终离不开师生思维的参与和发展。不管是学生感知学习材料、理解教学内容、掌握学科方法、迁移运用知识等学习过程，还是提出问题、分析问题、解决问题等师生、生生课堂互动、对话过程，课堂教学都不能没有师生思维的激发和参与。然而，师生思维的激发和参与绝不是孤立的个体思维过程，而是师生、生生相互交往、相互启发的集体思维过程。这一点不仅在现代课堂教学得到了很好的体现，在我国古代教学中也有明显的表现。如《学记》中的"独学而无友，则孤陋而寡闻"，"相观而善谓之摩"的基本教学原则都直接地指出了师生和同伴之间的思维交互对于个体发展的重要意义。总之，不管是从课堂教学的现实，还是课堂教学改革的未来趋势来看，集体思维都构成了课堂教学存在的基本方式。

将课堂教学认识的起点着眼于个体的差异与集体的认知交互并不是强调课堂教学的认知只存在这样一种集体思维的认识机制及其过程。众所周知，学生并不是空着脑袋进入教室的，学习也不可能是单纯的知识灌输。任何知识的学习势必建立在学生已有经验基础上才能实现对知识的真正理解和掌握。长久以来，学者们对知识的学习过程进行了系统的研究，取得了可喜的成绩。但是对于学生个体差异的处理学者们往往倾向于从个体角度出发，采取诸如因材施教、个别指导、自主学习、分层教学等一系列方式解决课堂集体中的个体差异问题。缺乏集体整体的视角和机制，探索、解决课堂中个体差异、个体与个体、个体与集体之间相互关系的问题。强调课堂集体认识的特殊性，并不否认个体认识的存在。相反，任何集体认识过程必须建立在学生个体主体性发挥基础上，并经由个体之间的认知的交互才能真正实现。否则，课堂集体的认识就像马克思所说的"一袋马铃薯"的认识。

课堂集体思维并非仅仅是有限的、抽象的、社会性的师生互动、对话、交往和相互启发过程，而是强调课堂教学作为集体的认知实践活动过程，重视师生交往的集体交互性。课堂教学是一个师生、生生集体的、立体的、多向的交互网络结构，在师生集体性交互的网络结构中将集体与个体、同质与异质有机统一起来。集体思维强调每个学生都是主体性的个体存在，有着差异的个体经验、兴趣和主体意向。当然也存在着不可否认的"同质性"——正是同质性，才使课堂集体成为可能。但是，如果单纯强调课堂集体的同质性或者异质性，课堂集体思维只能是 $1+1=2$，甚至是 $1+1=1$ 的过程。$1+1>2$ 的课堂集体思维是将师生、生生的同质性和异质性统一起来，在师生共享共同的发展目标、相同的学习环境、相近的认知水平、统一的学习课题与教学进度的基础上，通过师生、生生集体性的交互和差异互补、相互启发，从而实现 $1+1>2$ 的课堂教学效果。

课堂教学是由权威的教师和相似而又不同的学生组成的学习集体。相似使集体成为可能，而差异的个体为集体思维的交互、碰撞提供了前提和条件。不同的经验和对事物不同的角度、不同方面甚至不同层次的理解，不仅能够启发学生的个体认知，更能深化学生对认知对象的理解，从而构成思维碰撞、灵感激发和相互启发的基础。课堂集体思维始终存在两种不同认识和思维水平的交融：一种是不同学生的个体差异和经验之间的交融；另一种是不同认识水平——已知与未知之间的交融，主要是师生之间、学生与课程内容之间不同认识水平的交融。课堂集体思维正是通过这两种不同认识和思维水平的交融，将学生的个体差异纳入师生、生生集体性的互动结构中，实现了 $1+1>2$ 的课堂集体思维过程。

总之，课堂教学实质上就是师生、生生围绕一定的主题和教学内容展开集体思维的过程。课堂教学中的言语、对话、互动和交往，构成了集体思维的基本形式结构。教师的讲授、学生的发言以及观点的表达是课堂集体思维的基础，但更为重要的是基于不同观点、不同声音所引发的课堂集体的反思、讨论。课堂教学正是经过师生、生生集体思维过程，实现学生个体经验和认识水平不断向人类科学文化知识的认识水平靠近，并进一步将人类科学文化知识转化为学生个体的内在精神财富，实现知识的再生产和创造、更新过程。将课堂教学过程及其本质描述为师生、生生集体思维的过程，并非追求观点上的标新立异，而是立足于课堂教学现实的朴素立场，从整体的视角探讨如何构建 1 + 1 > 2 的课堂集体思维。对课堂教学过程与本质的探讨不能局限在一般意义上的本体论的探讨，而应该立足现实，从师生、生生集体思维互动的角度重新理解和解释课堂教学过程及其本质，在此基础上探索和构建课堂集体思维的一般过程、基本结构和规律，不断优化课堂教学的效率，提升课堂教学的有效性。

第三章

课堂集体思维的理论基础

集体思维作为课堂教学中显而易见的存在,甚至可以说是一说就懂,一言就明,但长久以来却被人们视而不见。究其原因,当前课堂教学理论所赖以成立的哲学和心理学理论和基本假设往往探讨的都是一般的、个体性的认识和思维发展过程,缺乏整体视角下学生思维的发展与探讨集体情境以及集体对个体认知和思维发展的重要意义。对于在课堂集体环境中,认识是如何发生、发展的,学生的认识经由怎样的集体交互过程实现人类知识的获得和理解,传统的一般认识理论很难给出令人信服的解释。集体交互的认知发展与个体认知发展并非仅仅是"数量"的变化,而是强调主体外在认识环境的变化对个体内在认知发展的影响。不管心理学或者学习科学将学生的认知发展过程描述为行为主义的"刺激—反应(S-R)",还是认知主义的"S-O-R",或者是信息加工主义将儿童认知发展理解为信息加工过程,其实探讨的都是抽象的、一般的、个体性的认知发展过程,忽视课堂教学中学生认知发展的集体性,以及集体作为认知主体对学生个体内在认知和经验的转化的影响。总之,课堂教学过程中的集体认识是如何发生的?不同的学生面临统一的内容何以产生不同认识?不同的认识如何实现差异的交融与知识的理解?班级集体的课堂教学如何从集体学习向学习集体转变?学生思维如何在课堂集体的环境中发展?一系列问题是课堂集体思维必须解决的理论问题。当然，重新探讨课堂集体思维的认识论原理和心理学基础，并非将传统一般认识论和心理学有关学生认知和思维发展的相关理论彻底推倒重建，而是基于课堂教学是由权威的教师和相似而又不同的学生构成的学习集体这一基本事实，着眼于课堂教学过程中师生、生生集体主体间的认识和思维交互、对话、合作，探讨课堂集体环境中学生个体认知和思维发展的理论基础。

第一节 课堂集体思维的认识论原理

第二次世界大战前后，人类信息技术和科学文化知识得到了长足发展，伴随着全球化和人类不同国家、民族、地域间的合作和相互依赖的加深，人们逐渐意识到科学知识的发展同样越来越离不开集体的合作。知识与社会的关系成为哲学认识论、社会学和科学史探讨的重要领域，其中科学家共同体通过怎样的社会互动和合作促进科学文化知识的发展成为知识社会学和科学知识社会学研究的主要话题。尽管科学文化知识的发展和进步离不开伟大科学家的个人贡献，但就人类发展的总体历史进程来看，人类科学文化知识的繁荣是科学家集体智慧的结晶。就连牛顿也不得不承认他是"站在巨人的肩膀上"。集体合作何以促进科学文化发展这一问题蕴含着丰富的集体认识论思想，越来越受到学者们的关注[①]。课堂教学实质上是师生、生生集体认识过程，学生的认识绝不是孤立的、独自的发展过程，而是经由师生、生生集体思维互动和社会性合作，实现差异的学生个体经验不断向人类科学文化知识的认识水平靠近，进而将外在的人类科学文化知识转化为学生内在的精神财富。集体思维不仅仅是在认识主体上区别于一般认识论和个体认识论，更为重要的是揭示了集体环境中认识的发生、发展过程。一般认识论和个

---

① 刘晓力：《科学知识社会学的集体认识论和社会认识论》，《哲学研究》2004年第11期。

体认识论涉及的主要问题是思维如何反应存在,而在集体环境中,不同个体经验、态度、观点和认识是如何相互影响、相互启发,或者说,不同的个体认识如何实现差异的交融,并通过集体互动的相互影响、相互启发推动个体认识发展则是集体认识论要集中探讨和解决的问题。

一 认识的二重性:认识过程中的对象意识和自我意识

认识并非主体机械地反映客观存在的过程,而是主体主动、能动地反映客观存在的过程。通常人们对认识过程的描述仅仅着眼于主观与客观以及两者之间的相互关系,对于主体到底是通过怎样的过程和机制发挥主观能动性的,学界依然存在较大争议。主观和客观是认识过程中一对重要范畴,没有认识主体的主观能动性,就不可能实现主客观的统一以及认识的内化、加工、深化和飞跃。而这一过程的实现则涉及马克思主义认识论中一个非常重要的概念——对象化。对象化是马克思主义哲学中非常重要的一个概念,是贯穿马克思整个思想历程的一个关键概念,对象化概念的提出是马克思基于对黑格尔辩证法与费尔巴哈人本学思想的继承和批判,他首先在《1844年经济学哲学手稿》集中地围绕人的本质、认识何以可能以及认识如何发生三个问题,分别阐释了对象、对象性以及对象化这一哲学认识论概念体系。

(一)人是对象性存在

"人的本质并不是单个人所固有的抽象物。在其现实性上,它是一切社会关系的总和。"① 这是马克思关于人本质的基本论断。然而,这一论断主要是从本体论角度上对"人的本质是什么"的高度概括,那么,在认识论意义上,或者说在现实活动中如何把握人的本质呢?马克思在《1844年经济学哲学手稿》中提出了"人是对

---

① 《马克思恩格斯选集》第一卷,人民出版社1972年版,第18页。

象性存在"又一论断,对象性不是一个孤立的哲学概念,而是由对象、对象性和对象化这一组概念体系构成。所谓对象(gegenstand)不仅仅指汉语情境中主体认识或实践活动的"对象",它不是一个冷冰冰的客观存在物,而是强调认识或活动对象的"主体指涉性",是与主体相关的、同主体相对而存在的某种东西。对象性(gegenstndlich)则主要强调某物所具有的与主体相对而存在的"对象"的性质。而对象化(vergegenstndlichung)则是指让某物成为"对象"、具有了"对象性"。对象性概念体系的提出是马克思基于批判和继承费尔巴哈的人本思想,并进一步确立辩证唯物主义认识论的重要概念体系。费尔巴哈认为,人的自我意识从其根源上来源于他人的对象性的认识。人对其自身的直观首先是从对一个他人的直观开始的,人首先只是在一个他者的、对他来说是对象性的人身上直观地认识人、他的本质和他自身。人对自我的认知是以对他人的对象性认知为前提的。对于费尔巴哈的这一人本思想不难理解,人类自我意识的获得从根本上讲就是能够将自己与他人、自己与周围世界区分开来,人类拥有自我意识的同时也意味着有了"他人"意识和"类意识"。

马克思对"人是对象性存在"这一哲学论断的内涵集中体现在《1844年经济学哲学手稿》对资本主义异化劳动和私有制的无情批判。他指出"在国民经济的实际状况中,劳动的这种现实表现为工人的非现实化,对象化表现为对象的丧失和被对象奴役,占有表现为异化、外化"[①]。异化的劳动使得工人仅仅占有自己的肉体,并且"只有作为工人才能维持自己作为肉体的主体",异化的劳动还导致"人类的本质,无论是自然界还是人的精神的类能力,都变成了对人来说是异己的本质"。在进一步分析人的类本质异化过程中,马克思指出了"人是对象性存在"与"人的本质是一切社会关系的

---

① [德]马克思:《1844年经济学哲学手稿》,人民出版社2018年版,第47页。

总和"之间的逻辑联系:"一般地说,人对自身的任何关系,只有通过人对他人的关系才得到实现和表现。在异化劳动的条件下,每个人都按照他自己作为工人所具有的那种尺度和关系来观察他人……还必须注意上面提到的这个命题,人对自身的关系只有通过他对他人的关系,才成为对他来说是对象性的、现实的关系。"① 而在哲学概念上,"人是对象性存在"具体内涵的展开主要体现在两个方面:第一,人能够使自己的生命活动变成自己意志的和自己意识的对象,能够将自己的生命活动与动物的活动区别开来。"劳动的对象是人的类生活的对象化:人不仅像在意识中那样在精神上使自己二重化,而且能动地、现实地使自己二重化,从而在他所创造的世界中直观自身。"② 第二,通过对象和对象化实现人的本质力量的彰显。"随着对象性的现实在社会中对人来说到处成为人的本质力量的现实,成为人的现实,因而成为人自己的本质力量的现实,一切对象对他来说也就成为他自身的对象化,成为确证和实现他的个性的对象,成为他的对象,这就是说,对象成为他自身。对象如何对他来说成为他的对象,这取决于对象的性质以及与之相适应的本质力量的性质;因为正是这种关系的规定性形成一种特殊的、现实的肯定方式。"③ 总之,对象性作为人存在的根本属性和本质,更多地具有认识论的意涵,正如"A 是 A"只是个抽象空洞的恒等式,而只有"A 是 B"才获得现实的内涵和意义。人固然具有自身存在的直接性意义,但同时必须超越个体存在的直接性,并在与周围世界和外部对象的相互关系中实现和确证自身的本质力量,人的存在始终具有对象性和自我意识的二重属性④。人必须以客观世界为对象,确立自身是与他人、与自然界、与周围世界不同的人,实

---

① [德] 马克思:《1844 年经济学哲学手稿》,人民出版社 2018 年版,第 54—56 页。
② [德] 马克思:《1844 年经济学哲学手稿》,人民出版社 2018 年版,第 54 页。
③ [德] 马克思:《1844 年经济学哲学手稿》,人民出版社 2018 年版,第 83 页。
④ 张立达:《马克思的对象化概念解读》,《马克思主义哲学研究》2006 年第 1 期。

现主体自我意识的确证，然后在主体与客体的互动与对象化的实践过程中实现个体认识的深化和发展。

(二) 对象化认识何以可能

马克思关于"人是对象性存在"充满了对人类认识和实践过程中的主体关怀。传统认识论对人类认识和思维的讨论往往聚焦于思维与存在、思维与思维对象、主观能动性与客观对象之间的关系，而对于思维与思维主体之间关系则注意不够，将思维与存在的关系表述为主体与客体的关系，把思维等同于主体，忽略对思维主体维度的探讨和研究，抽象化思维主体——人，忽视了具体的人和个别的人。从人类思维的现实来看，思维是自然地以个体为单位发生的人类活动，思维的主体是现实的人、具体的人，思维并非机械地反映客观事物的过程，任何思维的发生必然是基于主体独特的经验、意向、立场、情感、态度和价值观等，带有明显的主体个性特征。不同个体甚至同一个体在不同时间，对同一事物的认识和理解是不尽相同的。马克思对象化理论关注具体的人、现实的人的主体性和独特性，并基于辩证唯物主义认识论，实现认识和思维过程中的主体与客体相统一，既是对黑格尔唯心主义的超越，同时也是对以费尔巴哈为代表的机械的、形而上的唯物主义的超越。

"人是对象性存在"这一论断深刻地反映了马克思辩证唯物主义的认识论思想，体现了认识过程中主观和客观的统一。马克思指出："人直接地是自然存在物。人作为自然存在物，而且作为有生命的自然存在物，一方面，具有自然力、生命力，是能动的自然存在物；这些力量作为天赋和才能、作为欲望存在于人身上；另一方面，人作为自然的、肉体的、感性的、对象性的存在物，同植物一样，是受动的、受制约的、受限制的存在物，就是说他的欲望的对象是作为不依赖他的对象而存在于他之外的；但是，这些对象是他需要的对象；是表现和确证他本质力量所不可缺少的、重要的对象。说人是肉体的、有自然力的、有生命的、现实的、感性的、对象性的存在物,这就等于说,人有现实的、感性的对象作为自己本质的即自己生命表现的对象;或者说,人只有凭借现实的、感性的对象才能表现自己的生命。"① 对象不是认识主客体交互的中介或手段,对象化强调认识过程中的主客体统一,在主体与客体的互动中实现认识的深化和发展。

"人是对象性存在"这一认识理论构成了马克思关于"人的本质是社会关系的总和"这个论断的基础,并从认识过程中的主客观的辩证统一阐释了"如何认识人的本质"这一本体论命题。在马克思看来,人的本质是通过对象、对象性活动和实践,对象化实现的。而对象性概念体系构成了实践与"发生"关系活动的基础:一个人的"对象性存在"同时也构成了他人眼中的"定在",因此,人通过"对象"建构起与他人之间的联系,就此而言,"对象"成就了"人同人的社会关系"②。我们说,人和事物的本质是不会自动显现的。任何事物,包括人的本质总是在与其他事物的相互作用和相互关系中表现出来,即本质总是通过"他物"显现。如不可能凭空地把握"我"的本质或者"我是什么",只能从我的对象性活动,在我的生产劳动、社会实践、人际关系中把握"我的本质";再如,我们对水的本质的把握并不是纯粹地从水中认识水,为了认识水而认识水,水的本质是在水同人、同火、同环境,以及同其他化学或物理反应中的相互作用中表现出来的。如水可解渴,可灭火,"水往低处流",水通过电可以分解为氢气和氧气等。简言之,人的本质是由外在对象的性质规定的,任何存在物、任何本质必定具有对象的性质。

(三) 对象化认识如何发生

对象化认识如何发生是马克思主义认识论最为核心的内容。现

---

① [德] 马克思:《1844 年经济学哲学手稿》,人民出版社 2018 年版,第 103 页。
② 张义修:《"实践"作为"对象性活动"的内涵及其转变——一项从人本学到新世界观的概念史考察》,《内蒙古社会科学(汉文版)》2018 年第 2 期。

实地看，任何认识过程总是包含着这三个方面：（1）认识对象的存在，即客观的存在；（2）认识主体——我的存在；（3）认识过程的对象化——知道我认识到对象，知道我不同于对象，或者认识到主观与客观的差距和区别。换言之，人的认识过程，不仅是对客观对象的认识，更是通过将认识对象化，实现主客体的统一与融合，进而推动认识的不断深化和发展。其中，对象化过程分别涉及两个方面：一是认识主体本质的外化、客观化；二是认识对象的属人化、属我化。正是这两个方面的互动实现主客观辩证的、逻辑的统一。实际上，黑格尔同样承认主体、对象和客体是认识过程三个重要的内容。他认为"按照时间的次序，人的意识，对于对象总是先形成表象，后才形成概念，而且唯有通过表象，依靠表象，人的能思的心灵才进而达到对于事物的思维的认识和把握"[①]。然而，由于黑格尔过于强调主体思维的抽象意义，而忽视客观对象的规定性，将"自己变成异化的世界的尺度"，从而将主体与客体、意识与自我意识绝对地对立。人类的认识过程，既不是直接地、机械地对客观对象的认识和反映过程，也不是抽象的、逻辑的思维认知过程，其实质是在对象化过程中比较直观与对象、主观与客观之间的相同、相异、相反、相似、相合之处。比如，当我们看到一棵树，首先将其纳入一定的"类"的范围中，然后通过比较认知范围内同类"树"的"同与异"，实现对具体的、现实的、眼前的、个体的、特殊的树的认识，并进一步丰富主体对"树"的一般的认识。

人类认识过程中基于主体的对象意识、自我意识、类意识所进行的相似和相异的分析及其形成的对象化认识机制为在群体环境中展开集体思维提供了坚实的认识论原理。主要表现在三个方面：第一，不存在绝对意义上个体孤立的、独自的认识和思维发展过程，

---

① ［德］黑格尔：《小逻辑》，贺麟译，商务印书馆1980年版，第36页。

人类的一切认识和思维实践活动都具有社会性，是人"类"本质力量的彰显。这一点，马克思在《1844年经济学哲学手稿》中曾明确地指出"甚至当我从事科学之类的活动，即从事一种我只在很少情况下才能同别人进行直接联系的活动的时候，我也是社会的，因为我是作为人活动的。不仅我的活动所需要的材料——甚至思想家用来进行活动的语言——是作为社会的产品给予我的，而且我本身的存在就是社会活动"①。第二，人类自拥有自我意识开始就不仅具有理解他人的能力，同时也有强烈的理解他人的动机，人类天生的社会性以及相互理解的能力和欲望为集体思维提供了充分的前提条件；第三，人类认识的发生、发展从根本上说是通过主体与客体、"他人"与自我之间的"同与异"的机制进行，尤其是主体与对象之间的差异为认识和思维的深化、飞跃提供了可能和重要意义。简言之，人类认识的发展和飞跃从根本上来说是建立在对比较和"差异"的理解和内化基础上。这里的比较和差异包括已知和未知的比较和差异、一般与特殊的比较和差异、不同个体间的比较和差异。"如果一个对象没有与任何东西相比较，那么它就没有以某种方式结合到一个概念系统中，正因为如此，它也就没有被认知。"② 总之，没有主体和对象的"相同"，认识不可能发生，而没有主体和对象的"差异"，认识不可能发展。同样地，在群体的认识环境中，个体间的相互理解为集体间的相互启发提供了可能，而不同个体的经验、兴趣、视角、认识能力和水平的差异不仅为集体思维提供了丰富的认知资源，同时也为个体认识的深化和飞跃提供可能和重要意义。

二　集体认识论：认识论的现代转向

集体认识论并非与个体认识论相对的概念，而是基于个体认识

---

① ［德］马克思：《1844年经济学哲学手稿》，人民出版社2018年版，第80页。
② ［德］石里克：《普通认识论》，李步楼译，商务印书馆2010年版，第110页。

论的一种超越。传统认识论严格意义上是一种个体性的、个人主义的认识论，探讨的是一般的、抽象的、个体性的认识发生、发展过程，集体认识论是在个体认识的基础上从整体的视角探讨集体认识的一般过程、形式结构和规律等。集体认识论与知识社会学、科学知识社会学等学科流派所探讨的社会认识论也有较大的区别，社会认识论主要强调以社会为认识主体，高度关注社会因素在人类认识过程的作用和地位，而集体认识论主要探讨在集体的环境中人类认识如何通过集体的互动推动认识的发生和发展。因而，本节主要从两条主线分析认识论的现代转向与集体认识论的内涵：第一是集体认识论对传统个体性、个人主义认识论的超越；第二是基于对社会认识论研究的历史梳理，进一步聚焦集体认识论的认识发生、发展的一般过程和基本机制。总之，集体认识论不仅在认识主体和认识发生过程区别于传统（个体）认识论和社会认识论，更为根本的是，集体认识论在人类认识的前提下坚持马克思主义关于人的本质的基本假设："人是一切社会关系的总和"，并且认为在人类的认识手段、工具、过程乃至认识的最终结果上，都具有不可忽视的集体性。

（一）传统认识论的个人主义倾向及其局限

"知识是什么？我们是如何获得知识的？"既是导源于人类日常生产、生活的一个基本问题，同时也是认识论的一个古老而又经典的核心问题。对于这样一个扎根于现实生活的哲学问题，总是伴随着时代的发展而不断地，或者说反复地被历史否定、更新和再否定，以至于人们对这一问题的思考和争论"越是深沉和持久，在我们心中唤起的惊奇和敬畏就会日新月异，不断增长"。笛卡尔提出了"我思故我在"的哲学命题，确立了"我思的绝对性"以及人在认识过程的主体性地位，不仅实现了人类对这一问题的历史性跨越，同时也进一步推动西方哲学的现代转向——从对"世界上是什么"的本体论的探讨转向"我们是如何获得关于世界的知识"或者说"思维是如何反映存在"的这一认识论问题①。然而，笛卡尔的"我思故我在"只是完成了西方哲学认识论转向的第一步，确立了"第一哲学的支点"，对于"人何以成为认识的主体"等一系列认知论问题依然没有能够更深刻地说明。康德继承并发展了人类认识过程的主体性思想，并进一步构筑和完善了主体性哲学的大厦。

康德关于人认识过程中的主体性地位的确立和进一步完善，是基于对休谟两个问题的回应：休谟发现了两个对传统哲学形成致命挑战的质疑原理：（1）由有限的经验知识决计无望推出关于无限世界的知识，包括世界的未来和总体的知识；（2）由事实无法推出价值②。基于对这两个问题的回应以及对人类先天认识能力的批判，康德提出了"人的知性为自然立法"的人类认识的最高原则，实现了在哲学上"哥白尼式的革命"，推动了现代人类主体意识的伟大觉醒。康德尽管开创了西方哲学新的发展方向，开启了全新的哲学思维方式。然而，受西方哲学"重普遍轻特殊"的思想倾向的影响，康德的探索主要致力于一般的、抽象的、形而上的人的主体性，究其根本是单数的、个体性的主体。正如萨特所言：康德致力于确立主体性的普遍法则，这些法则对所有人都是共同的，他并没有涉及个人的问题。主体知识是这些个人的共同本质，它不能决定他们的多样性，正像对斯宾诺莎来说人类本质不能决定具体的人的本质一样③。人类主体的内涵不仅仅在于揭示人与动物、人与自然世界的区别，而是更加深刻地体现了个体之间的差异。主体性首先意味着个体差异，不同的主体有着不尽相同的经验、兴趣、意向、意志等。"我们的一切知识都从经验开始，这是没有任何怀疑的。"④ 不同的主体以及不同的个体经验，也就产生了各不相同的直

---

① 贺来：《"认识论转向"的本体论意蕴》，《社会科学战线》2005 年第 3 期。
② 赵汀阳：《第一哲学的支点》，生活·读书·新知三联书店 2013 年版，第 36 页。
③ [法] 萨特：《存在与虚无》，陈宣良译，生活·读书·新知三联书店 2014 年版，第 287 页。
④ [德] 康德：《三大批判合集·上》，邓晓芒译，人民出版社 2009 年版，第 1 页。

观体验和认识过程。或许，康德的"先天综合判断"能够在最高的一般原则上有力地说明人类整体上是如何获取关于世界的知识的，但是，人类的认识是具体个人的认识，是现实的认识发生、发展过程。实际上，不仅是康德，西方传统认识论长期以来被个体主义的认识立场主导。不仅对认识主体的探讨是一种抽象的、一般的、单数性质的个体主体，在知识获取的主体以及知识传播途径上，也主要呈现为个体意义上的认知者。如在工业革命以前，人类知识的更新和创造更多地依赖于"伟人"天才般的发现，个人权威在知识发现、传播、授受和创造方面具有非常重要的地位。传统认识论尽管能够有效地建构和解释人类一般的认识发生、发展过程，但是对于在具体的认识过程中，社会以及他人的、不同的个体经验是如何影响个体认识，或者说个体认识是如何受集体和他人影响，并通过怎样的集体互动机制推动个体实现知识的内化和认识的发展，康德的"普遍主体性"的个人认识并不能很好地解决和回应。

（二）科学知识社会学中的社会认识论和集体认识论

集体认识论作为一种认识理论，是人类对"思维如何反映存在"或者说"如何认识这个世界"这一认识论基本问题的集体视角的理论解释。长久以来，人们对这一问题的认识往往局限在一般的、抽象的，自然而然也就是"单数性质的人的认识"，忽视了"集体"的认识特征。由于学界并没有将集体认识论与个体认识论作为严格的理论范畴进行探讨，只是具体地反映在不同的认识论探讨的主题和哲学社会科学理论研究的命题中，如主体哲学对"群体主体""集体意向"的认识；发展心理学、社会心理学对"群体人格""集体表征"的探索和研究；社会思维学将人作为一个集体来探索思维的规律，研究人类集体思维的一般过程和基本特征等一系列哲学社会科学，逐渐开始将集体作为一个独特的研究视角，关于"集体"的认识开始与个体认识构成一对"集体—个体"的研究视角和范畴。集体作为一种研究视角或者研究思维倾向，并非仅仅与个体相对立，而是随着人类社会不断发展和进步，科学研究所产生的一种视角转换与超越，既是对单一的个体视角的一种补充，同时也是对哲学和认识论中的"个体性"与"个体主义"的局限性的超越。

　　第二次世界大战以来，伴随着人类科学信息技术的不断进步，人类对个体的崇拜已经进入了"主体性黄昏"，集体合作逐渐成为哲学研究的一个新的视角和领域，并逐渐影响了科学研究和其他社会科学研究。人们不再将科学研究看作科学家个人的认识发展过程，而是将其视为"科学认识组织的相关单元，强调认知共同体的集体认知或社会认知的突出地位"[①]。知识爆炸不仅体现在知识积累和创造在更新速度和量上的剧变，同时还体现在生产的主体、获取和传播方式的不断丰富和扩大上。信息技术的发展使得每一个人都愿意且能够通过一定的媒介共享自己创造的知识，每一个人都成为人类知识网络中的一个节点，并便捷地实现知识的获取和传播。例如，以维基百科、知乎、自媒体等为代表的新生代互联网知识传播和创造平台，尽管其知识的可靠性备受质疑，但其知识生产和传播的方式却引发了认识论上的深刻反思：什么样的知识能够称之为知识？知识的检验标准是什么等一系列问题不断动摇着传统知识的客观决定论的基础。而集体认识论的产生，从根本上来看正是起源于人类对知识生产的基本假设的转变：知识的社会建构性。知识的客观决定性逐渐被其社会性所解构。传统认识论对知识和真理标准的探讨主要着眼于主观认识与客观实在的关系，把主观认识符合客观实在的程度作为认识的标准，主观认识越接近于客观实在，也就越接近真理[②]。忽视人类认识和人类知识的集体性及其社会基础。知识不是客观和唯一的"永恒"，而是社会建构的结果。这一点，我们可以从知识社会学的发展历史一窥其中的集体认识论意蕴。

---

① 刘晓力：《科学知识社会学的集体认识论和社会认识论》，《哲学研究》2004 年第 11 期。
② 徐学福等：《论教师实践性知识的检验标准》，《现代远程教育研究》2015 年第 6 期。

知识社会学虽然最早是由马克斯·舍勒（Max Scheler）提出的，但其核心思想发轫于马克思的社会决定论。马克思在《政治经济学批判》指出"不是人们的意识决定人们的存在，相反，是人们的社会存在决定人们的意识"[①]。这一命题就成为知识社会中"知识的社会决定论"的理论源泉，以至于知识社会学的另一位代表人物——默顿（Merton）称"马克思主义是知识社会学风暴的中心"。尽管集体认识论在孕育过程中，并没有形成一个明确的概念体系和系统的理论主张，由于针对的问题或者领域的不同，在不断地发展过程中产生了不尽相同的理论主张，但就其思想的基本主张同知识社会学的研究一样都有一个共同的历史基础：人类认识的集体性及其社会基础。正如默顿在梳理知识社会学的不同争论时指出的那样："在知识社会学中，所有方法一致的中心点是这样一个命题，从思想不是内在地决定的来看，并且就思想的某一方面能从认识以外的因素产生出来而言，思想是有一个存在基础的。但这仅仅是一种形式上的共识，涉及存在基础的本质时，这种共识就会让位于各种理论的十分广泛的多样性"[②]。

集体认识论不仅仅脱胎于知识社会学对知识的社会性建构的研究，更多地来源于人类发展过程中主体意识的觉醒，是人类历史进步与发展的结果。主体意识不仅意味着人能将自己与自然界、客观世界区别开来，而且在更深层次上意味着个人是一个具有主体性和能动性的"人"，不仅打破中世纪时期宗教神学对人性的枷锁，更是打破不同阶级乃至权威对个体的束缚，人不仅在社会意义上是人人平等的，同样地，在知识传播、学习和创造上也是主体性地平等的。当今社会文化和背景中，随着知识传播和获取的路径不断拓展，知识权威也在不断地被消解，学习已经不再局限于将作为权威

[①] 《马克思恩格斯选集》第二卷，人民出版社1995年版，第32页。
[②] [美] R. K. 默顿：《科学社会学·上册》，鲁旭东等译，商务印书馆2003年版，第16页。

的教师视为唯一的知识来源，而是以学生主体自我为根本尺度和主体内化知识为基础，从整个社会网络体系中获取并传播知识。学生主体性的觉醒一方面要求每一个学生成为学习的"主人"，同时也要求学生在平等性的师生、生生集体性互动和相互启发、相互对话和相互交往中实现知识的内化和认识发展。知识是社会建构，遵照"知识怎么来的就怎么教"这一基本原则，学生的认知和思维发展就是学生在遵循和模拟"知识发现的过程"，在集体思维交互的过程中实现知识的内化和个体的发展。

第二节 课堂集体思维的心理学模型

教育界对于思维教学的必要性以及学生思维发展的重要意义和价值早已达成共识，但对于课堂教学中学生的思维和认知到底是如何发生、发展的学界并没有统一的认识。在心理学研究中，学者们多是从意识和认知神经机制层面探讨思维和认知发展的基本过程和一般规律，将思维和认知抽象为大脑内部信息加工过程，其实质是一般的、抽象的、单数性质的思维和认知发展。这种"意识"层面的思维和认知发展研究虽然为课堂教学提供了科学的理论基础，但同时也剥离了课堂教学中学生思维发生与发展的具体性与现实性。课堂教学中的学生思维不是独自的、个体性的发展过程，而是围绕着一定的主题或内容，在教师的引导下，师生、生生集体主体间不同个体认知和不同认知水平的对话、合作和交融的过程和结果。课堂中学生思维和认知的发展不仅离不开学生个体的主动参与，同样也离不开主体间、集体性的对话、合作和交往。这一点皮亚杰在《智力心理学》中也反复强调："人类理智的产生和发展离不开合作"。近年来，我国教育界过于强调学生学习的主体性和个性化发展，在一定程度上遮蔽了一个显而易见的常识：学生个体通过独自观察世界和自主学习所获得的知识和发展是极其有限的。正如美国进化心理学家迈克尔·托马塞洛所指出的那样："如果儿童得不到成人通过语言、图像和其他符号媒介向他们实施的教导，儿童对恐龙的所知就与柏拉图和亚里士多德是一样的，也就是零。同样地，如果人类儿童终日都在孤独地游荡，就像其他灵长类物种中的个体那样，那么从恐龙到生物学，从棒球到音乐再到数学，人类儿童的所知也不会大于零。"[①] 值得强调的是，本书探讨课堂集体思维的心理学基础并非对传统心理学和思维科学有关人类思维发展的一般规律和理论的"推倒重建"，而是着眼于课堂场域，探讨集体的、主体间的学生思维交互和发展心理学理论基础和一般过程。

一 课堂中的认知冲突与思维交互

课堂教学的根本任务是促进学生认知与思维的成长和发展。成长和发展意味着从未知到已知，从不成熟到成熟，不断地激发和挖掘学生生长的潜力和发展的能力，将外在的人类科学文化知识转化为学生内在的精神财富，促进学生个体的经验、认知水平向人类认识水平提升和发展。正如杜威所提出的"教育即生长"的重要命题，"生长即填补未成熟的人和成熟的人之间的空缺的东西。"[②] 学生思维的发展必然存在新旧知识之间、已知与未知、成熟与未成熟、个体经验与社会环境等之间的差距与不平衡。而教育的过程，也就是成长和发展的过程，则意味着填补、调节与适应这种差距与不平衡。这种认知和思维发展的差距和不平衡在课堂教学中具体地表征为由两种类型"差异"所引发的认知冲突：第一种差异是师生之间，以及教学内容、教学目标与学生之间不同认知水平之间的"差距"；另一种则是生生之间不同个体差异所产生的"认知差

---

① ［美］迈克尔·托马塞洛：《人类认知的文化起源》，张敦敏译，中国社会科学出版社 2011 年版，第 171 页。

② ［美］约翰·杜威：《民主主义与教育》，王承绪译，人民教育出版社 2001 年版，第 49 页。

异"。两种类型的"差异"及其认知冲突共同构成了学生认知和思维发展的基本动力，如何调适这两种"差异"所引发的认知冲突，实现主体内外的"平衡"和主体间的集体认同与共同发展，是课堂教学必须解决的现实问题。

认知冲突是皮亚杰认知发展理论的重要内容，他旗帜鲜明地认为儿童智力和心理发展是主体与客体相互作用的结果，提出儿童认知和思维发展的"同化—顺应"的生物学适应模型。他强烈地批判以华生为代表的行为主义心理学将认识理解为从环境中获取信息，把人的行为简述为"S-R（刺激—反应）"之间的联系，高度重视儿童认知发展的生物学逻辑，他认为心理发生只有在它的机体根源被揭露以后才能为人所理解[1]。在皮亚杰看来，生物的发展是个体适应环境和组织环境两种活动相互作用的过程，也是生物的内部活动和外部活动相互作用的过程。他将生物学的一系列概念引入心理学研究中，认为人类的每一个行为都表现为经由适应与同化或顺应以实现主客体、内外平衡化的过程。"每一个行为——所涉及的只要是一个伸向外界的动作，或者是一个内化了的动作——都表现为一种适应，或者更确切地说，表现为一种再适应。个体只有在感受到一种需要时，也就是说，只有环境与有机体之间的平衡被暂时打破时，他才有所行动，并且其行动是致力于重建这个平衡，更明确地说，是致力于重新适应有机体。"[2] 在认知平衡化过程中，当儿童遇到新异刺激时，意识到认知差距，就会产生不平衡感，努力消除这种由认知冲突所带来的不平衡感就构成了儿童认知发展的基本动力。在皮亚杰看来，平衡化是儿童认知发展的基本动力。学生作为课堂学习的主体，当他面临认知冲突时，他就要有所反应，以同化或顺应的方式调适这种冲突，从而寻求主体内外、主客之间以及主体与主体间的平衡。"平衡，据我的理解，就是这样一个主动的过

---

[1] ［瑞士］皮亚杰：《发生认识论原理》，王宪钿等译，商务印书馆1981年版，第58页。
[2] ［瑞士］让·皮亚杰：《智力心理学》，严和来等译，商务印书馆2015年版，第22页。

程。它是一个自我调节的过程。我认为这个调节过程就是发展的根本因素"①。

皮亚杰的认知冲突理论尽管系统地阐释了学生认知发展的一般心理机制和基本过程，但是，其理论从根本上是纵向地探讨个体的认知发生、发展过程，所遵循的依然是个体主义认识论，所创立的发生认识论实质上是试图延续并解决康德意义上的范畴的个体发生问题②。课堂教学不是学生抽象的认知发展过程，也不是学生独自的、个体的认知发展过程，是集体主体间认知冲突的调适和平衡过程。由课堂中两种类型的差异所产生的认知冲突构成了课堂集体思维发展的核心特征和基本动力。思维和认知的发展，既存在量的积累，同样又有质的提升。毫无疑问，学生与学生之间相似的认知水平的不同个体差异不仅能够快速提升学生认知的效率，同时为学生认知发展提供不同的理解视角和"个体性知识"，其根本上是一种量上的累积。教师既是课堂集体思维中的"权威"和"已知者"，同时也是课堂集体思维的组织者、引导者和服务者，能够有效地推动学生思维和认知发展的"质"的提升。课堂教学中师生、生生两种不同类型和层次的思维交互并非相互独立，而是共同交织成为课堂集体思维的"美丽风景线"。长久以来，存在于我国课堂教学中的"教师中心"与"学生中心"之间的张力和矛盾，使得教育者往往将师生、生生两者之间的集体思维交互割裂开来，过分强调一方而忽视另一方。如过分强调教师的引导和"脚手架"作用而忽视学生同伴间的交往和合作；重视学生的主体性和个性自由，而忽视教师的组织和引导。课堂教学只有将两者统一起来，才能更加有效地推动课堂集体思维的发展。

此外，本书强调认知冲突在课堂集体思维发展过程中的重要

---

① ［瑞士］皮亚杰：《皮亚杰教育论著选》，卢濬选译，人民教育出版社2015年版，第24页。
② 李其维等：《皮亚杰发生认识论若干问题再思考》，《华东师范大学学报》（哲学社会科学版）2000年第5期。

作用，并非仅仅强调课堂中的差异。课堂教学是由权威的教师和相似而又不同的学生组成的学习集体，同质与异质、统一与差异构成了课堂集体思维的另一对重要范畴。同质与异质主要是指课堂中的学生是"相似而又不同"的主体，相似是指学习集体由相近认知水平的学生构成，不同则是强调世界上没有两片相同的叶子，教室里也没有完全相同的两个学生，每个学生具有独特的个体经验、意向和特征；统一与差异是指课堂教学往往有统一的发展目标和认知内容、统一的教学进程和节奏，但每个学生具有不尽相同的发展目标，差异的认知风格、认知兴趣和发展节奏等。同质与异质、统一与差异既是课堂教学中显而易见的一对矛盾，同时又构成了课堂集体思维发展的基本动力。师生、生生的同质性与统一内容、目标和进程使集体成为可能，是课堂集体思维发展的必要条件；而课堂师生、生生之间的差异既是课堂认知冲突和集体思维的重要资源，同时又是推动学生思维和认知发展由量变向质变转变的关键。

二 课堂中的语言交往与思维发展

思维和语言是课堂教学中一对非常重要的范畴，构成了课堂教学活动的基础和核心内容。课堂教学始终离不开师生思维的激发和参与。同样地，课堂教学也离不开师生、生生的语言交往。课堂教学甚至可以说是师生的"语言活动"，是围绕讲授、解释、讨论、提问、回答、阅读、写作、聆听等所进行的语言实践活动。语言构成了课堂教学行为的基本活动单位，是课堂教学研究的起点[1]。课堂教学既离不开师生思维的参与和发展，也离不开语言这一基本中介。然而，教育界在课堂教学研究过程中，往往将思维与语言分别独立开来，从两种不同的范畴和维度研究课堂教学。

---

[1] 石鸥：《论作为教学论研究起点的教学语言》，《上海教育科研》1997 年第 8 期。

如将思维作为一种目标，探讨构建思维课堂、激发学生思维参与、促进学生思维发展的一般机制、原则、过程和方法等。将语言视为课堂教学中师生行为研究的重要对象和范畴，却忽视语言与思维存在的内在紧密关系。思维与语言的相互关系是心理学研究中最复杂的问题之一，尽管学界对思维与语言的相互关系存在较大的争议，但不可否认的是语言作为思维的"唯一物质载体"和"外衣"，思维的发展始终离不开语言。正如维果茨基所言：思维不是在语言中表现出来的，而是在语言中实现出来的[1]。实用主义哲学创始人、符号学奠基人查尔斯·桑德斯·皮尔斯（Charles Sanders Peirce）甚至激进地指出：人类所有的思想和知识都是从符号获取的[2]。他提出和构建了"符号三角"理论，认为从符号本身到符号解释是一个心理过程，某个符号会在接收者的头脑中创建另外一个新的或更为复杂的符号，新创的这个符号就是初始符号的解释项[3]。人类思维的发展和知识的增长、更新就是在对符号的接受、解读和再创造过程中实现的。

我国语言学家申小龙先生系统梳理了语言与思维的相互关系，他认为语言之于思维具有本体论意义[4]。他从三个方面阐释了语言之于思维发展的基本原理：第一，语言是促进思维器官产生的最主要动力之一。语言的发生不仅在人的大脑皮层中造成了人类独有的特殊语言区域，而且为人脑的活动带来了新的原则，即建立在第二信号系统基础上的改组人的全部心理生活的无数信号的高度概括的原则。这一原则使人的思维把客观事物的属性从对象中抽象出来，把事物的联系从事物本身抽象出来，从而创造出思维的观念对象（概念）并据此进行判断、推理等高级认识活动。第二，语言能够

---

[1] ［苏］维果茨基：《思维与语言》，李维译，北京大学出版社2010年版，第146页。
[2] ［美］皮尔斯：《皮尔斯：论符号》，赵星植译，四川大学出版社2014年版，第31页。
[3] 黄华新：《认知科学视域中隐喻的表达与理解》，《中国社会科学》2020年第5期。
[4] 申小龙：《语言之于人类思维的本体论意义》，《学术交流》1991年第1期。

使人类在客观对象不出现的情况下仍能思考各种对象，从而充分发挥认识主体的主动性和能动性，极大地提高了人类运用逻辑对感性材料进行加工、揭示客观事物本质属性和内在联系的能力。而这正是人类思维的核心特征和主要任务。第三，语言是人类思维发展的强有力的杠杆。他不仅使人类思维摆脱直觉的时空，把握无限的内涵和外延。而且为思维向无限高度发展提供了可能。语言使思维不断地提炼自身的科学形式，并且把科学的思维方式和成果确定下来，从而成为思维的存在方式即知识的物质负载者。知识作为一种观念的东西，虽然也凝结和体现在劳动工具等物质形态中，但它最重要的也是唯一相适宜的存在形态是语言。而且语言作为思维的存在方式，又把社会中每一个人的思维组合成全社会共有的最高思维体，来进行更复杂、更系统、更智力化的活动。

　　学生的发展离不开语言，语言是人类沟通和交往的基本工具。作为人类独有的第二信号系统，语言不仅能够让学生快速获得和理解人类科学文化知识，而且为学生理解他人、认识自己提供了基本工具和可能性。人类是通过语言交往进行知识的传播和文化的传承，同样地，学生是在课堂教学的师生、生生语言交往中实现思维的发展。语言交往和学习是学生将世界概念化、范畴化、图式化的重要工具和前提，学习完整的语言结构对儿童有引导作用，把他们引导到自己经验的各个方面。具体的引导作用如下：把世界分解成事件和参与因素；从各个不同的视角观察事件，这些视角或多或少地与当下联合主意的场合相联系；创造抽象结构，有了这些结构，儿童能以几乎是任何别的视角来观察经验现象，如把行动视为物体，把物体视为行动，还可以进行其他各种概念性比喻。这种不同的视角则为集体思维提供了不可或缺的"交互碰撞"的前提和基础。

　　在学习和交往过程中，语言既具有社会性，即共同交往、相互理解和达成共识的基本工具，同时也有不可忽视的个体性。所谓语言的个体性是强调个体是语言的基础,是现实地通过个人表达出来的,没有个人的表达,语言就不存在。简言之,语言的个体性集中地体现在个体言语过程中。语言作为个人交往的基本工具,个体在言语的过程中,必然带有明显的个体差异的经验、意向和意义等。索绪尔甚至将"个人—社会"作为语言现象的一对重要范畴。他区分了语言和言语的不同内涵,认为"语言一定是社会的,而言语则不一定是社会的。后者可在个人层面上给以解释,它是抽象的东西,并以人的存在为表现自身的前提"①。学生个体的言语及其表达不仅具有明显的个人意向,同时也具有较强的视角取向。在课堂教学的语言交往过程中,明显的个体差异和不同视角就会产生鲜明的对比,这种差异就构成了课堂集体思维认知冲突的重要资源。

课堂中的语言交往与思维发展这一过程到底是如何实现的呢?得益于语言的一对基本功能——表达和沟通。所谓表达简单来说就是用语言文字把思想、情感等表示出来。表达通常存在三种基本形式:指称、记述和抒发。如幼儿初次见到猫,与猫建立友好关系后将一切"有毛"的动物称为"猫咪",以至于看到狗和金丝猴的时候激动地喊着"猫咪!猫咪!"在这个例子中,幼儿用猫命名、指称事物,并使用这一名称记述了"猫"的特征,再次看见"猫"后抒发了激动的心情。在课堂教学中,学生的发言是表达常见的一种形式,并且在学习新概念、属性、特征等包括阅读和写作同样存在表达的基本形式。表达具有很强的个体意义,它的基本内涵就是个体内在的思想、情感、观点通过语言的形式表现出来。所谓沟通简单来说就是信息的交流。人们通常将沟通和交往视为同义,严格来说沟通只是交往的一个方面。交往包括三个方面:一是沟通,指交往个体间的信息的交换;二是交互作用,指交往个体间的相互影响,如交流知识、思想和行动;三是知觉,指交往伙伴相互知觉的

---

① [瑞士] 索绪尔:《普通语言学教程·1910—1911 索绪尔第三度讲授》,张绍杰译,湖南教育出版社 2001 年版,第 7 页。

过程以及在此基础上建立的相互理解①。沟通构成了交往的基础，并贯穿交往的全部过程。课堂教学中的师生、生生的对话、合作、交往离不开沟通。与表达具有较强的个体性相反，沟通则更多地呈现出语言的社会性和集体性特征。尽管表达与沟通存在质的差别，但作为语言的两种基本功能，两者是语言功能一体两面的相互关系。表达是沟通的前提，没有表达就没有沟通。沟通是表达的根本目的，没有沟通表达则毫无意义可言，只能称之为个体的言说和独白。

表达和沟通不仅是语言的一对基本功能，同时，也构成了课堂教学实现学生思维发展的基本行为单位，构成了课堂师生活动的基本内容。课堂教学中的表达是教师和学生在共同的教学任务和过程中，将个体思维的成果用语言、表情、行为等方式反映出来，类似于"我看见、我认为、我感觉"等。表达内含了主体丰富的态度、情感、观点、意义等，其实质简单来说就是内部语言外部化的过程。课堂教学要引导学生主体参与、激发学生思维，根本离不开学生语言的表达。沟通则就是建立在表达和倾听基础上，相互理解，实现差异性思维的碰撞、融合，从而促进知识的增长、认识水平的提升和思维的发展。美国社会心理学家乔治·H. 米德指出，要通过沟通以协调社会行动的完成，应满足三个条件②：第一，主体必须被触动，并因而能知觉到自己表达出来的表情、姿态、态度、观点等是什么；第二，主体必须能知觉到表达的影响作用是什么，以至于我能理解我的表达意指的意义是什么；第三，主体必须能确定，我对我的表达的诠释性理解是与他人的理解一致的，从而不仅使我能确定什么姿态具有什么意指，更能确定这种意义的意指关系，对我与他人都具有同一性。这三个条件若能在沟通过程中被满

---

① 车文博：《当代西方心理学新词典》，吉林人民出版社2001年版，第109—110页。
② 林远泽：《姿态、符号与角色互动——论米德社会心理学的沟通行动理论重构》，《哲学分析》2017年第1期。

足，那么我就能有意识地以带有普遍意义的符号完成行动实践的协调合作。

三 课堂中的主体间性与心智模型

课堂教学是由相似而又不同的学生构成的学习集体，每一个学生都具有独立且独特的主体性。课堂教学不是机械的师生、生生个体间的"教"与"学"过程，而是主体间的交往、对话和发展过程。以往，教育界对课堂教学主体间交往的研究多是基于哲学和社会学理论的一般理念构建，探讨主体间交往的实现条件，对于主体间的理解何以可能以及如何与怎样的问题缺乏足够的关注。课堂教学作为集体的认知和思维发展过程，师生、生生主体间的相互理解无疑是一切对话、交往、合作和认知发展的前提与基础。毕竟，没有主体间的相互理解，师生、生生要实现灵魂的相遇、精神的对话和思维的碰撞必然只能是空中楼阁。换言之，师生、生生的集体思维势必以主体间的相互理解为基础，主体间的理解构成了课堂集体思维的前提和基础。

主体间的理解，或者说是"我们是如何知道并理解他人的"是人类社会认知交往的基本问题。一般来说，人类理解他人、他心与理解自然界原则上是一样的，都涉及想象、推理，是显而易见的常识心理学和"知识"[①]。但就具体的理解过程来看，对自然界的理解主要涉及"因果关系"的认识，如牛顿看到苹果落地，经过概念和范畴的推演计算发现"万有引力"；看到太阳每天从东边升起从西边落下，托勒密总结出"地心说"，而哥白尼坚持"日心说"。然而，对于他人、他心的理解，不仅仅是因果关系、概念和范畴的推演计算那么简单。每一个人的行为、语言、态度和观点等不仅具有一定的主体性特征和意义，而且还有具体的认知情

---

① Grimm, Stephen, R. "Is Understanding A Species of Knowledge?" *British Journal for the Philosophy of Science*, 2006, Vol. 57, No. 3.

境、情绪状态等非理性的因素。前者是传统认识论、知识论探讨的主要问题，其实质是从一般意义上探讨"人类是如何获得关于这个世界的知识"；后者主要涉及对自己和他人的心理状态，诸如情绪、态度、意向、期待、观念、思考和信念等的理解，并借此预测和解释他人行为的一种能力。因此，两者具有本质的差异，不能同日而语。

将理解"他心问题"作为心理学研究的专门主题源自 1978 年普雷马克（Premack）和伍德拉夫（Woodruff）对"黑猩猩是否拥有心智理论？"这一问题的探讨，他们明确提出心智理论（theory of mind）概念，并强调心智理论是一种探究人类理解他人能力的心理学或者说是心灵研究，是探讨"认为自己和他人具有心理状态的能力和应用心理知识预期自己和他人行为的能力"。[①] 随后，心智理论逐渐成为心理学、认知神经科学和心灵哲学等学科的焦点话题，并围绕这一问题产生了两种截然不同的理论假设：理论论（theory-theory）与模拟论（simalution theory）[②]。理论论认为，人们预测和解释人的行为这一日常能力，是主体借助于自身所拥有的知识和理论，结合相关的语言、行为等信息，通过推理实现对他人心理状态和行为意义的理解，简言之，"以道观之，持理度人"；模拟论认为，人们对他人的理解能够通过想象，或者使用一定心理资源，设身处地、感同身受，使自己处于他人的地位，通过移情的方式体验和模拟他人的心理感受，从而实现对他人的心理状态和行为意义的理解[③]。换言之，人与人之间的相互理解是通过设身处地地模拟实现的，"以我观之，推己及人"。

[①] Premack. D, Woodruff. G, "Does the Chimpanzee Have a Theory of Mind?" *The Behaviour and Brain Sciences*, 1978, Vol. 1, No. 4.

[②] Henry M. Wellman, David Cross, Julanne Watson, "Meta-Analysis of Theory-of-Mind Development: The Truth about False Belief", *Child Development*, 2001, Vol. 72, No. 3.

[③] Stich S., Nichols S., "Folk Psychology: Simulation or Tacit Theory?" *Mind & Language*, 1992, Vol. 7, No. 1 – 2.

近三十年来，围绕着理论论与模拟论之间的争论成为社会认知心理学、心灵哲学与认知神经科学探讨他心问题的焦点[1]。尽管两者各自具有不可忽视的局限性，但作为当前人类心理学和认知科学一个较为"年轻"的研究领域，两者彰显着较强的理论生命力。一方面，随着新理论、新实验、新证据的不断涌现，理论论与模拟论不断地更新着自身的理论内涵，如镜像神经元的发现、动态移情理论、具身社会认知的发展等；另一方面，理论论与模拟论在相互论争中不断融合，推动人类对理解他心问题的深化发展。抛开理论论与模拟论之间的论争，当前心理学和认知科学对他心问题的探讨，不仅为主体间的相互理解提供了理论基础和心智模型，更是对传统以笛卡尔为代表的二元思想的批判和超越。在哲学研究中，人们通常认为他心问题是笛卡尔身心二元论的遗产[2]，实则不然。人们只注意到笛卡尔所开创的人类"第一哲学"中存在的二元对立，却忽视了其深埋于其中的"自我中心的个体主义"倾向。笛卡尔的主体性第一哲学构建了一个以"自我"为中心的人类世界图景，在主观自我之外，都是客观。他人之于我，与客观世界之于我本质上没有根本的区别，都是外在于主观"我"的客观存在。所以在笛卡尔及其之后很长时间，理解他心并不是哲学讨论的主要问题，主要问题在于"他心是否存在"，也就是说，将他心视为一个客观实在。当代哲学实现了从主体性到主体间性的跨越，其根本是打破了传统"自我中心的个体主义"倾向的主体观念，打破人们对主体意识觉醒的狂欢和自我"崇拜"。他心固然是存在的，并且与自我的主体性一样，是一种平等且相似而又不同的主体性存在。传统哲学之所以"始终绕不开对他心是否存在的本体论意义的思量"[3]，根本上

---

[1] 陈巍：《从交锋到交融：读心理论与模拟论论战三十年》，《西北师大学报》（社会科学版）2020年第4期。

[2] 沈学君：《试论他心问题研究的逻辑进程》，《科学技术哲学研究》2018年第6期。

[3] 王炜：《具身直通论：他心问题的当代视角》，《哲学动态》2019年第4期。

是因为无法摆脱其存在的"自我中心"的哲学思维，总是站在自我视野中"看世界"。人类世界并非一个仅有孤立自我存在的世界，而是"我和他人共享的世界"。正如海德格尔反对胡塞尔以同感概念作为理解他人的关键，因为同感理论从根本上依然洋溢着"唯我论"和"自我中心—个体主义"倾向的痕迹——同感意味着他人就是自我的复本。海德格尔从存在论来认识他人的在场，他用独有的共在概念来表达"此在"在世是与他人同在的。此在的世界是共同世界，在之中就是与人共同存在[①]。换言之，人类社会世界中，我与他人是平等共在、共通、共享的存在。每一个个体都是平等的"自我主体"，是相似而又不同的。相似是人类社会共同感存在的前提与基础，为人们相互理解、对话和主体间交互提供可能，不同则是强调每一个个体都具有差异的主体性经验、兴趣、意向等。

不管是理论论的"以道观之，持理度人"，还是模拟论的"以我观之，推己及人"，都在基本假设中预设了这种平等且相似而又不同的主体间性，不仅重塑了课堂教学的主体性观念，同时为课堂集体思维提供了主体间交互的心智模型。"以道观之，持理度人""以我观之，推己及人"作为理解他人心灵的两个基本原则，在理解他人过程中的共同核心技术都离不开"模仿（拟）"，而模仿则是课堂集体思维的重要阶段和学习形式。模仿学习、接受教导学习与合作学习是人类独有的三种学习的基本形式。从一定意义上说，学习的实质是"类意识"的生成与发展过程。成（为）人的关键不仅仅在于具有清晰的自我意识，还在于能够基于自我意识而理解和认识他人（心）。即能够把同伴理解为与自己相同的生命个体，相互理解的同时把他们理解为与自己一样有意向、有心智的生命体。这种理解让个体模拟他人心智，进而在模拟（仿）他人过程中实现学习的发生。这也在另一个层面上论证了，人类不仅要善于向

[①] 孙向晨：《面对他者：莱维纳斯哲学思想研究》，上海三联书店2008年版，第67页。

他人学习，而且是通过他人实现真正的学习的发生，根本不存在"孤立""独自"的学习。把自己的同类理解为有意向的行动者是一种认知能力，这种能力来自对自己同类的认同，而该认同早在婴儿早期就出现了，是人类独有的能力[①]。基于这一心智模型的学习不仅是人类独有的，而且是课堂集体思维的基本形态，其他诸如通过差异互补、思维碰撞的课堂集体思维其实质是这种主体间心智模型的衍生形态。

---

① ［美］迈克尔·托马塞洛：《人类认知的文化起源》，张敦敏译，中国社会科学出版社2011年版，第79页。

第四章

课堂集体思维的现实支撑

集体思维不仅是人类社会生活、生产实践中常见的思维活动，在课堂教学中也是显而易见的存在。课堂教学具有构建和发展集体思维的天然优势和现实基础：中国文化传统中的集体主义精神和整体思维方式、以班级授课制为组织形式的班级集体、新课改所倡导的"合作、探究、对话"的教学方式，分别从文化根基、组织基础、互动方式三个方面为实现和发展课堂集体思维提供了现实基础。现实地讲，课堂教学是由权威的教师和相似而又不同的学生组成的学习集体，课堂教学既不是教师外部强制灌输的过程，也不是学生孤立的、独自的思维发展和学习过程，其实质是教师和学生围绕一定的教学内容、主题或者问题展开集体思维的过程。学生不是空着脑袋进入教室的，差异的学生个体经验经过师生、生生不同认识水平的交融，在师生、生生集体思维的交互碰撞和相互启发过程中走出个体思维的束缚，并通过师生、生生之间的对话、交往和互动持续地建构和更新学生个体的知识和理念系统，从而实现学生个体认识不断向人类科学文化的认识水平靠近，将外在的人类科学文化知识转化为学生个体内在的精神财富。长久以来，教育者对课堂教学过程及其本质的认识往往局限在"教"与"学"这一基本和主要矛盾上，相对忽视课堂教学中的结构性矛盾：课堂教学既要面向全体学生，做到"一个都不能落下"，又要具体地落脚于每一个学生的发展，促进学生个性全面发展。既要照顾学习者的多样性，又要在目标实现上追求统一标准，运用统一的评价标准去追求多样化的人才培养。对这一结构性矛盾的忽视在一定程度上造成了课堂教学中"集体统一"与"个体差异"的对立和紧张，使得我国传统教育实践中的优势——集体主义教学并没有真正贯彻下去，我们的班级集体教学并没有充分利用集体的力量，实施的仍旧是面向个体有限空间的、竞争性的个体教学，以至于出现集体性个人主义的学习方式和教学文化[1]。探讨课堂集体思维的现实基础，不仅是从集体思维的视角重构对课堂教学的认识和理解，为课堂教学带来新的理念和视角，同时对于深化课堂教学改革，推动我国课堂教学转型发展具有重要价值和意义。

第一节 集体主义：课堂集体思维的文化根基

集体主义是中国优良的文化传统，不仅是一种处理人与人、人与社会相互关系的伦理道德原则，更在文化图式上体现了中华儿女认识世界、改造世界的独特思维方式。文化是生活在一定地域和民族的思想、信念、生活和行为方式的总称，对于生活于其中的人们的心理与行为有着重要的影响。集体主义作为一种文化和价值观念，不仅体现在人们对"集体与个体"的价值选择和判断上，在更深层次上体现了中华儿女对集体与个体相互关系的独特认识及其思维方式。思维方式是人们用来处理信息和感知周围世界的一种思维习惯，它是一个民族在长期的历史发展中形成的一种较为固定的元认知模式。从某种意义上讲，思维方式体现着一个民族的文化特征，是一个民族文化的核心部分[2]。文化的发展是一个历史的过程，

---

[1] 朱旭东：《集体性个人学习：中国教室里发生的独特学习》，《课程·教材·教法》2020年第2期。

[2] 侯玉波：《文化心理学视野中的思维方式》，《心理科学进展》2007年第2期。

是人们在长期的生产、生活实践中经验积累和沉淀的结果。同样，文化对人的影响也是一个不断滋养和发展的过程。在人的成长过程中，个体不断从本民族文化中汲取发展的营养，并将其内化为个体内在的精神力量，其核心则构成了我们认识世界、改造世界的独特认识理论及其思维方式。近年来，有关文化心理学的一系列研究指出，文化主要是通过形塑生活于其中的人的认知来发挥其影响的机制，认识论及其思维方式的差异从根本上决定了他们在诸多方面的不同[①]。简言之，文化差异影响人们的价值信念，其关键和核心是影响着人的世界观及其思维方式，即人的形而上学观念、知识论系统、认知过程等。因而，从这个意义上说，集体主义不仅仅是一种文化传统及其价值观念，并非仅仅涉及集体与个体之间的价值选择和判断，在更深层次上体现为关于集体与个体相互关系的认识及其独特思维方式。这种价值观念所包含的思维方式亦可称之为中华文化传统中的集体主义思维偏好，并且广泛存在于中华儿女认识人与自然、人与社会、人与人、人与自我相互关系的方方面面。就集体主义所包含的思维方式来看，中国文化传统中呈现了典型的集体主义的思维偏好，或者说是整体思维方式：世界（天地）是一个有机整体，整体包含部分，各个部分也是一个个小的整体。整体中的各个部分之间相互联系而成为一个整体。对事物的认识，不可能脱离整体[②]。就其作为一种思维方式来说，与西方强调原子式的分析思维不同，集体主义的思维方式强调从集体和整体的角度有机地认识和理解自然世界、人类社会之间的相互关系。

一 中国传统文化哲学中的集体主义

不同的民族、地域或文化在长期的、反复的认识世界、改造世界的实践活动中积累了丰富的实践经验和哲学思想，并逐渐形成了

---

① 彭凯平：《吾心可鉴：跨文化沟通》，清华大学出版社2020年版，第61—65页。
② 张岱年等：《中国思维偏向》，中国社会科学出版社1991年版，第8—20页。

具有本民族特色认识世界、改造世界的独特思维方式，构成了本民族文化的核与魂。哲学思维方式无优劣高下之分，只是体现了不同的价值取向或思维偏好。集体主义是对中国文化的一种高度概括，它集中反映了中华儿女所秉持的一种思维方式或者说是思维偏向。然而，关于"中国人是集体主义的吗"这一问题学界产生了极大的争论，大致可以归纳为四种不同类型的观点和理论：第一种，认为中国是典型的集体主义，或者是原生的集体主义。如英国历史学家麦克法兰在《现代世界的诞生》一书的序言中指出：中国自古以来就是一个立足集体和重视集体的文明。在中国，个人不可能绝对独立于其他人以外，在中国社会中人际关系是个人身份认同的固有要素，个人只有同他人结合起来才能变得完整[①]；第二种，认为集体主义与个人主义并存于中国的文化传统中。最为典型的研究是2014年 Science 发表的一篇关于中国的文化心理学的比较研究。研究发现，由于种植水稻和小麦耕作方式的不同，形成南北方差异的文化心理：在种植小麦的北方，存在较为强烈的个人主义倾向，而这既是根源于独自从事务农的农耕生产方式，又是这种做法的一种反映；在种植水稻的南方则更倾向于相互依赖的集体主义[②]；第三种是以日裔美籍学者弗朗西斯·福山的研究最为典型，他在《信任：社会美德与创造经济繁荣》一书中通过对比美国、德国、法国、意大利、中国、韩国和日本等国家的社会、经济、文化的特征后得出"一反常识的结论"。通常认为以美国为代表的西方国家是典型的个人主义，而以中国为代表的亚洲则倾向集体主义。而福山指出，美国对社团类组织文化的向往和依赖高度体现了集体主义的文化倾向，而亚洲社会的集体导向则主要面向以家庭为核心的血缘或者地

[①] ［英］麦克法兰：《现代世界的诞生》，刘北成译，上海人民出版社2013年版，第7—8页。

[②] Talhelm T., Zhang X., Oishi S., et al., "Large-scale Psychological Differences within China Explained by Rice Versus Wheat Agriculture" *Science*, 2014, Vol. 344, No. 6184.

缘关系，一旦离开家庭的小圈子则表现出高度的个人主义倾向；第四种观点在国内较为具有代表性，这类观点认为集体主义并不是变动不居的，时代的发展赋予集体主义不同的内涵。并且在不同的文化理解中，集体主义同样存在不同的表现形式，但总的来说，强调从整体出发处理个人和集体之间的相互关系是中华文明的优良传统。

学界对"中国是集体主义的吗"的不同认识体现了不同角度和立场对集体主义的不同理解，或将集体主义看作一种伦理道德规范，或将集体主义视为文化传统，或是基于社会资本探讨集体主义与社会、经济、文化发展的相互关系。但就思维方式来看，中国文化传统中呈现了典型的集体主义的思维偏好，或者说是整体思维方式。总之，中国文化传统中的集体主义就其作为一种思维方式来说，与西方原子式的分析思维不同，而是强调从集体和整体的角度有机地认识和理解自然世界、人类社会之间的相互关系。此外，中国文化传统中的集体主义是一个宏大而又复杂的论题，学界已经积累了不少的理论和观点。本书之所以将集体主义作为中华儿女认识世界、改造世界的独特思维方式，根源于思维方式作为一个民族文化的核心，不仅是一个民族长期认识世界、改造世界的实践活动的结果，更是实现民族文化传承和发展的根本和关键。教育，从根本上是植根于本民族的优良文化传统的，要将本民族独特的认识世界、改造世界的思维方式传授给学生，进而实现民族文化的传承和发展。

中国传统哲学善于从整体的视角认识和建构人与自然、人与社会以及人类自我关系的认识，而非西方哲学思维重视对构成事物基本元素和结构的分析和认识。中国古代先哲和仁人志士在致力于探索天人之间的关系和古今历史演变的规律中创造了诸如天人合一、大同思想、和谐理念等一系列具有中国特色的哲学思想，构成了中华文明的文化基因和价值内核，充分体现了中华儿女认识世界的独特思维方式。天人合一、大同思想、和谐理念作为中国传统文化中具有代表性的哲学思想，充分体现中华文明在认识和处理人与自然、人与社会、人与人相互关系中的集体主义认识方式和整体思维倾向。

在对自然界和宇宙的认识上，中国传统哲学主张"天人合一"的整体宇宙观，将自然与人类视为一个整体，以两者"合一"作为认识的起点和归宿分析人与自然的关系，探索"天际人世"的规律。"天人合一"的观点萌芽于西周的天命论，孟子继承了这种思想，认为天是具有道德属性的实体，是人们道德观念的本原。天赋予人以善的本性，所以存心、养性即是事天。《孟子·尽心上》有论述"尽其心者，知其性也；知其性，则知天矣"。认为扩充了人的本心，就可以认识人的本性，也就认识了"天"，从而达到"上下与天地同流"；庄子的观点与孟子不同，庄子主张"无为"，反对人为的典章制度、道德规范。他提倡一种天人不分、主客冥合的精神境界。《庄子·齐物论》指出："天地与我并生，而万物与我为一。"董仲舒则进一步发展了西周和孟子的天人关系说，他在《春秋繁露》中发扬了"春秋大一统"之旨，阐述了以阴阳五行、天人感应为核心的哲学理论。提出天人相类，人附天数之说，认为天所有者，人亦有之，人所有者，天亦有之："以类合之，天人一也"。"天人合一"作为我国经典的天人关系说，与传统中国人重视感性经验，强调从具象和现实出发认识世界的思维方式深相契合，追求"天人"整体的、混沌的合二为一，而非二元对立，在后世的阐释、传承和发展过程中逐渐成为中国传统哲学的主导思想。

"天人合一"主要涉及中国思想家对自然界以及人与自然关系的认识与探索，而大同思想则主要是对人与社会、人与人相互关系的认识。"天下大同"源自孔子的社会理想，《礼记·礼运》大同篇对"天下大同"的社会愿景进行了较为系统的描述："大道之行也，天下为公，选贤与能，讲信修睦，故人不独亲其亲，不独子其子，使老有所终，壮有所用，幼有所长，矜寡孤独废疾者皆有所养；男有分，女有归，货恶其弃于地也，不必藏于己，力恶其不出于身也，不必为己，是故谋闭而不兴，盗窃乱贼而不作，故外户而不闭，是谓大同。""天下为家""天下为公"的"大同"构建了中国古代社会的基本思想底框，描绘了一幅原始共产主义社会的基本图景，不管在理论还是实践上，我国古代涌现了诸多对"大同"社会的向往。如战国时代许行对"并耕而食"的农耕生活的描述，道家对"小国寡民"的理想社会的向往，明代何心隐的聚合堂实践，章太炎《五无论》和康有为的《大同书》对大同社会的描述，等等。大同思想作为古代哲人对理想社会的一种总体的描述和概括，追求构建人与人、人与社会"大同"的人类社会，充分体现了中国古代哲人在人与社会、人与人之间相互关系认识上的集体主义思维倾向。

和谐，是中国传统哲学思想的一个重要范畴。探索和构建平衡、有序、稳定、统一、融洽、安泰的人与人、人与社会、人与自然的和谐美好的关系是中国历代仁人志士为之追求和奋斗的理想目标。在中国古代思想中，阴阳平衡、五行相克是对人世和社会的理想状态的描述。吴霏博士在其学位论文中通过对传统思想中"和谐"进行多维视角的考察后发现，"和谐"是多元素相辅相成、互依互补、彼此调和所形成的一个有序、平衡、稳定、融洽、统一的存在，是多元化存在之最佳状态的呈现，同时，它既是一种价值观，又是一种方法论，反映了中国古代先贤哲人认知事物与处理事物的价值取向与思维方式。和谐思想体现了中国传统哲学在认识人与人、人与社会、人与自然关系中系统的、有机的思维倾向。这种思维倾向首先将任何自然看作一个有机的整体，继而在这种整体的框架中，道、气、太极、理是对整体或全体的抽象概括，阴阳、五行、八卦等则是这一整体的基本构成要素，在整体的框架下，要素与要素之间、要素与整体之间是有机和谐的，"牵一发而动全身"。

二 中国集体主义思维方式的文化溯源

就其作为一种处理人与自然、人与社会和人与人的原则及其认识和思维方式来看，集体主义主要强调从集体和整体出发，重视集体与个体、整体与个体的有机统一。而这种思维方式产生的根源可以从中华文化中另一独特的文明符号——汉字中探寻集体主义思维方式的文化根源。文字作为人类独有的语言符号，是人类文明发展的重要产物，是一个民族文化独特性的重要表征。汉字是世界上唯一还在使用的，以象形字为基础的人类文字。尽管随着中华文明的发展，汉字的字形、字体不断变化，增加了会意、指事、形声、转注、假借等其他造字方法，拓展了汉字的造字基础，但其内在系统基本保持稳定，仍是基于原有的象形字上，以象形字作基础，拼合、减省或增删象征性符号而成。汉字既是几千年来中华儿女认识世界、改造世界实践中集体智慧的结晶，构成中华文明认识世界的文字符号表征的同时也内含中华民族认识世界的独特思维方式。正如现代语言学家和思想家们经常讨论的那样"语言文字建构了人们意识中的世界，在语言文字中可以呈现一个民族深层的思维和意识结构……早期文明时代的文字符号表明，古代中国人不习惯于抽象而习惯于具象，中国绵延几千年的、以象形为基础的汉字更强化和巩固这种思维的特征"[①]。

汉字缘何成为中国集体主义思维方式的文化根源？根源于汉字作为一种以象形字为基础的人类语言文字系统，体现了一种原始的、混沌的整体思维和集体主义取向的文化价值体系。汉字作为一种以象形字为基础的人类文字系统，对世界的认知及其表征，包括对自然世界和人类社会的认识，是从具体的、形象的认知对象开始，充分体现了中国古人认识世界过程中偏好"具象"的思维方

---

① 葛兆光：《中国思想史·第一卷》，复旦大学出版社1998年版，第114—115页。

式。与西方表音文字强调"抽象"思维方式，重视概念分析和逻辑的演绎推理不同，象形的汉字则是以具象的、感性的感觉为基础进行的认知加工和表征。往往倾向于从整体的角度把握认知对象和事物之间的相互关系，因为具象和直观感觉是不可拆分的，只能从整体上把握和感受。而西方的表音文字则习惯于抽象地分析，对事物之间的相互关系进行概念的分析和逻辑演绎。不同的文字塑造了不同的哲学思维方式，如古典西方哲学强调抽象的理性演绎以及严密的逻辑推理，而中国传统哲学思想及其思维方式始终没有脱离事实世界的具体形象。换言之，象形字中所蕴含的具象的表征和思维方式形成和塑造了集体主义思维方式的核心——整体思维，从整体上把握事物之间的相互关系，而不是原子式的分析和概念、逻辑的演绎。这一点还可以从两种文字系统所产生的不同句法表达习惯和文学审美来进一步呈现。与西方字母文字重视理性化、表述充分、句式规范、结构完整的句法表达不同，汉语句法重视直观和意合的表达，从整体上把握句子的内涵和思想，相对不重视诸如主语、谓语、动词等严格语法规则。如元代戏曲作家马致远的《天净沙·秋思》："枯藤老树昏鸦，小桥流水人家，古道西风瘦马。夕阳西下，断肠人在天涯。"整篇都是名词和形容词的堆砌，用一个个具体的事物和意象整体性地构造了一幅美丽又惆怅的秋郊夕照图，实现了借景抒情、寓情于景、寓情于物、情景交融的审美风格和文学表达。如果像西方语言文字那样重视事物之间的逻辑、因果关系分析、语法规则和表达习惯评价《天净沙·秋思》，这篇伟大的作品将毫无文学价值和审美意趣。

总的来说，以象形字为基础的汉字是中华儿女认识世界、改造世界过程中共有的认知表征和思维方式。同时这种独特的思维方式通过语言这一重要的认识载体，进一步影响了中华文明发展的方方面面。而这一独特的认知和语言文字表征系统不仅是中华民族独特的文化成果，更能从根本上彰显中华文明认识世界、改造世界的独特思维方式——具象的、整体的认识思维方式。"语言是人类最原始的思维方式,选择了一种语言,就是选择一种思维方式。这并不是说语言决定思维,而是人类对自然和生活的认识及其经验决定表达工具,语言反过来制约思维,语言和思维是相互决定的。"[①] 以汉字为起点,开启每一个中华儿女认识世界、改造世界的人生实践。

三 相观而善:中国传统学习理论中的集体思维意蕴

《学记》作为中国同时也是世界教育史上第一部专门系统论述教育、教学、学习问题的专著,不仅是我国教育文化的经典代表,其所提出的一系列教育教学的理论、原则和规律也直接影响了我国数千年的教育教学文化实践。《学记》在论述教学"一兴一废"成败归因中言简意赅地提炼出教学的四个基本原则:"豫、时、孙、摩"。"禁于未发之谓豫,当其可之谓时,不陵节而施之谓孙,相观而善之谓摩。此四者,教之所由兴也。发然后禁,则扞格而不胜;时过然后学,则勤苦而难成;杂施而不孙,则坏乱而不修;独学而无友,则孤陋而寡闻;燕朋逆其师;燕辟废其学。此六者,教之所由废也"。"相观而善"作为教学的重要原则,其中隐含了丰富的集体思维意蕴。

"相观而善之谓摩"的教学和学习思想源远流长,我国古代许多思想家和教育家都高度重视这一思想和原则。具体可以从三个层次阐释:第一,"观",以他人为镜,相互观摩,"反观自己难全是,细论人家未尽非"。孔子高度重视"交友"在个体发展和学习进步中的作用。《论语》将"有朋自远方来,不亦乐乎?"作为开篇的重要论述,足以见得孔子对朋友在学习与发展中的重要作用的关注。朋友如何促进学习进步和自我发展呢?《论语》有曰:"见贤思齐焉,见不贤而内自省也。""三人行,必有我师焉,择其善者

[①] 成中英:《中国语言与中国传统哲学思维方式》,《哲学动态》1988年第10期。

而从之，其不善者而改之。"总之，朋友与他人既是个体外在学习模仿的重要来源，同时也构成了个体行为自查、自省的一面镜子，"乐取于人以为善"。朋友和他人日常言语和行为中的善恶是非同时也是自我行为和发展的一面重要的"镜子"，人们获取的知识中很大一部分，并非亲身经历或体验得来的，而是通过观察、评判他人的行为、性格和品质而实现知识的内化和理解。并且受制于自我中心的局限性，个体很难发现自身的缺点和不足之处，只有在相互观摩过程中，"以人为镜，可以知得失"。

第二，"摩"，在交往、对话和相互切磋、辩义中取长补短，不断取得进步。人不仅可以从观察和模仿他人行为过程中进行知识的学习并实现自我发展，更为重要的是在与他人的切磋交流、对话交往中不断打磨自己的观点，通过差异互补、取长补短，实现思想的碰撞、灵感的激发。"相互切磋"出自《诗经·国风》"有匪君子，如切如磋，如琢如磨"。认为君子的学问切磋更精湛，品德琢磨更良善。"相观而善之谓摩"高度重视师生、同伴之间相互学习，取长补短。重视发挥集体的作用，否则"独学而无友，则孤陋而寡闻"。仅凭一个人闷头读书学习，必定闻少而识窄。而通过这种朋友间的切磋、辩义等集体思维的方式提高个人的学识水平在古代文化传统中有着丰富的论述。北宋思想家、教育家张载在《经学理窟·学大原下》中指出"学不讲者无他术，惟是与朋友讲治"，"更须得朋友之助，一日间朋友论著，一日间意思差别，须日日如此讲论，久则自觉也"。

第三，"群"，"观"和"摩"是"相观而善之谓摩"直接表达的观点，但人们往往忽视了其成立的前提条件——群。"观"与"摩"内在地隐含了我国文化传统中非常重要的思想——人与动物的本质区别是"有辩、有义、能群"[1]。《荀子·王制》指出："水

---

[1] 潘菽：《中国古代心理学思想》，北京出版社2018年版，第40页。

火有气而无生,草木有生而无知,禽兽有知而无义;人有气、有生、有知,亦且有义,故最为天下贵也。力不若牛,走不若马,而牛马为用,何也?曰:人能群,彼不能群也。人何以能群?曰:分。分何以能行?曰:义。故义以分则和,和则一,一则多力,多力则强,强则胜物……君者,善群也。"总之,"亲师乐友""相观而学"从根本上利用了集体的力量。尽管我国古代文化传统高度重视"修己之学",认为学习从根本上是自主、自觉、自为并且为着自我发展和自我人格修养提升的过程。但同时也并没有忽视"人与己"的相互关系,以及群体和集体力量在学习和自我发展中的作用,同样重视通过榜样的学习、模仿以及在同他人的交往、对话、切磋过程中实现自我发展。

"相观而善"这一教学原则为构建课堂集体思维提供了丰厚的理论源泉。"相观而善"强调师生、生生之间的切磋交流与对话交往,强调主体之间的差异性和互补性。通过"相观",可以在一定程度上弥补学生个体经验的不足和视野的局限,大大丰富学生的经验,使他们看到、听到、想到个体由于视角和经验的局限所无法看到、听到和想到的事实和问题,甚至通过思维的碰撞与激荡,激发灵感,生出思想的火花[1]。尽管"相观而善"仅仅只是《学记》所提炼的一个教学原则,但它所蕴含的思想,从课堂教学师生、生生交往过程、原则和方法,以及个体的社会性本质方面为课堂集体思维提供丰富的理论支撑。总之,中国文化传统中的集体主义和整体思维为课堂教学提供了文化根基、思想源泉和育人内核;汉字,既是课堂教学过程中师生、生生交往的基本工具,掌握汉字中所蕴含的认识和表征世界的基本思维方式同样是课堂教学的重要目标;相观而善作为课堂教学师生、生生集体交互的重要原则和基本方法,三者共同构成了课堂集体思维的文化基础。

---

[1] 谌安荣:《阐释与反思:〈学记〉教学哲学思想研究》,博士学位论文,湖南师范大学,2007年,第113页。

第二节　班级授课制：课堂集体思维的组织基础

　　班级授课制是人类教育史上首次系统提出的教学组织形式及其理论模型，不仅标志着人类学校教育教学现代化、制度化发展初见端倪，同时在其发展过程中逐渐形塑了师生日常教育生活的行为模式及其思维方式，具有丰富的精神内涵。近代以来，班级授课制由于其过于强调整齐划一的课堂教学而受到了教育界的普遍批判，"班"的概念和形式发生了极大的变化，但班级集体依然是当前我国课堂教学的主要组织形式，无论实践怎么变革，几乎都无法跳出学生"集体学习"的基本教学形态。作为教育"历史缺席的主角"，制度化的班级集体的"教"与"学"影响了师生日常学校教育生活的方方面面，教育者在批判班级授课制的局限性的同时往往忽视了以其为组织基础所形成的集体的"教"与"学"所具有的制度化力量和精神性内涵。班级授课制作为当前我国学校主要的教学组织形式，以制度化的形式形塑了师生日常教育教学生活的行为习惯和思维方式，为构建和发展课堂集体思维提供了组织基础。

一　班级授课制的制度化力量与精神性内涵

　　现代学校教育实质上是制度化、系统性的人类教育实践活动，不仅要明确教学目标、确定教学内容，而且必须通过一定的组织形式才能有效展开。任何课堂教学的展开必然会涉及教师、学生、教学内容等一系列教学要素的时间和空间的组织安排。换言之，教师和学生总是按照一定的制度和程序相互交往、相互作用，由此便形成了课堂教学活动的基本组织形式。教学组织形式不仅仅是教学活动人员的组合形式、实践空间安排以及教学程序，作为一种制度化行为范式同时具有丰富的精神内涵。教学组织形式构成了师生日常学校教育活动的行为程序，确定了各个教学要素相互作用的基本路径。通过教学组织形式，可以清晰师生之间的结构性关系。

从学校教育的发展历史来看，教学组织形式发生了两次重大变革：第一次是从古代非制度化的教学组织（个别教学）到近代制度化教学组织（班级授课制）的演变；第二次是从单一的教学组织类型到多样化的教学组织类型的演变[①]。近代以前，由于受教育人数较少，且年龄层次和知识水平相差悬殊，包括中国、埃及和希腊等主要的人类文明古国基本上都采取个别化的教学组织形式。所谓个别教学指教师个别地对学生进行传授与指导的教学组织形式[②]。在这种教学组织形式中，教师虽然也与一群学生接触，但学生不属于固定的班级，在同一时间内，学生所学习的内容、进度不一致，学生入学、毕业等学习的节奏也是不固定的，如我国古代的学校教育中的都讲制。都讲制起源于汉代的太学教育实践，起初"都讲"是作为一种辅助博士讲学的儒生[③]。《后汉书·丁鸿传》记载："鸿年十三，从桓荣受欧阳《尚书》，三年而明章句，善论难，为都讲。"都讲制类似于19世纪英国教师兰卡斯特（Lancaster）的导生制，选择优秀或年长的学生辅助教师进行教学。随着教育教学的不断发展，都讲成为古代集体教学活动——一个教师面对多个学生的重要组织形式，并在实践形式上表现为集体教学与个别化指导相结合的特征。虽然都讲制具备集体教学组织形式的制度萌芽，但由于我国古代教育者仅仅从实践上将其视为一种集体教学经验进行改造，并没有系统从理论上提炼和总结集体教学的一般特征和基本模式，因此没有受到后世的重视，这种集体教学制度只是作为一种"原始"的制度形态存在于我国古代学校教育实践中。

[①] 陈桂生：《教育学视界辨析》，华东师范大学出版社1997年版，第148页。
[②] 裴娣娜：《教学论》，教育科学出版社2007年版，第224页。
[③] 熊明安：《中国古代教学活动简史》，重庆出版社2013年版，第74页。

个别教学虽然可以很大程度上满足因材施教的基本教学原则，但其根本上是一种低效率、小规模的教学组织形式。由于学生间认知水平和学习内容的差异，"同学"之间缺乏一定的共同话语，很难真正做到平等的相互启发和现代意义上的集体思维。随着人类工业革命的发展和新兴资产阶级对于扩大教学规模、提高教学效率、培养更多人才的现实需求，班级授课制应运而生。班级授课制是按照年龄和认知发展水平将学生编制成为固定人数的班级，教师按照统一的教学计划、课程内容和教学时数，根据课程表进行分科教学的组织形式①。班级授课制的核心在于寻求一种能够同时且有效地指导大量学生的教学组织形式。在教育史上，班级授课制最早萌芽于15世纪末德国的部分人文主义学校，这些学校将学生划分为三个阶段的班级，各个班学习不同的书目。夸美纽斯在系统总结以往学校实行班级授课的经验基础上，首次全面系统地论述了班级授课制的理论模型。

　　为什么说班级授课制是学校教育制度化发展的产物？或者说从什么角度看班级授课制是学校教育制度化发展的产物？班级授课制与学校教育制度化发展的关系之于集体思维又存在怎样的联系？为了回答这一系列问题，首先从制度化的内涵及学校制度化的历程来看。制度化概念缘起于社会学研究，学者们认为制度化是个体行动和社会行动之间的中介。个体的行动通过"制度化"的过程得以转化为社会行动②。处于社会不同结构位置的人们通过相互交往而产生社会的规范、思想与结构框架，而人们在社会中的结构与位置又构成社会交互的关键维度。制度化是人类社会发展的重要产物，是人类在社会行动和社会生产、生活实践活动过程中"行为习惯化和相互理解"的重要标志。制度化通过一系列的规则、规范、组织程序使人类的社会组织生产、生活实践活动和行为不断"日常化"和

---

① 裴娣娜：《教学论》，教育科学出版社2007年版，第230—231页。
② 郁建兴：《制度化：内涵、类型学、生成机制与评价》，《学术月刊》2015年第3期。

习惯化，就如人类社会风俗习惯对日常生活的影响一样，我们在生活中不知不觉地遵守的习惯或理性共识，不下决心、不假思索就可自动完成的动作，制度化同样使我们在社会组织内的行为习惯化。制度化对人类社会发展具有重要的意义，通过对人类社会行为的规范，深刻地塑造生活于一定社会制度中的人的行为习惯和思维方式。渠敬东先生通过对我国"单位制"的分析与研究指出，单位制不仅仅是一种"单位"的组织形式，也不能简单地理解为制度主义上的"单位制度"，更突出的是一种体制的精神性内涵：单位制确立了所有社会要素所依赖的路径，国家的行政指令、组织的科层等级、交易的价格规制、资源的封闭控制、成员间的庇护关系乃至人们的生活方式和伦理意识，都由单位制这种主导逻辑来决定①。换言之，制度化不仅仅是一种社会运行的基本机制和社会行为规范体制，它在深层次上也塑造了人们社会行为的思维方式，影响和决定了国家、社会组织及其个人如何建构决策和行动的战略和策略。

表面上看，学校教育制度化是人类社会生产、生活实践活动标准化、结构化、系统化在教育教学领域的体现，其实质是人类教学行为和经验从习惯化到制度化的自觉与提升，根源于扩大教育规模、提高教学效率、提升教学可操作化的现实需求。长久以来，当代教育理论界几乎异口同声地批判制度化教育及其"包得过多""管得过严""统得过死"的积弊。陈桂生先生反复强调要审慎对待教育制度化，多次呼吁教育者深入探讨制度化教育问题②。客观地说，制度化是人类社会发展的必然阶段，是学校教育现代化发展的必然结果。制度化本身并不存在优劣好坏的判断，问题在于其作为学校教育发展的历史阶段或者理论工具，教育者如何去理解和使用这个工具。在古代教学实践中，尽管也存在一个教师面临多个学

---

① 渠敬东：《项目制：一种新的国家治理体制》，《中国社会科学》2012 年第 5 期。
② 陈桂生：《再论"制度化教育"——兼答康永久君》，《当代教育论坛》2002 年第 4 期。

生的"集体教学"实践形态,如中国汉代太学由于学生过多,曾出现大班上课的尝试,甚至存在"至一师能教千万人,必由高足弟子传授"的集体教学形式,但其本身是一种非制度化的,教师承担过多的重复劳动,妨碍教师工作的改进[①]。同样地,班级授课作为现代学校教育制度化的重要标志,其产生与发展不仅仅起源于扩大教学规模、提高教学效率的现实需求,更来源于人类在长期的教育历史实践中对教学规范化、标准化的内在诉求,其实质为教学专业化提供了简明性、可操作性的形式结构。

夸美纽斯在《大教学论·教学法解析》第十九章"教学的简明性与迅速性原则"中尝试探讨教学的"技艺",不仅从理论上为"一个教师同时教几百个学生是可能也是必要的"班级授课制提供系统的学理支持,并且针对教学人员组织方式、教学时间和进程安排、学科教材和内容的选择等一系列问题提出系统化、简明性和可操作性的原则。夸美纽斯围绕班级授课制的探讨系统集中地体现了他"寻求一种教学的方法,使教员可以少教,学生可以多学,学校因此可以少些喧嚣、厌恶和无益的劳苦,多些闲暇、快乐和坚实的进步"。围绕着班级授课这一教学法的"支点"撬起了繁重的教学工作。他在系统阐述班级授课的一系列原理和原则体系时指出:"每个人都知道,工程师毫不费力地用比较小的机械举起巨大的重量,而一盎司的砝码只要放在离杠杆的支点较远的地方就能与很多磅的重物保持平衡。所以,我们看到,重大的进步往往只是技巧问题,而不是力量问题。那么,难道有学问的人是唯一不知道怎样运用技巧做事的人吗?无疑羞愧之心将迫使我们仿效其他专业的创造精神,找出学校在此以前与之奋斗的困难的补救办法。"[②] 班级授课制尽管受到了教育界广泛的批判,但就其存在的优势——规模与效

[①] 陈桂生:《教育学视界辨析》,华东师范大学出版社1997年版,第149页。

[②] [捷克] 夸美纽斯:《大教学论·教学法解析》,任钟印译,人民教育出版社2006年版,第148页。

率至今还不能完全抛弃。尤其是班级授课制作为当前我国学校教育的主要组织形式，以制度化的形式不断地形塑着师生日常教育生活的行为习惯和思维模式，通过制度化的精神性内涵实现班级授课制作为组织形式所具有的教育价值。

二 班级集体的两种形式及其结构二重性

以班级授课制为基本组织形式的师生集体"教"与"学"构成了我国学校教育的基本样态。集体既是课堂教学的主体，又是教育的对象和中介——课堂教学面向的是班级全体学生，是以班级集体为中介施加教育影响，在师生、生生集体的交往互动中促进个体的全面发展。因而，课堂教学过程中始终存在两种不同层面的集体内涵："形式"层面的班级集体与"实质"层面的课堂集体。前者主要涉及组织管理意义上的班级集体建设，具有师生日常教学的生活集体意蕴；后者则主要围绕课堂教学的展开和发展过程，具有学科教学意义上学习集体的意蕴。两种形式或者说两个层面上的集体并非截然对立，而是在相互作用过程中共同构成了师生集体交互的基本教学样态。

（一）集体概念的视域厘定

我国有着悠久的"集体"文化观念及其教育传统。集体教育是马克思主义教育思想的重要内容。马克思指出："只有在集体中，个人才能获得全面发展其才能的手段，也就是说，只有在集体中才能有个人自由。"[1] 作为学校教育中最基本的组织单元，集体构成了我国学校教育实践的重要内容。在以班级授课制为基本组织形式的现代学校中，教师的大部分时间和大多数情况是面对着学生集体实施教育教学活动。在集体中并通过集体培养和发展学生的集体主义一直以来是我国学校教育的一个重要原则，以此为基础形成了一系

---

[1] 《马克思恩格斯选集》第一卷，人民出版社1972年版，第82页。

列有关集体教育原则、内容、方法和过程等教育理论及其实践模式，构成了中国教育的"独特风景线"。然而，21世纪以来，我国基础教育课程教学改革越来越重视学生的主体性、自主性，强调学生个性张扬和个性发展，构建以学生和学习为中心的课堂教学等教育教学理念不断解构着日渐式微的集体。过去半个多世纪以来，尤其是近二十年来，伴随着社会和科学技术的不断发展，人类社会的文化和民众的心理发生了极大的变化，其基本趋势是个人主义日益流行，传统集体主义则相对式微[①]。尤其是在经济社会快速发展的今天，无论从哪个方向看，人们都已经不再期待普通、常规化的日常生活，而是追求个性化、独一无二和独异于人的现实生活。个体逐渐从传统观念以及家庭、社区、单位等团体中脱嵌出来，追求个人幸福与个体的自我实现无疑已经成为人们尤其是当代青年一代的人生目标，强调个人权利和自由以及自主、个性化的选择已经构成其理想生活的重要内容。

个体化社会的发展对学校教育的冲击首先表现为人们开始重新思考集体与个体之间的关系。在学校教育中，集体不仅代表着权威、纪律、秩序与各种规章制度，同时，集体还意味着统一标准与集体共性化的发展目标。在新时代背景下，回到教育的理论原点，重新思考"集体"存在的教育性、合法性与可能性问题就显得迫切和必要。如教育或者课堂教学范畴内的集体到底意味着什么？班级集体建设与学生发展之间的相互关系？集体是教育目的还是教育手段等一系列问题是我们重新认识和理解"集体"的教育价值和意义的关键。

当然，讨论集体的教育价值和意义首先要阐明基本的事实性前提和价值性立场。所谓基本事实前提是指，"集体"在我国学校教育中是一种事实性存在，并构成了学校教育实践和课堂教学的基本

---

① 黄梓航等：《个人主义上升，集体主义式微？——全球文化变迁与民众心理变化》，《心理科学进展》2018年第11期。

结构性矛盾——课堂教学是由权威的教师和相似而又不同的学生组成的学习集体，课堂教学既要面向全体（集体）学生，又要具体地落脚于每一个学生的个性化发展。集体的这一基本事实是我们讨论集体的教育价值和意义的根本前提。而所谓的价值性立场是指，集体、集体主义是我国优良的文化传统，传承和发展这一文化，坚持和贯彻集体教育原则，是新时代我国学校教育和课堂教学深化改革和转型发展的必然选择。因而，如何在集体的课堂教学过程中促进学生主体发展和个性化，寻找集体与个体的有机统一，而不仅仅将集体视为个体发展的手段或中介，是本书对集体概念的一个基本厘定亦即尝试探讨的主要问题。

（二）课堂集体的结构二重性

结构二重性是当代著名社会学家吉登斯结构化理论中的重要概念。他在《社会的构成：结构化理论大纲》一书中系统探讨了"社会结构与个人能动性之间的张力问题"，旗帜鲜明地反对简单地将个体与社会、主观与客观二元对立的思想，他既批判了结构功能主义和结构主义的"决定论"——解释和探讨"社会结构如何决定主体的行动"，也批判了解释社会学和现象社会学强调主体的能动性——探讨"人的行动如何构成社会"。吉登斯在理论综合的思路中提出二重性的结构化理论："我们必须从概念上把这种二元论重新构建为某种二重性，即结构的二重性，这一假设正是结构化理论的基础。"[1] 在结构二重性理论中，吉登斯将视野聚焦在日常生活中的个体经验如何在社会实践过程中逐渐建构为"知识"："主体的行动是怎样在日常生活中被结构化的，与此同时，行动的这种结构化特征又是怎样由行动者本身的作用被再生产出来的。"[2] 所谓结

---

[1] ［美］吉登斯：《社会的构成：结构化理论大纲》，李康等译，生活·读书·新知三联书店1998年版，第40页。

[2] 周怡：《社会结构：由"形构"到"解构"——结构功能主义、结构主义和后结构主义理论之走向》，《社会学研究》2000年第3期。

构二重性是指，对于任何社会实践活动来说，结构既是其社会系统的媒介，又是它不断产生的结果。一言以蔽之，在社会的结构化过程中，人具有主观能动性但同时受客观社会存在制约，人在受制约中创造了制约人的世界。

课堂教学实质上是师生、生生集体的认知实践和社会交往活动，集体构成了课堂教学实践活动的组织和结构性基础，为师生、生生主体参与课堂教学活动和认知实践发展提供了"虚拟秩序"。反过来，课堂教学过程的集体性结构又表现为一定的规则、秩序和资源，规约并形塑着课堂教学过程中师生、生生的交互作用。如班级集体的目标、共同愿景、凝聚力为师生、生生发展提供了重要资源和动力，课堂集体秩序、集体间和集体内的竞争与协同构成了师生、生生认知实践和社会交往的重要规范。从这个层面上看，课堂集体的结构规则主要有两方面的特性：一是构成性；二是管制性。所谓构成性规则是指一般化的程序，它是为一系列情境和场合下的行动提供了一套方法并加以运用的程序。这种程序本质上都是方法性的，只适用于一般化的情景。管制性体现在实践活动中，它对行动者的活动进行控制和制约。行动者对规则的自觉遵从来自实践意识[1]。实践意识也是吉登斯结构二重性理论的重要概念，构成其结构化理论核心观点的重要内容：在社会生活和社会行动中，人毫无疑问需要一定的安全感和信任感，而这种安全感和信任感往往来自人们习以为常的惯例。惯例是在人的社会实践中形成的，并通过实践的不断重复在人的意识中生发一种引导个体行为举止的实践意识。实践意识不需要言说、不需要意识形态话语的宣扬，就能够对个体的行动进行调控。个人受着实践意识潜移默化的影响，并且能够反思和监管自己的行为，久而久之使自己和他人之间达成默认的共识，使个体在社会中定位以及社会规范和制度在个人心目中生根

---

[1] 王鉴等：《结构化理论视角下的课堂教学变革研究》，《山西大学学报》（哲学社会科学版）2019年第3期。

成为可能①。集体的精神性内涵就是通过师生日常教育生活实践中的反复，促发一种指导主体行为举止的实践意识，这种实践意识实质上就是一种行动的自觉意识——集体所赖以存在的行为规范和秩序在师生日常生活中，通过反复的实践逐渐被纳入或者说内化为师生主体不知不觉地遵守的行为习惯或者例行公事，就像腑脏在人体内一样，不需师生主体下决心、不假思索就可以自动完成成千上万个动作。

总之，集体是当前我国课堂教学过程的结构二重性的现实存在，既是课堂教学活动的主体，又是课堂教学实践的中介与对象；既为课堂教学实践活动提供组织和运行的结构性基础，同时又规范和约束着师生的社会交往和发展。集体作为课堂教学的基本事实性存在，构成了课堂教学活动的基本要素，我们不能简单将其视为学生发展的外部力量和环境性因素，要正确认识集体存在的价值内涵，探讨其在课堂教学发展和基本运行机制中的地位和作用。

（三）课堂集体中的认知发展和社会性交往

课堂教学既是学生个体主观的认知发展过程，又是师生、生生集体的社会性实践。个体认知心理发展和集体社会性人际交往构成了课堂教学一体两面的存在。课堂教学既要促进学生个体的认知和心理——主要包括智力和思维的发展，而这一发展是学生个体个性化的核心和基础，又要促进学生的社会性发展，即个体社会化。当然，课堂教学中学生个体的认知心理发展和社会性发展并非截然对立或者相互分离的两个过程，而是相互联系、统一于课堂教学的师生、生生集体性社会认知交往和发展过程。学生个体的认知心理的发展和成熟构成了学生发展的前提基础与核心，社会性发展是学生作为"完整的人""大写的人"的重要属性，是学生存在和发展的

---

① ［美］吉登斯：《社会的构成：结构化理论大纲》，李康等译，生活·读书·新知三联书店1998年版，第8页。

根本，两者统一于课堂教学的个体成人与生命完整的发展过程①。课堂教学作为育人的主渠道，其功能的实现紧紧围绕着学生个体个性化与个体社会化这两个概念展开。然而，关于课堂教学功能的实现主要是回答"课堂教学应该做什么"，或者说课堂教学应该"实现什么样的学生发展"。而课堂教学到底可以实现怎样的学生发展，还要回归课堂教学的事实问题②。课堂教学的事实问题构成其功能实现的前提和基础。

课堂教学是特殊的认知实践发展过程，其根本的特殊性来自其"能够确定其自身且区别于其他活动"的本质属性，即课堂教学实质上是师生、生生集体性的认知实践发展过程。课堂教学过程既是学生主体的主观心理过程，又是师生、生生集体的人际交往过程。片冈德雄在《班级社会学》一书中将课堂教学这一过程描述为"主体化过程"和"集体化过程"。他指出：教学过程既是一种主观心理过程，同时又是一种人际关系的交互过程③。学生的认知心理发展尽管从根本上说落脚于学生个体的发展，但现实地看，没有任何发展是"与世隔绝"的。长久以来，教育界对课堂教学中的学生发展多是基于一般的认知心理过程理论，忽视课堂教学的集体和社会性环境，鲜少系统探讨"他者"的存在之于学生发展的意义和价值。或是单纯从德育角度探讨学生社会性发展，尽管凸显了课堂教学的集体性和社会性，却不免将学生的认知心理发展与社会性发展相分离。课堂教学即是学生个体的主观心理认知发展过程，但同时离不开教师的指导和同伴的支持——课堂教学中师生、生生集体间的相互关系和交互作用同样构成了学生发展的重要内容，课堂教学既是学生主体化的发展过程，同时也是集体化的发展，两者作为

---

① 刘铁芳等：《以教学打开生命——走向生命论的教学哲学》，《教育研究》2019年第4期。

② 陈桂生：《对学校教育中学生"个性"与"社会化"问题的再思考》，《北京大学教育评论》2016年第1期。

③ ［日］片冈德雄：《班级社会学》，贺晓星译，北京大学出版社1993年版，第55页。

学生发展的两个方面统一于课堂教学过程中。

课堂教学中学生认知发展绝非独立自主的。由于受个体有限理性、不完全信息，以及认知视角、立场和认知能力等影响，学生个体不可能获得或者说拥有、穷尽课堂教学环境中关于某一事物的全部知识。这种情况在一些开放性的问题中表现得淋漓尽致，如老师让学生描绘四季的天气，有同学用不同颜色呈现四季的景象，有同学用同一时节不同地区的气候状况描述四季的天气，有的同学用雷电、风、雨、雪、霜、雾、晴等具体的天气阐释四季，等等；很多时候学生可能掌握了一两种方法甚至多种方法，但少有学生可以一次穷尽所有方法。不同学生的认知不仅构成了丰富多彩的课堂集体学习景象，同时还可以激荡思想、碰撞火花，在相互启发、差异互补中推动个体认知的不断发展。课堂中学生的学习可以说是基于有限理性的认知发展过程，主要表现在以下几个方面：第一，学生的认识发展水平和认知能力的有限性，学生的认知始终处于"发展"和"未成熟"的状态，是从"未知"到"已知"再到"未知"的不断发展过程，毫无疑问需要教师的引导；第二，学生个体的认知往往是局部的、不全面的，需要师生同伴不同立场和视角认识的补充与激荡；第三，就作为学习内容的知识来看，知识是人类集体智慧的结果，并非仅仅是某个科学家的个人贡献，就遵循知识怎么得来就怎么"教"的原则来看，学生对知识的理解与认知发展必然经历集体的社会性交互过程。

三　作为生活方式的班级集体

将集体视为学生发展的手段或者中介，其根本是一种二元论的思维方式。将集体工具化，确立个体绝对主体与"中心"的位置，将个体与周遭"异己"的存在物分离甚至对立起来，进而造成个体与集体以及与集体中的他者的对立与紧张的关系。这种二元对立和工具化的思维方式打破了个体与他者在集体生活中的平衡，其实质是"个体中心主义"——以个体视角将周围世界客体化和工具化,忽视集体视角下每一个个体都是平等的且存在相互构成性关系。作为生活方式的班级集体,强调集体不仅仅是学生发展的手段或者中介,集体也不是抽象的、概念性的存在,而是一个可以被感知和体验的存在,是一切实践活动可以展开的基础。学校教育的现实生活,或者说日常生活是一个不断与他人交往、对话和打交道的世界。学生的个体及其主体性不是孤零零的存在,教师和同伴都是学生个体发展的"有意义的他者"。学生的发展不可能独立于"他者"的相互关系,学生的学习是通过自己与他人的交互作用实现意义的生成、理解与内化。生活方式在这里并非一个严格的学术概念,主要是对班级集体存在方式的"通俗化"表达。正如杜威对"作为生活方式的民主"的阐释一样,在杜威看来,作为生活方式的民主是杜威对理想民主社会的最高表达。他认为,民主的核心与最终保证在于:邻居们具有在街头巷尾谈论当天那些未经审查的新闻的自由和智识,以及亲朋好友可以聚于一堂,彼此自由地交谈。简言之,民主体现在人们不经意地流露出来的行为习惯中,并渗透在日常生活中[①]。这样的民主真正成为一种生活方式,才是真正的民主社会的实现。

  集体是一种生活方式,不是对学生体验或者过"怎样的教育教学生活"进行应当的价值判断,而是对教育生活的一种实然描述。集体本身就是师生的一种教与学的生活方式、存在方式,无论是在理论还是实践上,集体都构成了学生发展的本真样态。人的本质是一切社会关系的总和,人的发展不可能脱离集体而存在。教学是一种社会活动,可以视为一种特殊的社会生活,其根本上是师生、生生的一种集体的社会生活。集体并非外在于学生个体的存在,集体是师生、生生共在交往,并在日常教与学的生活中相互交织、互为

[①] 郑国玉:《杜威:作为生活方式的民主》,博士学位论文,复旦大学,2010年,第42页。

依赖、不断生成的一个关系世界。学生个体是某一集体生活中的个体，而集体则始终是以个体的存在和发展为前提和指向的集体。陶行知先生是我国现代集体教育研究和实验的先驱，他在生活教育思想中创造性地提出了一系列关于集体教育的理论和观点："集体生活是全盘教育的基础""以集体生活之不断地自新创造的过程来教育儿童""用集体生活培养个人的集体精神"。

　　作为生活方式的班级集体实质是向教学生活世界的现实回归。向现实生活世界回归是马克思主义哲学变革的逻辑主线，深刻体现了马克思主义对"现实的人""具体的人"和"真实集体"的实践观照。马克思批判传统形而上哲学对人和社会生活的研究往往脱离现实生活方式，倾向于从抽象的"主体"或"人的本质"出发，忽视从生活方式这一维度理解现实社会和具体历史进程中个体的发展。在马克思看来，只有在生活集体的意义上，现实的个人、具体的个人才能真正实现其存在的价值。马克思强烈批判统治阶级利用共同利益的名义不断剥削、压迫其他成员利益的"虚假集体"，提出了符合"现实个人"自由、全面发展需求的"真实集体"——自由人联合体。着眼于生活方式的根本变革，马克思断言集体必然是生活本身，"只有在集体中，个人才能获得全面发展其才能的手段，也就是说，只有在集体中才可能有个人自由。"[①] 教学是一种生活，是一种师生、生生集体对话、交往和共同发展的生活。班级集体不是一个简单而空泛的词汇，也不是一个抽象的概念，而是鲜活地存在于学校教育生活之中，构成师生、生生教学生活世界的现实基础。师生日常生活世界是一个主体间的世界，尽管每一个个体都是独立的，但同时也是一个"我"与"他人"共享的世界。如果缺少与他人的互动、沟通和交往，个体根本无法存在于日常生活中。随着我国课堂教学的不断深化发展，集体存在的样式越来越丰

[①] 《马克思恩格斯选集》第一卷，人民出版社1972年版，第82页。

富,如存在教学班与行政班的差别,但不管怎么样,学生总是归属于这样或那样的集体。集体作为师生日常生活的一种现实存在,"它简单地存在着,并不需要额外的证明。它就在那儿,不证自明,是一种不可抗拒的事实,我知道它是真实的。"[①] 集体作为一种生活方式,深刻地影响和塑造着师生的思维方式和行为习惯,并不断地生成新的"现实"融入师生日常生活中。

作为生活方式的班级集体,不仅是对不同形式的集体的整合与统一,也是对集体与个体二元对立思维方式的超越,更是对于课堂教学中现实的人、具体的人的"日常生活"的关注和回归。从生活方式去认识和理解班级集体,强调课堂教学是以"现实的人"和"具体的人"为存在的主体社会实践活动。班级集体作为课堂教学的主要组织形式,是师生学校生活的基础,构成师生日常教育生活的基本行为结构,具有丰厚的教育价值和精神内涵。首先,"班级"不仅是教育学意义上的教学组织——"集体教学和集体学习",也是社会学意义上教学总体性的结构关系——"班级集体",同时也是管理学意义上的"组织集体"。不仅是学校教育管理的基本单位,也是开展教学活动的重要组织平台。这一点,为班集体的教育性内涵提供了组织和管理的基础;其次,班级集体往往是以学生年龄、发展水平和能力等为标准所构建的同质化群体。尽管同质化的集体学习遭到了不少理论和实践的批判,但不可否认的是这种同质群体为学生成长提供了具有重要教育意义的课堂环境。此外,同质的班级集体在学生个性和能力上又是异质的,这种异质性又为学生在学科学习和班级生活中实现同伴间相互补充、相互激励、互帮互助的集体合作提供了可能。最后,班级集体的组织架构构成学生日常生活秩序的同时,以师生关系和同伴关系的社会性发展为基点,确立了学生社会化所依赖的基本路径,以至于学生对其他社会成员的关

---

① [美]彼得·L.伯格等:《现实的社会建构》,吴肃然译,北京大学出版社2019年版,第32页。

系、校外生活方式、伦理意识和社会道德规范意识等都受班级授课制的"班级"组织的主导逻辑影响。

总之，班级授课制作为人为制造的制度"工具"，它的产生正如马克思对于"商品"的本质透视：人类生产的商品，不仅仅是一个东西，同时凝结着关系。同样，班级授课制作为一种"产品"，它的产生凝结并塑造着师生课堂活动的基本关系及其行为规范和结构。但是，我们对班级授课制的认识和理解不能仅仅停留在"是什么"的本体论描述上。更深的一层理解则是，课堂教学作为育人的实践活动，促进学生发展是其核心任务与目的。那么，班级授课制作为师生课堂交互活动的制度性的组织形式，是学生发展的重要"工具"。这个"工具"在学生发展（主要指思维的发展）过程中发挥怎样的作用，是如何促进学生发展的呢？在传统哲学研究中，人们常常将使用工具的能力作为划分人与动物的重要区别，并在本体论上将工具视为人类器官及其能力的延伸。如显微镜能够帮助人们看到微观世界，飞机、高铁等可以突破空间的区隔，电话等通信工具可以超越空间与时间构建人与人之间的联系等。然而，工具对于人的发展，工具与心灵之间的关系，传统哲学鲜有谈及。新近的认知神经科学和人类学研究发现，工具开发与人的大脑发展是同步发生的，工具是心灵组织的原则。使用工具并非简单的人类大脑进化的结果，二者之间不是一个线性的因果关系，而是一个不断反馈的回路[1]。易言之，人类使用工具，不仅能够实现人类自身器官能力的延伸，同时又反过来塑造和促进人的心灵和智能的发展。如人们制造和发明显微镜、望远镜、潜望镜等，直接地实现了人类"眼睛"感官能力的延伸，拓展了人类"视野"，使人看到肉眼看不到的微观世界和宇宙空间，深化了人与自然、人与宇宙之间的关系。同时，通过

---

[1] 朱锐：《火，工具与心灵》，《科学经济社会》2021年第1期。

显微镜、望远镜等一系列工具所"看"到的世界产生和建构了一系列新知识，进一步提升和发展了人类智能。同样地，对班级授课制的分析不能仅仅停留在对其"工具性价值"的讨论，仅仅将其视为一种课堂教学组织方式，或者师生课堂教学活动的基本规范，而要进一步挖掘其"教育性价值"及其对于学生思维发展所存在的"发展性意义"。像工具之于人的心灵和智能发展的意义一样，班级授课制在规范师生课堂教学行为结构的同时，也体现了一种思维发展的价值。正如使用工具本身就是人的智能的外在显现一样，师生认知交互与思维碰撞的行为结构不仅直接地形塑了学生的思维，使用工具本身就是一种思维方式的体现。此外，教学方式、方法的使用同样具有"工具"的思维发展价值。教学方式、方法是师生、生生认知交互和发展的基本"工具"，是学生将外在人类科学知识内化的基本路径和结构。师生通过一定的教学方式、方法进行知识学习和认知发展的同时，教学方法、教学方式作为工具所凝结的人与知识关系以及知识产生与发展的思维方式必然也成为学生内化知识与发展的"副产品"。这种内化的方式是通过一种潜移默化、润物细无声的形式进行，从这个意义上说，班级授课制以及教学方式、方法作为课堂教学过程中师生、生生认知和思维实践活动的外在形式结构具有丰富的精神内涵，而教育界在这方面的研究还不够深入，还需要进一步挖掘其存在的教育性价值和意义。

第三节　合作、探究、对话：课堂集体思维的交互方式

课堂集体思维构建的关键是在教学过程中将学生"在一起"的"集体学习"形态转化为"学习集体"，简言之，就是在课堂教学过程中形成和发展"学习集体"。在课堂教学中形成和发展

学习集体主要涉及两个方面的内容：其一是学习集体的形式结构建设，如培育民主的、凝聚力高的、和谐的集体学习氛围，主要涉及课堂教学中人与人，也就是师生、生生之间相互关系建设；其二是师生、生生互动、交往方式的选择与实现，如师生、生生围绕一定的教学内容、主题和问题展开一系列诸如合作、探究、对话等集体性认知交往实践活动。新课改以来，我国课堂教学发生了翻天覆地的变化。在学生观方面确立了学生在课堂教学中的主体地位，并逐渐实现了从学生个人主体性观念向主体间性认识的不断深化，打破了传统以教师为主导的知识授受的课堂教学模式。在课堂教学中"人"的观念为构建集体思维提供了思想和观念基础；而新课改所倡导的合作、探究、对话等教学方式不仅转变了学生被动的学习方式，同时也为学生思维的深度参与，促进学生个体经验的互动提供了"合法的边缘性参与"，为推动我国课堂教学从集体学习向学习集体的转变，促进师生、生生之间思维碰撞、交融，构建课堂教学师生、生生之间的集体思维交互提供了技术支持和方法基础。

一 从"以教定学"到"为学而教"：我国课堂教学改革的成就与反思

任何教育理念的革新与落实，必然落脚于课堂教学实践中，归根结底体现在"教"与"学"的行为改变上。同样地，任何新的教育理念、教学思想的提出，必然带来关于"教"与"学"关系的不同认识和理解。回顾我国课堂教学改革研究与实践的历史不难发现，我国教育界对"教"与"学"关系的认识经历了从"以教定学"到"为学而教"的发展脉络。所谓"以教定学"是指侧重于从"如何教"视角来设计教学，教师"教"的过程决定学生"学"的方式和过程；而"为学而教"是一种相反的理念和思路，侧重于围绕学生"如何学"来设计"如何教"，是以学习为中心的教学过程①。这个过程中，我国课堂教学实践固然旗帜鲜明地确立了学生在课堂教学过程中的主体地位。"学生主体"思想是改革开放、思想解放的重要成果，也是我国教学论对世界的重要贡献②。然而，学生主体地位的确立往往在实践中被简单地异化为"将课堂还给学生""以学生为中心""教为学服务"等一系列教学观念与实践。我们在打破传统以教师知识授受为主的课堂教学模式的束缚的同时，在课堂教学改革实践中也加入了大量与之相反的因素，如非理性的、革命的、颠覆的方式，造成了与历史、与传统的割裂，走向了被称为"历史虚无主义"的、非此即彼的"革命"式的课程改革状态③。课堂教学从"教师中心"走入了"学生中心"的另一个极端，造成"教"与"学"的新的不平衡。

"教"与"学"是学校教育与课堂教学的一对基本矛盾，对两者相互关系的认识构成了教育教学改革的关键与核心。从直观上看，教学就是教师教、学生学习的过程，也就是教师指导和帮助学生学习的过程。这一直观的描述不仅真实地解答了教学是什么这个最抽象的问题，同时也朴实地描述了"教"与"学"的相互关系。教师的"教"不能也无法代替学生的"学"，教师和"教"的任务就是指导和帮助学生学习。没有教师，学生同样可以"学"，这是个不争的事实，但这并不能否定学校教育和课堂教学的产生是人类教育史上的一大进步，因为学校作为有效的制度化学习机构，是人类学习方式的改进，体现了人类学习的高度自觉和自为④。现代教学研究与实践的永恒命题是：如何迅速地、愉快地、彻底地将外在的人类科学文化知识转化为学生的内在精神财富。这一历史使命内在隐含了"教"的必要性，同时也高屋建瓴地规范了"教"与

---

① 杨小微等：《从"以教定学"到"为学而教"：中国教学走向现代化的40年》，《全球教育展望》2018年第8期。
② 郭华：《70年：课堂教学改革之立场、思想与方法》，《中小学管理》2019年第9期。
③ 郭华：《中国课程改革四十年》，《湖南师范大学教育科学学报》2018年第6期。
④ 徐继存：《教学方法阐释》，《西南师范大学学报》（人文社会科学版）2002年第6期。

"学"的相互关系:"教"是为了提高人类学习的有效性,"教"根本上是为了"学"。"教"与"学"作为课堂教学天平的两端,过分强调其中一端,必然会带来教学关系的失衡。

新课改以来,我国教育界已基本确立了学生在课堂教学和学习中的主体地位,培养和发展学生的主体性与主体意识已成为我国教育工作者的基本共识[①]。但教育界依然存在"教师中心"与"学生中心"的理论争锋,教学实践左右摇摆,或是强调教师的权威与知识本位,或是重视学生经验与个性发展。一方面,我国课堂教学往往被误认为是典型的"教师中心",过于强调教师权威和知识灌输的课堂教学受到了人们的普遍批判;另一方面,随着课程改革的不断深化,确立学生主体地位在实践中却往往被异化为"以学生为中心""将课堂还给学生""教为学服务"等,甚至呈现出"娱乐化""游戏化""精英化"的课堂教学,过分强调儿童,吹捧或任意拔高儿童,抽象地、浪漫地甚至浮夸地谈论儿童立场的观点的倾向和现象同样引起教育界的反思[②]。"教"与"学"的相互关系如此浅显易懂、显而易见,为何我国教育界依然存在对"教师中心"的误解和对"学生主体地位""学生中心"的异化?

不管是"教师中心"与"学生中心"的理论争锋,还是"以教定学"与"为学而教"的实践转向,过于强调"教",或者过分重视"学"都必然使教学关系失衡,其实质是一种二元论的思维方式——将教师与学生对立,将"教"与"学"分离,同时使得教学实践在强调教师的教和权威与学生经验和个性发展之间左右摇摆,其根本原因在于对课堂教学改革与发展的"泛主体化"的倾向与"学生自我主体"的异化。所谓课堂教学的"泛主体化"主要

[①] 冯建军:《主体教育理论:从主体性到主体间性》,《华中师范大学学报》(人文社会科学版)2006年第1期。

[②] 本刊编辑部:《2018中国教育研究前沿与热点问题年度报告》,《教育研究》2019年第3期。

表现为两个方面：第一，对"教"与"学"和师生关系的认识囿于主客两极化，即"教师中心"强调以教师为主体，学生为客体；"学生中心"则是以学生为主体、教师为客体，以主客分离、二元对立的简单思维把握、认识和理解"教"与"学"、教师与学生之间"平等"的相互关系。第二，教育中的主体问题的提出，不仅是人类教育现代化的巨大进步，同时也是人类教育意识的自我觉醒。从人类主体意识的觉醒和发展的历史来看，主体意识的起点和根本在于人类开始将自我与周遭的异己存在物的对立统一关系纳入自我反思之中，这是人类主体意识和自我存在发展进程的重要环节。主体性观念的前提是将自我与周遭异己存在物分离并对立起来，以一种有待认识、有待发现、有待征服、有待占有的视角将非我世界加以客体化，这反映了人类以一种自我价值中心主义的方式从原本和谐的整体世界中超拔而出，并成为这个世界上最与众不同的存在物[1]。泛主体化观念背后的一个根本性世界观就是关于世界的二元化理解，它将世界的存在与人的主体完全脱离开来，容易陷入主体自我中心。

  课堂教学是由两个（类）——教师与学生主体（集体）——来实施社会实践活动，教师和学生在主体地位上是"平等"的。作为"教"与"学"互动系统中的主体，两者的差别在于任务、角色的不同。同时，课堂教学中的学生主体也并不是孤立的，是师生、生生集体主体间的互动交往。单纯的"教师中心"或者"学生中心"都不可能真正实现学生主体地位的确立。课堂教学中的主体超越了单纯的"主观—客观"的关系模式，是多个（类）主体间的交往关系。单纯的"主体—客体"或"主体—中介—客体"模式，在处理人与自然、人与物的关系时是行之有效的，但在课堂教学中处理人与人，也就是师生、生生之间的关系时，必然会遇到

---

[1] 韩升：《自我存在的泛主体化批判——基于西方现代性观念的考察》，《广东社会科学》2019年第3期。

"他人不是客体"的困窘。从理论上解决这个问题的办法，就在于在面对人与人之间的关系时，从"主体—客体"或"主体—中介—客体"的模式向"主体—主体"或"主体—中介—主体"的模式转变①。课堂教学固然要激发学生的主体意识，促进学生个体个性化发展，但课堂教学面对的不是单个的、抽象的学生，而是具体的学生集体。这一点，上文已经做了详尽的阐释，这里不再赘述。

总之，新课改所提倡的自主、合作、探究的教学方式，不仅改变了被动的学习方式，激发了学生的主体意识，还有效地促进了学生思维参与的积极性，为课堂集体思维提供了基础。但是，真正要落实学生主体地位，保证"教"与"学"的平衡，提高课堂教学的有效性，提高课堂教学质量，促进深度学习的发生发展，未来还有很长的路要走。

二 主体间交往：课堂集体思维的理论逻辑过程

新课改以来，我国教育界不仅确立了学生在课堂教学中的主体地位，同时对主体教育的认识，实现了从个人主体性向主体间性的转换，逐渐构建了主体间交往的教育本质观②，为课堂集体思维提供了认识理论的思想基础。主体性是近代人类思想启蒙的产物，尽管近代个人主体教育实现了人类理性意识的觉醒和发展，但个体主体及其理性诞生的根本是主客二元的人类思维方式，将人与自然的主—客关系泛化至人与人之间的相互关系上，因而出现自我陶醉和自我中心的个人主义。在不知不觉中塑造了个人中心主义、人类中心论的心态，并引发了"主体性危机""主体性黄昏"等一系列人类主体性的反思。

主体间理论既萌芽于对近代主体性哲学的危机反思，同时也是人类对主体性的进一步的深化认识。就人类个体成长和发展历史来

---

① 郭湛：《论主体间性或交互主体性》，《中国人民大学学报》2001 年第 3 期。
② 冯建军：《主体间性与教育交往》，《高等教育研究》2001 年第 6 期。

看，必然经历从主客二分的个人主体性向主体间，或者说交互主体性转换和提升。当人诞生自我意识的那一刻起，人无时无刻不在以主体的身份认识和观察这个社会、自然界。当人类从以自身为主体与对象，发现自己深陷事物之间相互作用，并构成观察与行动、认识与实践的主客体关系，这是人的发展历程中一个重大转折。这是人的主体意识诞生的第一步。也就是说，当人把自身作为主体同对象、客体区分开来，标志着人的意识的诞生。每个人在心理发育阶段，也要经历这样一个发展过程，以浓缩的形态再现人类进化中的这段历史①。当然，个体不是孤零零地存在于这个世界，当我们以主体身份关注人类社会活动时，他人同样以相应的身份进行相应的"主体活动"："你站在桥上看风景，看风景的人在楼上看你"。人类的世界是一个交往的世界，人是在交往中生存和发展的，没有任何一个人可以脱离他人、社会而独自发展、独立存在。世界是主体与主体共在、共享的世界，海德格尔写道："他人并不等于说在我之外的全体余数，而这个我则从这全部余数中兀然特立……世界想来已经总是我和他人共同分有的世界。此在的世界是共同世界，在此之中就是与他人共同存在。他人的在世界之内的自在存在就是共同此在。"② 主体与主体的共在、共享构成了"此在"世界的本质，海德格尔甚至将这一观点作为其生存论和存在论的重要命题："此在的本质是共在——这一现象学命题有一种生存论存在论的意义。这一命题并不想从存在者层次上断称：我实际上不是独自现成地存在，而是还有我这样的他人摆在那里"③。

世界不仅是一个主体与主体共在、共享的，同时也是一个交往的世界，人在交往中生存、发展。自我意识的形成是个体主体性发

---

① 郭湛：《主体性哲学：人的存在及其意义》，云南人民出版社 2002 年版，第 11 页。
② [德] 海德格尔：《存在与时间》，陈嘉映等译，生活·读书·新知三联书店 2014 年版，第 137—138 页。
③ [德] 海德格尔：《存在与时间》，陈嘉映等译，生活·读书·新知三联书店 2014 年版，第 140 页。

展的第一阶段。人之所以成为具有主体意识的自我，不仅仅在于将自我与周围事物、自然世界区分开来，更为重要的是将自我与他人，也就是从群体中区分开来。"他人"是"我"的镜子，每个人从他人身上看到自己，也从自己身上看到他人，在主体间相互观照中，既确定了对于自身而言的自我的存在，同时也确认了他人的自我的存在[1]。换言之，完整的主体意识的发展，离不开对"他人"的意识。从这个意义上讲，主体间性其实就是主体性的延伸，其本质上还是一种主体性。而主体间的交往来源于主体与主体相互承认、相互沟通、相互影响的需要，这是主体存在的基本方式。交往不仅是一种现实需要，更是主体和社会存在的基本形式。主体只有在主体间的交往关系中，在主体与主体的相互承认和尊重对方主体身份中才能存在。主体间性对主体的超越在于克服以往主体哲学二元论的思维，每个人把自己作为主体，而将他人视为对象。由此形成人与人之间"主—客"二分的对立关系，预示着人与人之间永远的疏离，个人自由与他人、集体必然存在对立、冲突和矛盾。如果说主体性的实质是一种个人中心主义，强调个人主体地位，总是从个体的立场、视角出发处理人与人、人与社会、人与自然世界的相互关系。主体间并不否认个体主体地位和个体视角，而是强调从"我—你"和"我—他"的主体间视角出发，处理人与人、人与社会、人与自然的关系。换言之，主体间的视角就是一种集体的或者整体的思维和视角，处理人与人、人与社会、人与自然的相互关系。

课堂教学是由相似而又不同的学生主体共在、共享的教育生活世界。课堂中每一个学生是不同且平等的。每一个学生都是课堂教学的主体性存在，每一个主体不仅是平等的，同时具有独特、个性差异的个体主体性。学生主体性的激发必然意味着差异性的学生个

---

[1] 郭湛：《论主体间性或交互主体性》，《中国人民大学学报》2001年第3期。

体的经验、意向、观念等呈现，差异不仅催生了主体间相互理解、相互承认、相互沟通、相互影响的需要，且通过主体间的对话、交往实现差异互补，为课堂集体思维提供了重要的现实基础和技术支持。以往，教育界对课堂教学中差异的认识往往只停留在个性化、个别化的主体教育思维这一层次，仅仅将个体差异视为学生个性化全面发展的基础，忽视个体差异之于主体间对话、交往和构建课堂集体思维的重要意义。

三 合作、探究、对话：课堂集体思维的实践路径

之所以说新课改倡导的合作、探究、对话教学方式为构建课堂集体思维提供了现实基础，不仅仅在于其在教育观念上实现了主体性教育对传统知识灌输教育的超越，并随着课堂教学改革的深化发展进一步确立了主体间性的教育思想和观念，为构建课堂集体思维提供了思想基础和理论积淀。更为重要的是，教学方式作为实施教学理念、实现教学目标、开展教学活动的"技术性"问题，教学方式之于课堂教学实践具有本体论的逻辑内涵。我们说，人类任何活动必然表现为一定的活动方式。教学方式不是独立于课堂教学及其实践之外的概念性存在，而是师生主体在课堂教学活动中所形成的相互关系的外化。课堂教学是教师"教"和学生"学"的统一，"教"的方式影响甚至决定了"学"的方式；同时"学"的规律和特征必然制约着"教"的方式的选择。教育理念只有外化为一定的教学行为方式，并通过实践性的教学行为进一步内化为主体行动的精神力量才能真正得到落实与实现。合作、探究、对话教学不仅作为主体间性教育理念的行为外化，同时在多个层面为课堂集体思维提供了实践路径。从主体性向主体间性教育观念的转变，其实质是教育实践中关系思维的转向。以往，我国教育界对主体性教育的研究主要聚焦于对传统知识灌输教育的超越，将学生从"人—知"关系中解放出来，实现学生主体地位的确立、人的价值及其发展的凸

显。但是，在课堂教学中，"人—知"只是课堂教学关系网络的一个方面。在集体思维的视域下，课堂教学是师生、生生围绕一定教学主题或内容展开集体性的"教"与"学"的互动与交往的实现活动，"人—知"关系、"人—自我"关系、"人—人"关系共同构成了课堂教学"教"与"学"的行为关系网络。这里的"人"既有师生不同"类"主体的差异，同时也存在生生之间不同个体主体的个性差异。但总的来说，主体的"人"构成了课堂教学关系网络的核心。我国教育者对合作、探究、对话教学的研究与实践，往往只是将其作为一种教育理念或教学方式，忽视从课堂教学本体存在层面审视其对师生教育生活世界的价值与意义。接下来，我们主要从"人—知""人—自我""人—人"的课堂教学关系网络中阐释合作、探究、对话作为一种教学方式的价值和意义。

合作学习（教学）是新课改所强调和倡导的学习方式之一，是我国课程教学改革的一个亮点，也是当前我国教育者在实践中广泛使用的教学方式之一。系统化的合作学习虽是直接地起源于人类社会合作观念在教学系统的引入，但其根本上发轫于学生集体共学的教学现实，我国自古以来就有"独学而无友，则孤陋而寡闻""相关而善之谓摩"的合作学习理念及原则的文化传统。抛开教育界对合作学习的内涵、合作学习形式、合作学习条件、合作学习意义等一系列争论不说，合作学习在教学系统的引入，改变了以往课堂教学互动只限于教师与学生之间的交往，忽略学生同伴之间的相互影响的教育现状[①]。课堂教学并非抽象的"一对一"的师生"教"与"学"过程。课堂教学是相似而又不同的学生构成的学习集体，差异的学生个体不仅是课堂集体思维互动和社会性交往不可或缺的重要资源，同时对于学生社会化，养成和发展学生的合作意识、合作精神具有重要的现实意义。尽管合作学习在我国依然存在一系列问

---

① 王坦：《论合作学习的教学论贡献》，《课程·教材·教法》2003 年第 8 期。

题，甚至被批评为"公开课的教学工具"，但不可否认的是合作学习的引进逐渐打破了我国传统课堂教学"同伴而不同学"的现象和局面①。总的来说，合作学习激活了学生同伴之间互学互助的意识，构成了课堂集体思维生生互动的重要内容和维度。

探究教学是我国课堂教学改革的重要成果，是转变教师教学方式与学生学习方式的里程碑式成就。所谓探究教学就是在教师指导下学生运用探究的方法进行学习，主动获取知识，发展能力的实践活动②。作为一种与强调知识授受教学相对应的教学方式，探究教学主要特征是强调"问题"和"发现"，其核心在于学生的"主动"和探究。从人类教育史上看，含有探究成分的教学活动自古就有。我国春秋战国时期墨家曾在教学过程中引导学生做针孔成像实验；苏格拉底曾采用"问答法"使学生对自己的无知觉醒，并进而探求真知。教育界明确提出探究教学的概念并将其作为研究对象始于20世纪初，杜威从实用主义立场出发，讨论探究能力对应复杂多变的社会现实的重要价值和意义，并提出了著名的"思维五步法"③。经过近一个多世纪的演变与发展，探究教学已经由过去简单地被看作是一种教学方法或教学模式，演化为当前课堂教学的核心思想与基本理念。探究教学对传统研究范式提出了挑战，它要求改变过去单纯或主要从技术层面出发，主要探讨探究教学内涵、过程、阶段、形式等，加强哲学与一般原理的探讨，从哲学、原理、技术三个层面对探究教学进行多方面的综合研究。徐学福教授在长期的研究和对基础教育课堂教学考察、试验后提出：探究教学的核心思想就是模拟科学家科学探究的过程，引导学生在课堂教学过程中主动发现问题、解决问题，进而实现知识的获得、理解和内化。

---

① 王鉴：《合作学习的形式、实质与问题反思——关于合作学习的课堂志研究》，《课程·教材·教法》2004年第8期。
② 李森等：《对探究教学几个理论问题的认识》，《教育研究》2002年第2期。
③ 徐学福：《探究教学研究》，广西师范大学出版社2005年版，第3—5页。

尽管我们说，人类迄今为止所积淀的科学文化知识远远超过了个体经验，学生个体不可能通过自发探究而活动，必须在他人帮助下展开探究活动。但从根本上说，探究教学集中探讨的是学生主体与知识发现之间的相互关系。换言之，探究教学从"人—知"关系角度为构建课堂集体思维提供了思想基础和技术支持。

与合作、探究教学不同，对话教学并不是一个具体的教学模式、方法或技术，更多是一种融合教育价值观、知识观与方法论于一体的教学哲学①。对话，原本是日常生活中常见的人类实践活动，同时也是课堂教学中的普遍存在——日常教学中，师生总是进行着各种各样的对话，教学本身主要地表现为一种"对话"活动。当然，如果仅仅从普通意义上理解对话及对话教学，极有可能失去发展教学理论的重要机会。世界是主体共在共享的存在，对话是人的生存方式。人生活在世界中，总是意味着活在他人、自然和历史之中，人在他人、自然和历史的背景中构建自我。自我发展从实质上看，正是个体与他人、历史、自然对话的过程，通过这种对话的深度展开，个体最终回到与自我的深层对话。师生在教学中的对话就是要引导个体与更宽广的他人、历史、自然的深度对话②。对话教学作为一种教学哲学和教学理念是对传统以教师为主导，过分强调"教"的课堂教学观念的革命。对话教学强调师生主体的民主、平等和精神的相遇。课堂教学中的对话直接地表现为一个话题或者问题的展开过程，真正的对话，不是以教师为中心，也不是以学生为中心，更不是以知识为重，而是以话题或者问题为中心。话题有自身的逻辑，既不是学生的，也不是老师的，而是共生的，并伴随着师生的对话不断生成新的话题、问题，在不断生成与发展的对话过程中逐渐引领师生实现精神的相遇。而精神相遇的根本在于认识自

---

① 张华：《对话教学：涵义与价值》，《全球教育展望》2008 年第 6 期。
② 刘铁芳等：《作为教学方式的对话：意蕴及其可能性》，《课程·教材·教法》2020 年第 3 期。

我与自我实现。从对话发生发展的内在逻辑看，对话是以主体的自我意识的觉醒、参与，并在与他人、历史和自然的对话过程中进一步实现个体自我生命的提升和完善。为什么说对话是一个自我参与和贯穿始终的过程？我们说，对话不是简单的一问一答，你一言我一语。对话是围绕着一定的问题、主题、课题，不断展开相互理解、相互交融和精神相遇的过程。学习是学生主体的认知实践和发展过程。学习的主体性不是一个抽象的内涵，学习主体地位的确立离不开学生自我意识的觉醒和自觉。以往，教育者往往将学生已有的知识、经验和认识水平作为教学的起点，课堂教学被视为新旧知识的联结过程。课堂教学固然离不开新旧知识的联结，但这种联结的关键在于如何实现学生内在主体自我与外在知识和世界的意义交互。学生主体内外世界意义的联结根本上是学生以主体自我为内在尺度，在与师生、生生和知识文本的对话过程中，不断实现内外世界的意义交互生成与互动。对话教学表面上涉及的是师生、生生之间的对话和相互关系，但根本上落脚于"人—自我"的相互关系。

　　合作、探究、对话作为一种教学方式或教学哲学、教学理念，是新世纪中国课堂教学改革实践取得的巨大成就，对于我国学校教育现代化发展具有重要的现实意义。就其作为一种教学方式来看，合作、探究、对话教学在实践中的运用依然存在较大的问题。无论是理论研究还是实践探索，都无法证明，单纯改变教学方式就能解决想要解决的教学问题。道理很简单：机械的、死记硬背的学习方式自然不能真正激发学生主动学习，但发现的、合作的、探究、对话的方式也未必就不是机械的，未必能够激发学生的主动学习[1]。随着我国课堂教学改革的不断深化发展，教育界涌现了越来越多的新方式、新理念。丰富多彩的教学方式改革固然体现了中国教育和课堂教学改革的蓬勃发展的动力，但"花样百出"教学方式和教学

---

[1] 郭华：《教学即"讲理"——兼论变异教学理论在教学中的运用》，《教育学报》2013年第5期。

理念同样也使得一线教师疲于应对：今天学习这个教学理念，明天培训那个教学改革实践。不同教育理念下的教学方式到底如何在课堂教学中运用，是否存在一种或多种教学方式适用于一切课堂教学？如何根据不同教学内容、教学主题、教学活动等现实条件选择适切的教学方式等一系列问题依然需要教育者深入思考和探索。以往，教育者习惯于系统解剖和阐释某一种教学方式或教学理念的内涵、特征、形式、价值和意义等，鲜少从横向系统地比较某类教学方式或教学理念的概念、特征、形式、价值和意义等，探讨如何在同一课堂教学过程中实现多种课堂教学方式之间的"合力"。本书从课堂教学中的关系网络重新阐释合作、探究、对话教学之于构建人与自我、人与人、人与知识之间相互关系的价值和意义，不仅是重构人们对不同教学方式的认识，更是从相对中观的视角探讨当前课堂教学实践中常见的教学方式和教学理念分别基于怎样的角度和"任务"，为构建 $1+1>2$ 的课堂集体思维提供教学方式的技术支持。

第五章

课堂集体思维的发展机制

夸美纽斯《大教学论》写道："寻求并找出一种教学的方法，使教员因此可以少教，但是学生可以多学；使学校因此可以少些喧嚣、厌恶和无益的劳苦，多具闲暇、快乐和坚实的进步。"探索"把一切事物教给一切人们的全部艺术"，追求如何"迅速地、愉快地、彻底地"将人类科学文化知识转化为学生内在的精神财富构成了现代课堂教学研究与实践的永恒主题。为了实现这一教学理想，历代教育者进行了孜孜不倦的探索，极大丰富了人类教育教学理论的同时，也推动了教育教学实践形态的巨大转变和历史发展。然而，直到今天，这一教学理想始终并未真正实现。究其原因可能有很多，但梳理教学论史不难发现，教育者对课堂教学改革的研究与实践往往聚焦于"教"与"学"这一对基本矛盾，教学的历史、成就与未来趋势似乎一直在"教"与"学"中左右摇摆，在"教师中心"与"学生中心"之间踌躇徘徊：或重视知识传递，或强调学生主动建构；或主张"以教定学"，或倡导"为学而教"。忽视课堂教学固有的形式结构矛盾："集体"与"个体"，或者说是"集体的教"与"个体的学"之间的矛盾。"集体"构成了现代课堂教学的基本样态，但学习始终指向个体，归根结底落脚于学生个体的生命发展，没有两个学生的学习是完全一样的，每一个学生都有着不同的速度、节奏及关注范围。如果把不相容的速度、节奏或关注范围加诸某个学习者，就不会有什么学习了，有的只是劳累和抵抗①。因而，如何处理"集体的教"与"个体的学"之间的矛盾，或者说控制课堂教学"质量"与"效率"之间的张力与平衡则是当代课堂教学必须解决的现实问题。解决这一问题的关键是超越"集体"与"个体"之间的形式结构矛盾，同时也是构建 1 + 1 > 2 的课堂集体思维及其基本运行机制的核心命题。

第一节　课堂集体思维的理论框架

　　学习固然是学生个体的事情，归根结底落脚于学生个体的生命发展，但课堂中学生的发展绝不是独立自主或与世隔绝的过程。课堂教学是师生、生生集体性的教与学交互发展过程，基本表现为一个教师同时面向多个相似而又不同的学生。"集体地教"与"个体的学"构成课堂教学的基本形式结构。集体的课堂教学环境是学生个体发展的前提和条件，师生、生生之间的同质性为集体互动提供了必要条件和可能。同时，学生的个体差异既是课堂集体思维的起点，同时也是集体思维互动的重要资源，并通过师生、生生之间的差异互补和不同认知水平的融合，得以实现 1 + 1 > 2 的课堂教学效果。课堂集体思维既区别于单数的、抽象的和独立的学生个体思维过程，又绝非个体思维简单相加之和，单纯追求学习的效率——集体的同步发展，更不是线性的个体差异个性化过程，而是将学生个体发展纳入课堂集体互动的结构中，基于学生个体差异及其主体性的发挥构建相互启发、相互促进的课堂集体思维过程，实现个体与集体的有机统一。总之，在集体思维的视域中，个体与集体是课堂教学过程一体两面的存在，既不能将一方凌驾在另一方之上，更不能将两者割裂开来。忽略任何一方的存在，课堂教学都不可能很好

---

① ［美］彼得·德鲁克：《新现实》，张星岩等译，上海三联书店1991年版，第194页。

地发挥其育人的价值。

一　课堂集体思维的场域结构

从课堂教学中师生、生生思维的对话、交互、碰撞过程来看，课堂集体思维是由师生、生生不同个体思维交互、融合所形成的思维场。课堂集体思维场一旦形成，就会产生一种类似于引力的"无形力量"影响和塑造着课堂教学过程中师生思维的发生、发展。"场"原本是个物理学概念，万事万物都必然处于一定"场"域结构和空间中，并以一定的形式相互作用、相互影响。在爱因斯坦看来，"没有'场'的空间是不存在的"。任何事物都不能脱离相应的场而独立存在，事物之间的相互作用依赖"场"来实现。从广义上说，自然界的一切物体在相互作用中形成了引力场、电磁场等。在自然界，"场"即是一种物理性存在。引申到人类社会，"场"更多呈现为一种关系性存在，用来描述人与人、人与社会、人与自然之间相互作用、相互联系、相互影响和相互依存的"力"。正如马克思所言，"人的本质是一切社会关系的总和"。整个人类社会从总体上呈现出一种相互联系、相互作用、相互影响的立体网络结构。每个人都生活、活动在人类社会纵横交错的社会关系、社会联系和社会组织结构之中。群体是人类社会的基本组织形式，社会越发展，社会群体越增加，社会组织结构就越复杂。维系社会群体、社会联系和社会组织结构的是一种统一的社会力[①]。这种社会力从概念上讲就是由不同个体行动所生发的能量的交织和碰撞融合而成的"场"。在勒温的心理学理论中，人及其生活的环境就是一个场。人的心理具有空间的属性，人的心理活动及其行为是在一定心理场域和生活空间中发生的，心理场在一定程度上影响甚至决定了人的行为。心理场主要由个体需要和它的心理环境相互作用的关系所构

[①] 曾杰：《社会思维学导论》，黑龙江科学技术出版社2007年版，第140页。

成，它包括有可能影响着个人的过去、现在和将来的一切事件[①]。基于对人类心理活动的影响因素，如个体意志、群体氛围、团体环境的研究，勒温构建了拓扑心理学及其团体动力学理论，将物理学以上的场力现象引申到人类社会活动上，进而把维系社会群体的由各种力的相互作用而形成的体现统一社会力的总体社会关系、社会联系系统统称为"场"。

课堂教学作为群体性的人类认知和思维实践活动，其本身就是由师生个体思维和群体思维交互融合形成的思维场。思维作为主体的意识活动，是以语言为外壳所进行的人类认知实践活动。而任何公共空间或者说集体场域中所进行的语言、肢体、行为等外在思维活动必然形成一定的"引力"对场域中其他个体的思维产生相应的影响，犹如一颗石子扔进平静的湖中，或泛起阵阵涟漪，或激起"千层浪"。思维场具有"社会场域"的一般性质，但它仍然有别于社会场域。社会场域由社会主体客观的组织结构决定，而思维场则由主体主观的认知结构决定。从场域的形成过程来看，社会场域随着社会主体成员和活动空间的确定而建立，思维场则是随着参与认知活动各主体的思维交流、碰撞、博弈与趋同而逐步形成[②]。从课堂集体思维的内涵来看，课堂集体思维就是由师生、生生围绕同一问题、主题或课题，以差异的个体思维为资源，通过不同认识水平和不同个体认识的对话、碰撞所形成的集体思维场。

就思维的主体类型来看，课堂集体思维场主要存在三种思维水平及其思维方式。第一，以教学内容为基础所内含的文本思维，主要是学科专家所代表的思维水平。如数学家的思维水平、作家的思维方式、科学家的思维方式等；第二，教师的思维水平。作为教育者，教师的根本任务是将人类科学文化知识所代表的认识和思维水

[①] 王鹏等：《经验的完形：格式塔心理学》，山东教育出版社2009年版，第151—152页。
[②] 王仕杰：《解构与建构：教学思维场的哲学审视》，《中国教育科学（中英文）》2020年第2期。

平转化为学生可以接受和理解的思维水平，进而引导学生将外在的科学文化知识转化为内在的精神财富；第三，学生的思维水平。学生作为学习者，其实质是未知者和"未成年（熟）"的人，学生已有的认知和思维水平是教学的起点，促进学生思维的不断发展和提升是课堂教学的根本任务。三种思维水平及其所蕴含的思维方式构成了课堂教学和课堂集体思维活动的基础。

课堂集体思维作为师生、生生相互对话、交流、碰撞、融合所形成的思维场，其实质既是对课堂集体中个体思维与群体思维相互作用、相互影响的关系型描述，也是对课堂集体之于个体发展的力量的阐释。课堂集体思维场具有布迪厄场域理论中社会"场域"的结构与性质。"场域是力量关系——不仅是意义关系"[①]。课堂集体思维场一旦形成，对学生个体思维及其发展具有明显的"规训"和教育作用。课堂教学是由相似而又不同的学生组成的学习集体，每一个学生由于其独特的个体经验、意向、情感和期待等个性特征，必然存在不同的认知和思维风格。在面临统一教学主题或内容时，必然出现个体独特的思维反应。并且从总体上说，学生作为未成年人和"未知者"，其思维水平是处于"待发展"的状态。而教学内容和文本及其所蕴含的"已知"和"成熟"的思维水平，是客观的、预设性的发展目标的存在，不会自动靠近学生思维水平，引导学生思维发展。只能通过教师作为课堂的主导者和服务者，将课程文本所蕴含的思维水平转化为一个个问题链和学习支架，引导学生思维不断向人类科学文化知识的认知水平靠近。此外，不同的学生个体思维在集体的交互、对话、碰撞中，能够通过集体思维同频共振的相互影响和相互作用，以共性思维疏导学生个性思维，不断调整和"规训"学生主体个性的思维方向，使其与集体思维场的发展方向一致。在集体思维场的相互影响中，填补和超越个体思维的局

---

① ［法］布迪厄：《实践与反思：反思社会学导引》，李猛等译，中央编译出版社 1998 年版，第 142 页。

限性，不断修正跳跃的、杂乱无章的学生个体思维。总的来说，教师、学生和课程文本分别代表和蕴含的不同个体、不同层次和类型的认知和思维水平构成了课堂集体思维场的主体结构。课堂集体思维场的形成是以问题链和学生个体的思维为起点，在师生、生生围绕同一主题或问题展开的讨论、对话、交往等思维碰撞和交互中形成思维场域力量。课堂教学正是在这一相互作用、相互影响的思维场中实现学生个体思维的激发和集体性的共同发展。

二 课堂集体思维的核心要素

课堂集体思维的实质是通过师生、生生不同思维水平和不同个体思维的碰撞、交融，在相互启发中将教学目标或课程文本所代表的思维水平转化为学习集体的认识，进而促进每一个学生思维的发展和个性的成长。学生不是空着脑袋进入教室的，课堂中也没有两个完全一样的学生。当学生面临同一教学问题、主题或课题，由于经验、视角、兴趣等个体差异，会产生不同的认识和理解。这种不同的理解，既存在纵向的认识水平上的差异，又存在同一认识水平不同方面的理解。如对于"乘法的初步认识"一课，学生对乘法的理解既有仅仅认识"乘号"的思维水平，也有会计算简单乘法的思维水平，也有能够从实物中独立抽象概括出乘法算式的思维水平。实际上，在不少的课堂教学中存在这种"三分现象"：少部分学生对授课主题处于几乎不理解的水平，有相当部分的学生对授课主题处于一知半解的水平，也有少部分同学对授课主题的理解和把握相对比较成熟。同时，尽管有些学生对乘法的理解处于相似的水平，但对于乘法的运算规则、运算过程等理解也是不尽相同的。因此，如何通过课堂教学实现不同学生个体思维和不同思维水平的交互、交融，使每一个学生对乘法的认识都达到课程标准和教学目标所要求的水平上来，并在每一个学生参与的过程实现个体认识的深化、发展则是课堂集体思维所探讨的重要问题。从学习集体中学生的思维发展水平和发展过程来看，课堂集体思维存在两个核心要素或者说关键的阶段：不同认识和思维水平的统一，以及不同个体认识和思维的交互融合与深化。这两个阶段中，学生同伴间的同质性的模仿与超越、异质性的交互与深化构成了课堂集体思维的两个重要原则。

（一）相似性吸引：同质性的模仿与超越

模仿学习是课堂集体中同伴互助学习的重要形式，主要表现在以下三个方面：第一，模仿学习是学生社会认知发展的重要途径。模仿学习是人的本能，"人在儿童时期就表现出模仿学习的能力，儿童最初的知识与发展是通过模仿中实现愉悦的习得"[1]。甚至亚里士多德已经认识到，人类与其他生物的区别之一就是人有突出的模仿能力。通过模仿，学生能够"设身处地"地理解和把握他人的意图、思维、行为和意向，以此实现个体社会化发展和自我的认同[2]。第二，模仿学习是学生快速提升个体思维水平和参与课堂互动的重要形式。课堂教学是一个集体性和社会性互动交往过程，学生的倾听和观察可以产生大量自觉和不自觉的模仿，模仿能够使得那些反应速度较慢的学生快速进入课堂集体交往过程。同伴以及模仿的对象在一定程度上可以说给学生提供了学习支架和思维支点，学生在模仿过程中实现与他人互动，将外在世界转化为主体的内在世界，建立个体与集体之间的联系，从而快速使个体的思维和理解跟上课堂集体的发展水平，而不用独自从头探索、试误和走弯路。第三，模仿学习是学生学会创新、实现自我超越的关键路径。模仿学习固然是人的本能，但人所具有的主观能动性能够创造性地改造模仿对象，在模仿的基础上实现自我的超越和创新。模仿学习不是一味地

---

[1] ［德］克里斯托弗·乌尔夫：《社会的形成》，许小红译，广东教育出版社2012年版，第4页。

[2] ［美］迈克尔·托马塞洛：《人类认知的文化起源》，张敦敏译，中国社会科学出版社2011年版，第83页。

复制，而是通过模仿自觉融入个体理解而实现自我的超越。现代认知神经科学和文化学习理论研究表明，模仿是人类文化累积、传承和发展的重要途径，是人类大脑的运作和学习的重要机制。学生从学校和书本中学会成语、英语，通过人际交往的相互模仿得到反复地复制和传播[①]。同样地，模仿学习是课堂集体思维必然存在的阶段。课堂中差异的个体认识和不同认识水平不可能依赖教师"一对一"的点拨或"开小灶"，必然借助课堂集体的力量，通过同伴间相互模仿和启发使得不同认识水平的学生的思维发展跟上课堂集体教学的节奏，借助集体的力量实现对个体思维的影响和教育。

模仿学习是课堂集体教学必然存在的学习方式，通过模仿不仅能够使得不同认识水平的学生的思维发展跟上课堂集体教学的节奏。并且模仿能够架构起同伴间的社会交往的联结，建构起课堂集体中学生主体间的相互联系，使课堂集体学习迅速凝聚为"学习集体"的基本样态。随着当代认识神经科学的发展，特别是对镜像神经元研究的不断深入，学者们揭示了模仿学习的脑认知神经机制，从脑科学角度回应了集体环境中模仿学习的基本机制和重要意义。研究发现，模仿学习不仅是一种同伴之间"快捷"的学习方式，还具有人际沟通和理解他人的重要意义。当个体感知到他人动作时，能够激活一套类似动作的行为模式，这套行为模式的激活，可以为个体知觉提供参照信息，以此来理解、判断和预测他人接下来会做什么[②]。同伴间的相互模仿是课堂集体思维发展的必经阶段，是个体思维统一于课堂教学主题的保障，但模仿根本上是一种同质性和同一认识水平的交互反馈。其发生的机制类似于社会心理学中的相似性吸引——因为相似而走在一起，因为走在一起而更加相似。课

[①] 何自然：《语言中的模因》，《语言科学》2005年第6期。
[②] Shamay-Tsoory, S. G., "Brains that Fire Together Wire Together: Interbrain Plasticity Underlies Learning in Social Interactions", *The Neuroscientist: a Review Journal Bringing Neurobiology, Neurology and Psychiatry*, 2021, Vol. 28, No. 6.

堂集体思维必须突破同质性交往和同一水平的重复认识过程及其"相似性魔咒",在集体交互中实现认识和思维的不断深化发展和质的飞跃。

(二)差异性碰撞:异质性的交互与深化

差异性碰撞和异质性的交互与深化是课堂集体思维发展的另一个重要阶段和原则。如果说,模仿学习及其相似性吸引是将不同学生认识水平统一于课堂集体教学主题及其认识水平的重要途径,那么课堂集体思维的根本目的就是促进每一个学生思维的深化与发展。从这一点可以说,课堂集体思维区别于其他社会生成、生产领域中的集体思维活动,如头脑风暴、集思广益、学术沙龙等。后者的主要目的是解决问题,从不同角度为集体发展建言献策。而课堂集体思维的根本目的是促进学生思维的深化与发展,问题的解决只是其途径和手段而非目的。因此,课堂集体思维强调学生在集体性的思维碰撞、交互过程中实现个体思维的取长补短、相互启发,在异质性的交互过程中实现个体认识和思维的不断深化与发展。

所谓差异性碰撞的主要表现为学生个体给出不同于课堂集体其他主体的认识和思维方式,在课堂集体中引发不同观点的对立、冲突,从而实现不同思维的交互、碰撞。在大多数的课堂教学中,学生"独异"的观点和行为往往被教师视为一种扰乱课堂秩序的行为,实际上,这些"独异"的学生个体思维及其观点的表达往往蕴含着巨大的教育契机,是课堂集体思维不可或缺的资源。学生个体的差异性和独特性或许是扰乱集体教学的"障碍",但同时也是课堂集体思维交互碰撞的资源。学生"独异"的个体思维能够引发学生在不同观点的对立和碰撞中,在差异交互过程中不断深化思维,进而实现学生思维质的提升和飞跃。

三 "集体的教"与"个体的学":课堂集体思维的形式结构

"教"与"学"是课堂教学的一对基本矛盾。不管是"教师中心"强调教师权威和教师的"教",还是"学习者(学生)中心"重视学生主体和主动意识的"学",教师的"教"和学生的"学"毫无疑问是课堂教学活动核心要素,两者的相互关系构成了课堂教学活动和基本行为结构。由于教育者所秉持的教学理念,对"教"与"学"相互关系的认识和理解的不同以及所采用的视角和立场的差异,大致存在四种不同的课堂教学活动结构:教师教,学生学;学生自学,教师辅导;师生互动,对话生成知识。总之,"有教的学"构成了课堂教学活动的基本内容和行为结构[1]。如果单纯从"教"与"学"的相互关系看,上述四种课堂教学活动结构基本上可以涵盖实践中教学活动的结构情形。但仔细分析不难看出,上述四种课堂教学活动结构仅仅是从"教"与"学"的相互关系分析课堂教学的基本行为结构,将课堂教学抽象为单数性质的师生"教"与"学"的互动及其展开过程,剥离了实践中"教"与"学"丰富的外在形式结构。换言之,课堂教学就其全部活动内容的核心来看固然是"教"与"学"的互动,但是,"教"与"学"究竟以怎样的形式结构互动、交往,课堂教学是由怎样的"教"和怎样的"学"进行怎样的互动同样是影响和制约教学与发展的重要内容。形式结构是构成事物组成要素的联系方式,是具体事物中所隐含的最一般的共同形式。课堂教学绝非"一对一"的师生教学互动交往过程,"集体的教"和"个体的学"构成了课堂教学的基本形式结构。"集体的教"和"个体的学"并非否认"教"与"学"作为课堂教学活动的核心要素和基本内容,而是揭示课堂教学以怎样的形式结构展开"教"与"学"的互动交往。

课堂教学是师生、生生的集体性认知交互过程,集体构成了课堂教学的重要维度和现实基础。21世纪以来,我国的课堂教学改革几乎是紧紧围绕着"教"与"学"之间的平衡与张力进行,教

---

[1] 刘庆昌:《教学活动:结构与过程》,《太原师范学院学报》(社会科学版)2012年第3期。

学改革与实践始终在"教"与"学"之间左右摇摆,反复徘徊。新世纪初,以教师为中心,强调教师权威和知识灌输的课堂教学受到了无情批判。将课堂教学还给学生,确立学生主体地位,实现学生个性自由和个体全面发展,推动课堂教学从传统"教师中心、教材中心、教室中心"向"学生中心、经验中心、活动中心"转变几乎成为教育界的热门话题。随着课堂教学改革的深化发展,教育者逐渐意识到,构建以"学生为中心"的课堂教学既无可能,也不现实。过于强调学生主体地位及其个性发展使得课堂教学陷入另一个极端,逐渐异化为"娱乐性""服务性""游戏化"的课堂教学,教育界开始涌现大量关于构建以"学生为中心"课堂教学的反思与再批判。不管是"教师中心"还是"学生中心",其根本就是一种二元对立的思维方式。"教"与"学"固然是课堂教学中的一对基本矛盾,但是如果为了"解决"这个矛盾而将研究和实践的中心全部聚焦于"教"与"学"相互关系的转变上,必然使课堂教学越来越远离其实践的样态。如果课堂教学改革完全剥离其形式结构问题,将课堂教学抽象为"教"与"学"的互动交往过程,单纯改变"教"的理念或者"学"的方式只会让课堂教学改革陷入为了变革而变革的逻辑怪圈。以课堂教学的形式结构为切入点,将教师的"教"和学生的"学"纳入课堂集体互动结构中,从"教"与"学"的相互关系上整体性地改进两者的交互形式,不断提升课堂教学的效率与质量,打破固有的二元思维的桎梏,实现课堂教学改革的转型发展。

所谓"集体的教"主要是指,集体作为课堂教学的现实基础,构成课堂教学的基本样态。教师的"教"面向的并非单个学生,而是相似而又不同的学生集体。"集体的教"固然具备一般教学活动的内核与基本要素,但在具体的或者说外在的活动形式上明显地区别于"个别的教"或者说个别化教学。如一般教学过程可以理解为师生一问一答或者你问我答的过程,并伴随着师生对话过程的不断深入发展，实现师生对学习内容，亦可以称为对话题的深刻理解以及师生精神与心灵的碰撞和相遇。一对一的师生对话和"教"与"学"过程是课堂教学最抽象和基本的理论模型。但在具体实践中，课堂教学现实地表现为"一对多"甚至"多对多"的对话过程。不管是师生，还是学生同伴之间的对话明显地具有公共性和集体性特征。学生的一言一行、一问一答不仅是个体独特经验和个性观点、态度的表达，一旦"出声"必然成为课堂教学中的"集体事件"。因而，如何将学生的个体"发声"转化为集体教学的资源而不是影响因素则是课堂教学必须解决的现实问题。所谓"个体的学"主要是从结果来看，归根结底落脚于学生个体的发展。学习与食物消化一样是个人的事情，具有鲜明的个体差异和个性特征。表面上看，课堂中的个体差异主要表现为知、情、意、行等学习者的多样性和差异化。但造成这些个体差异的原因和其背后的内在机理往往超出了教育的范畴，如家庭、文化、个体经历等，这些因素在一定程度上超出了教师和学校教育的可控范围，照顾学习者的多样性似乎成为一个不可能实现的命题。因而在课堂教学过程中如何照顾学习者多样性，将个体差异转化为学生发展不可或缺的个性基础和资源则是以班级集体授课为主要组织形式的现代课堂教学具有重要价值的议题。

"集体的教"与"个体的学"构成了课堂教学实践中一对显而易见的形式结构，即一个教师同时面向具有差异化和多样性的学习者群体。不管是基于个体发展的视角，将课堂集体视为多样性的学生发展的中介或者手段，还是聚焦于集体教学，将课堂集体抽象为一个整体，集体与个体都是课堂教学的形式结构矛盾。这种意义上的集体与个体绝不是相互对立的，而是根本地区别于组织管理学和伦理道德中集体与个体之间的相互关系。长久以来，人们主要从意识形态和伦理道德层面认识、理解集体与个体之间的相互关系，或是强调个体对集体的绝对服从，或是重视个体的自由与权力的彰显，或是强调个体与集体之间的利益让渡等。始终存在集体与个体间的"价值的选择与判断"，导致两者的根本对立与绝对分野。在课堂教学中，集体与个体是课堂教学过程中一对显而易见的形式结构矛盾，两者绝非简单的二元对立，而是相辅相成。集体不是个体简单相加的总和，不能将集体原子化为一个个独立个体。同时，个体的发展也离不开集体性的交往和互动，集体与个体构成了课堂教学一体两面的存在。

自夸美纽斯提出班级授课制的基本理论框架以来，以班级集体为主要组织形式的课堂教学成为当前学校教育的基本结构形态。简单来说，一个教师同时面向多个相似而又不同的学生集体构成了课堂教学的基本形式结构。基于"集体的教"与"个体的学"这一形式结构自然而然地产生了课堂教学过程中集体与个体之间的形式结构矛盾：课堂教学既要面向全体学生，又要具体地落脚于每一个学生，促进学生个性全面发展。每一个学生都是独特的，具有鲜明的个性差异。课堂教学当然要照顾课堂中学习者的多样性，但亦然要实现学校教育的基础性、普遍性、公共性等一系列社会化目标。换言之，课堂既要认同学习者的多样化和差异化，又要在目标的实现方面追求统一的标准。运用统一的评价标准去追求多样化的人才培养[①]。亦即实现教育公平与效率，教学质量与教学效率之间的矛盾与平衡。围绕着集体与个体之间的结构性矛盾，课堂教学一系列的现实问题相继衍生，不断地考验着教师在"个体"与"集体"之间的抉择与平衡，考验着课堂中"教"与"学"的张力与统一。这一系列对立、紧张与矛盾毫无疑问构成了课堂教学改革与发展的基本动力。同样地，围绕着对课堂教学这一形式结构矛盾的分析，也进一步阐明了构建课堂集体思维的形式结构及其发展的基本逻辑框架。

[①] 沈书生：《从教学结构到学习结构：智慧学习设计方法取向》，《电化教育研究》2017年第8期。

四 同质与异质：课堂集体思维内在理论逻辑

课堂教学是由相似而又不同的学生组成的学习集体，既存在一定的同质性，也存在相当的异质性，同质与异质共同构成了课堂集体存在与发展的前提和基础。但集体教学绝不能等同于同质化教学。新课改以来，基于对传统知识授受灌输模式的批判，教育者往往简单地将集体教学（授课）等同于同质化教学。认为同质化教学就是指教师对课堂中的全体学生从教学内容、教学方法、教学组织形式等方面施以无差别教学。通过教师对全体学生的相同施教，实现所有学生都得益并保证较高教学效率这两个美好愿望[1]。我们说，以班级授课制为主要组织形式的课堂集体教学固然在形式上具备"同质化"教学的一般特征，但绝不能就此否定集体教学的"异质性"。从理论根源上看，班级授课制根本上确实是一种以能力分组、以学科分组的教学理论，根据学生的年龄、认知水平或认知能力，通过划分班级以尽可能地调整和控制学生异质性范围，并采取分科教学的方式和方法保证学习内容的"统一性"。甚至在集体教学过程中采用小组合作教学、分层教学、走班制等一系列教学组织形式从根本上也是通过"分层"或者重新"分班"的形式减少学生个别差异的范围和程度，使学习集体具有更加相同或者相似的认知水平，从而让教学更加"精准"、更加有效率。当然，一味追求教学效率、过分强调同质性而忽视异质性的传统集体教学固然不可取，但并不能彻底否定集体教学及其同质性基础。师生、生生之间的同质性使集体成为可能，师生、生生因为同质性的"相似"而聚集在一起、相互吸引，并为互动和沟通提供了前提。课堂集体教学的异质性同样是显而易见的。这种异质不仅体现为学生个体间经验、能力、兴趣、意志等的差异性，还表现为师生不同认识水平的差异

---

[1] 李怡明等：《论课堂教学结构异质化变革》，《课程·教材·教法》2014年第6期。

性。总而言之，师生、生生之间的同质性为 1+1>2 提供了"运算法则"的可能性，如果完全异质（单位不同）是不可能进行加法运算的；同样地，如果完全同质，师生、生生之间只能是 1+1=2 的量的简单积累，要想实现 1+1>2 的质的飞跃，则需要异质性的思维碰撞与共生。因而，同质性与异质性是课堂集体教学的一对孪生子，如何在集体的课堂教学环境中实现同质与异质的有机统一，则是课堂集体教学必须回应的现实问题。

课堂中的同质与异质问题是学校教育的一个现实问题，早已受到我国教育者的关注。世界上没有两片完全相同的叶子，教室里也没有两个完全相同的学生，课堂教学如何面向全体学生同时兼顾学生的个体差异，如何在教学过程中将学生的共性与个性辩证统一起来，使教学与每个学生的学习和发展最大限度地匹配一直是我国教育者高度关注的现实问题[①]。然而，从已有的研究和实践来看，教育界对课堂中同质与异质的探讨往往习惯于采取"因材施教"的思路：基于对学生个性差异的认识，因人而异选择教学内容和教学方法，甚至调整教学方式和教学组织形式，以期能够适应和满足每个学生自己的学习和发展需要。因材施教和个别化的教学方法固然能够满足学生个体差异和个性发展的需求，但在具体教学过程中难以真正地在面向全体学生的同时兼顾每一个学生的个体差异，这根本上是一种"头痛医头，脚痛医脚"的简单线性思维，始终是基于学生发展的个体视角而忽视课堂集体发展的整体视角。学生是学习的主体，主体性的实质就是学生的独特的个性。如果我们的因材施教仅仅着眼于如何基于学生个性差异有针对性地施以教学，必然难以兼顾全体学生的"个体差异"。学生主体只有自觉、主动地带着个体差异参与到课堂教学过程中，才能以独特的个性差异为基点实现外在的人类科学文化知识与个体内在精神世界的意义联结。教育要

---

① 华国栋：《差异教学策略》，北京师范大学出版社 2009 年版，第 1 页。

真正面向全体学生，让学生主体参与到教育过程中，这是教育实现既面向全体学生又能兼顾个体差异的基本途径。"从参与知识的获得过程去领悟，这是因为在知识的获得过程中，学生为了获取问题的解答，不得不在教师的引导下选用合适的方法进行独立的思考和操作，不得不调动自己的意志和情感因素维持探索活动的进行，这样，他们不仅有效地获得了科学的知识和方法，而且经历了痛苦、茫然、焦虑和喜悦、激动、充实等感情变化，他们的能力也就在这一过程中得到有效的训练，思想也得到了提升。"[1]学生不是空着脑袋进入教室的，只有学生意识到这种差异，将这些差异转化为个体主动学习和发展的基础，才能通过师生、生生的集体互动真正实现"面向全体学生兼顾个体差异"。

因而，课堂教学中要实现集体统一与个体差异、同质与异质的有机统一，不能仅仅依靠教学方式的调适、教学模式的革新，而应激发学生的主体自我意识，让学生意识到自我独特的"个体差异"及其与他人、认知对象之间的差距，在此基础上实现主体内在自我与外在人类科学文化知识的意义联结。此外，课堂教学是由一个个具有鲜活个体自我构成的学习集体，个体差异不仅是学生社会化的基础，同时也是集体思维的重要资源。一方面，学生是在比较和差异中激发主体自我意识。从自我意识的起源来看，当人能够将自己与他人、自己与周围世界区分开来，就获得了自我意识。人类自我意识的发生、发展从根本上说是通过主体与客体、"他人"与自我之间的"同与异"比较机制中进行。也就是说，当学生发现自己与他人的差异和区别的时候，更能有效地激发主体的自我意识。另一方面，学生往往不是以相同的方式理解同一知识、现象和事物，学生的个体差异和不同认识是集体思维的重要资源，正是这差异的个体认识构成了集体思维碰撞和相互启发不可或缺的资源。只有学生

---

[1] 徐学福：《探究教学研究》，广西师范大学出版社2005年版，第39页。

主体自我意识的激发，将个体差异带入课堂集体思维过程中，才能真正实现个体差异与集体统一、同质与异质的辩证统一，真正实现面向全体学生同时兼顾学生个体差异的教学理想。

课堂教学是由权威的教师和相似而又不同的学生组成的学习集体，其实质是师生、生生围绕一定的教学内容展开集体思维的过程。从集体思维的视角看，课堂存在两个层面的"差异"：第一种是不同水平的认知差异，主要是指教学内容、主题与学生，也可以说是已知与未知之间认知水平的差异以及师生之间的认知水平的差异。前者的"差异"是学生的"最近发展区"，往往通过后者"脚手架"式的引导，将差异转换为一个个"问题"，实现学生知识的获得和理解；第二种主要是涉及不同认知风格、个体经验的学生之间的差异。对待同一个事物、主题，学生个体经验的不同势必带来不同的认知"差异"，这种差异通过学生进一步的探究、学习而实现对知识的深化理解和掌握。即师生之间、教学内容与学生之间认知水平的差异，以及生生之间不同经验个体、认知风格的差异，经由课堂教学中师生、生生之间集体思维的对话、交往和互动，推动不同认知水平和个体认知的碰撞、交融，实现学生对知识的理解和掌握。集体视角下的课堂教学和因材施教不仅关注差异性的个体发展问题，而且将"差异"视为课堂集体思维交互的重要契机和资源，探讨学生的个体经验经由集体思维的碰撞、交互，实现人类知识的获得和个体的发展。此外，针对不同的差异类型，采用不同的方法，结合课堂集体的"天然优势"将个体差异转化为学生的"认知诧异"，进而推动个体的发展和集体的进步。

五 教学现实的社会建构：课堂集体思维的生成机制

现实的课堂教学是师生、生生主体间的集体互动过程，而非学生独自学习与发展的过程。因而，与学生独自一人在书房或者其他个体境遇中的学习发展不同，集体性的社会结构构成了课堂教学的客观事实和个体发展的前提条件。学生主体对这一客观条件的主观认识则构成了学生发展的教学现实。所谓教学现实，就是师生个体在课堂情境中对教学活动的整体认知，是师生作为活动的主体对课堂教学生活所形成的"知识"和主观认识[1]。这一主观认识和教学现实构成课堂中学生学习和发展不可忽视、不可或缺的前提性条件，是学生课堂教学生活中理所当然、不证自明的存在，并不需要额外的论证。既然是不证自明、无需论证的存在，为什么还要分析教学现实？这一点，正如时间与空间"自在"于人类日常生活的基本结构和现实，无需证明，不需论证，但像我们常常需要看手表、看日历、找定位一样，以此尝试记起和确认现在是几点，今天是什么日子，此刻在什么地方，借助这些回到日常生活现实[2]。当然，对教学现实的分析并不是本节内容的重点，而是具体阐释和探讨这一教学现实中学生发展的一般机制。

现实的课堂教学过程是师生、生生集体主体间的互动和交往过程。表面上看，课堂教学现实已然是客观化的，它的组成成分是一系列在学生"出场"前就已经存在的客观存在及其结构体系。学生的任何行为必然是在一定的集体性、社会性结构境遇中的活动，如学生预习课文、回答问题、合作学习、集体讨论等。教学现实作为学生对课堂教学活动的整体性主观认识，既是外在于学生的客观存在，同时也内涵了学生个体对活动的主观认知，必然对学生在课堂教学中的行为和活动产生一定的影响。课堂教学作为学生现实的教学生活及其活动，是围绕着学生所处的"此地"和当时他所在的"此时"组织起来的。"此时此地"构成了学生课堂教学生活的注意力焦点，转而成为学生内化知识的基本依据。课堂教学是以"此时此地"的方式呈现给学生的东西，构成了学生个体认识的对象和

---

[1] 郭华：《论教学现实的社会建构》，《北京大学教育评论》2007年第4期。

[2] ［美］彼得·L.伯格等：《现实的社会建构》，吴肃然译，北京大学出版社2019年版，第25页。

意识中的实在之物。当然,课堂教学过程的客观现实并不仅限于这些肉眼可见、触手可及的现象,还包括那些不在"此时此地"的现象以及在师生、生生交互过程中生成的一系列"事件",如教师的反馈、学生的追问、同伴间的对立与冲突等,这些都是学生学习和发展的重要内容和"知识点"。总而言之,现实的课堂教学是一个主体间的世界,是一个由"我"与他人共享的世界。这种主体间性将以"我"为中心的视角所建构的世界鲜明地区分开来。在梦的世界中只有"我"一人,但现实中,生活世界对于其他"学生"来说是真实的,集体间的交互、反馈和他人不同的理解、观点构成学生个体思维和发展教学现实存在。并且人的本质是一切社会关系的总和。如果缺少了和他人的持续互动和沟通,学生个体根本无法存在于日常生活中。他人与"我"一样对这个世界的自然态度是一致的。他们也是围绕着自己所处的"此时此地"来组织这个世界,并在其中做着自己的事情。当然,对于这个世界,他人有着与"我"不一样的视角。"我"的"此地"是他人的"彼地","我"的"此时"也不与他人完全融合。尽管我们共享着相同的世界,但是我们看待和认识世界的视角总是独特的,内含着个体独一无二的个人经验和理解。

　　传统关于课堂教学过程和学生发展机制的理论分析往往聚焦于实体性、对象化、单一的"教"或者"学"的视角,而忽视课堂集体性结构及其教学现实的精神性内涵和教学论意义,用抽象的、一对一的"教"与"学"互动和个体性的学生发展过程及其理论阐释和构建课堂教学的基本运行机制,不能很好地解释课堂教学客观存在的形式结构如何影响师生主体的行为活动,对于诸如教师与学生如何参与集体性的认知交互,师生主体的个人主观性通过怎样的过程转化为课堂集体行动的客观事实,集体性的认知交互反过来又是如何影响和形塑主体的行为活动和学生的思维发展等一系列课堂教学现实缺乏有力的解释。课堂教学的形式结构不是师生主体活动的外在之物，而是内在于师生的主体活动。正如建筑必然呈现一定的结构，结构不仅支撑了建筑的基本"挺立"，也决定了建筑的功能和美学价值。课堂教学活动必然呈现一定的形式结构，结构影响甚至决定了"教"与"学"交互的形式。当然，课堂教学不是"建筑物"，而是师生、生生主体的实践活动，师生是具有能动性的行动者。课堂教学的形式结构并非先天的或者外在于主体活动之外的客观存在，而是在师生、生生能动者的实践活动中创造性的结果，具有一定的主观性。但是，它一旦被创造出来就作为一种"社会现实"，抑或者说是社会事实，构成主体进一步行动的客观基础，成为课堂教学活动得以展开的现实条件。具体来说，课堂集体思维的生成机制体现在以下三个方面：

首先，课堂教学是师生、生生主体的、集体性交互实践活动。教师、学生和同伴同时构成了课堂教学活动的人员结构性要素。单纯聚焦"教"与"学"的交互实践，不仅容易产生"教师中心"与"学生中心"的极端化对立，同时也容易忽略学生同伴之间相似而又不同的主体之间的"学"的交互[1]。从课堂教学理论研究的历史来看，从未有人专门、系统地提出教师中心的教学理念，"教师中心"不过是为了批判传统知识灌输教学，强调学生学习的主动性，推广"学生中心"而人为制造的一对概念[2]。这种人为制造的概念和二元对立的思维方式还"创造"了一个独特的"中国学习悖论"：即使是在教师参与课堂教学的程度高于学生在课堂教学的合作和参与程度的情况下，教师的支持和帮助仍然能够稳定地促进学生"内在价值""自我效能"及"策略应用"的发展。也就是说，所谓的"教师中心"的课堂环境亦可培养学生的自主学习能

---

[1] 王有升等：《同伴学习中的"教学相长"与课堂教学变革》，《课程·教材·教法》2018年第2期。

[2] 王卉等：《虚无的对立与事实上的统一——论"教师中心"与"学生中心"的关系》，《现代大学教育》2019年第3期。

力,而且这种积极作用恰恰主要来自教师对学生学习的支持和参与,而非通常假定的学生的自主学习与合作[①]。亦是说,从集体思维视角看,师生、生生作为不同的主体类型以及具有明显个体差异的主体间交互共同构成了一个课堂集体交互网络。课堂教学是师生、生生不同主体类型和相似而又不同的学生集体交互的网络,而非线性的师生"教"与"学",单纯的师生对话或生生合作。不同的主体类型、差异的学生主体个性特征分别构成和承载了课堂集体性社会实践过程中不可或缺的角色、任务和资源。

其次,学生不是空着脑袋进入教室的,教学也不能将学生看作一张白纸而单纯地进行灌输和填鸭,而是以学生已有的知识经验和认识水平,包括个性特征等作为发展的基点,通过课堂教学推动学生已有的认识水平不断向人类已有认识水平靠近和提升。教学是新旧知识的联结过程,但学生已有的知识经验、认识水平等并不会自然地或者说自发地转化为学习的起点和认知发展的基础。学生的学习及其主体性的激发固然需要外在因素的引导,但同样离不开主体内在自我意识的自觉和觉醒。从根本上说,学习是主体内在自我与外在学习对象、内容的意义联结与互动,最终将外在的人类科学文化知识转化为学生的精神财富。主体自我意识的激发是学生发挥主观能动性内在动力的根本前提与保障,增强学生主体自我意识是最大限度地提升学生主动性不可或缺的条件,同时也是构成学生自主学习的积极内因。课堂中学生主体自我意识激发主要存在两种途径:第一,在比较和差异中激发主体自我意识。学生同伴之间的认识差异、个体已有知识与人类认识水平之间的差异、师生不同认识水平间的差异等都构成了学生主体自我意识激发的重要资源。总之,以学生个体自我意识激发与主体性参与才能真正实现课堂集体(全体)参与。任何外在教学方式、方法或技术上的调整如果不能

[①] 李子建等:《课堂环境对香港学生自主学习的影响——兼论"教师中心"与"学生中心"之辨》,《北京大学教育评论》2010年第1期。

转化为学生主体内在自我学习的动力，则始终不可能是真正的主体学习，也绝不可能是有效的因材施教。

最后，学生的发展是主体自觉和集体互动的产物。学生的发展，既离不开个体主体的能动性、主动性和创造性，同时也离不开课堂教学过程中师生、生生的集体性互动、对话和交往。换言之，"集体的教"与"个体的学"作为课堂教学活动机制的外在形式结构，其根本机理在于学生的发展是主体自觉与集体互动的结果。课堂教学是师生、生生主体性的社会实践活动，"集体的教"与"个体的学"并非仅仅是一种外在的、客观的形式结构，而是深刻地寓于师生行动主体的实践意识中。不仅外在地形成师生、生生主体实践活动的基本行为规范，同时也必然内化为主体实践意识的"记忆痕迹"，由此将外在的形式结构转化为主体实践活动的内在精神力量。这一过程和机理的最终实现在于"全体性"的主体参与，也就是师生、生生均作为主体，参与到集体的交互活动中，强调主体间的相互对话、相互启发。主体参与的课堂教学不仅仅是主体自主学习过程，更强调通过集体的交互促进学生主体自我意识启发，将学生个体差异转化为课堂集体思维的重要资源。

第二节 课堂集体思维的核心理念

课堂教学具有构建和发展集体思维的天然优势和现实基础，甚至在一定程度上可以说，课堂教学实质上就是师生、生生围绕一定教学主题或内容展开集体思维的过程。新课改所倡导的自主、合作、探究等一系列教学理念不仅转变了学生被动的学习方式，同时为课堂集体思维提供了教学方法上的支持。简言之，当前我国课堂教学既有构建集体思维的实然基础，又有实践集体思维的应然趋向，为构建课堂集体思维提供了极大的"可能性"。但可能性并不等于真正实现了课堂集体思维。真正实现这种可能，需要进一步厘清课堂集体思维的基本内涵及其核心理念,将集体思维的可能性与当前课堂教学的现实性区分开来,以很好地指导课堂集体思维运行机制的建构和设计。集体思维作为一种教学理念,基于对课堂教学存在的集体与个体的形式结构矛盾的关注,强调学生作为学习和思维的主体,每一个学生都是独特的,探索如何在集体环境中将个体差异转化为学生发展的重要资源,以实现 1+1>2 的教学效果是课堂集体思维的根本追求。

一 以问题为导向：聚焦思维发生的深度学习

激发学生思维,促进学生思维发展始终是课堂教学高度重视的现实问题。尽管关于学生思维的激发存在不同的实践策略,但根本路径是"问题"。正如杜威在《我们怎样思维·经验与教育》中指出的一样,"思维起源于某种疑惑、迷乱或怀疑"[1]。他认为思维之所以发生,主要是源于问题,即感受到了困难,接着是对这个问题进行澄清,即认识困难,在此基础上联想可能发生的情况,提出相应的解决问题的假设,接着是对这些假设进行推理,进一步思考这种假设的意义,最后通过观察和实验来肯定或否定假设,直到问题得到解决。问题是联结教师、学生、教学内容三要素及其相互关系和结构的核心。要转变传统灌输的教学观念和学生被动的学习方式,关键是如何将教学内容转化为学生想学的内容。课堂中的发问不仅仅要求一个回答,或是简单地检验学生知识掌握的情况,而是以问题为基点一步一步引导学生进入深度学习[2]。并引导师生、生生围绕问题的发现、问题解决实现思维的对话、碰撞和深化发展。从课堂集体思维角度来看,发问必须建立在学生"已知·已学"与"未知·未学"之间,将高于学生认识水平的教学内容转化为一个

---

[1] [美]杜威:《我们怎样思维·经验与教育》,姜文闵译,人民教育出版社 2005 年版,第 21 页。

[2] 郭华:《深度学习及其意义》,《课程·教材·教法》2016 年第 11 期。

个问题，引导学生在感知问题、解决问题过程中不断推动学生认识水平向教学内容的认识水平靠近。简言之，发问是教师将客观和外在的教学内容转化为学生想学的内容的契机，是学生思维发展的生长点。教师以问题为导向，引导学生参与到课堂教学中，并围绕着发现问题、解决问题推动师生、生生对话与交互的深入发展，逐渐实现从浅层次的知识学习进入深层次的思维碰撞和精神相遇。因此可以说，在课堂集体思维过程中，问题的设计与提出要注重开放性、对话性和层次性。

所谓问题的开放性，主要是指发问不仅仅期待一个预设的、唯一确定的答案，还要引导学生"生成"具有个体思维特征的"回应"，进而为师生进一步深化问题，激发学生深层次思维奠定基础。比如，"1+1等于几""图片中有几只羊"等就是非开放性问题，这种提问方式预设了"唯一"和"标准答案"，只是将一个知识转化为简单的"一问一答"。尽管这样的问题表面上看像是启发学生"思考"了，学生也参与到课堂教学中，并与教师进行了"对话"，但这样的对话和思维的激发仅仅停留在知识的复述和事实的回忆层面，无法真正激发学生个体思维。如果将上述"1+1等于几"转化为"1+1为什么等于2?"或者是"你是如何计算1+1等于几"，不仅能够有效激发学生的好奇心，促使学生在解决问题时生成有效的个体思维资源，为进一步的师生对话和不同思维之间的碰撞提供前提和基础条件，使学生在解决问题过程中实现知识的学习，理解加法运算的数学原理，体验数学加法运算的魅力，为培养运算素养提供可能。总而言之，课堂教学中的问题的提出或者说发问，并非仅仅围绕着知识预设的一个确定的"标准答案"，而是具有开放性，能够激发和生成学生的个体差异，使学生真正带着个体差异参与到思维课堂中。

问题的对话性存在两个层面的内涵：其一，问题能够引发师生、生生人际的对话。每个学生都是独特的，总是以不同的方式、视角理解同一现象。在面对同样的问题或者事物时，总是自然地嵌入个人的思维。不同的认识和理解必然在集体环境中产生对立、分化等认知冲突，而这种认知冲突不仅能够极大地激发师生、生生进一步的对话，而且围绕同一事物的不同的理解能够进一步深化学生对知识背后所隐含的"内在机理"的把握。其二，问题能够引发学生自我内在对话。问题的实质是建立"已知·已学"与"未知·未学"之间的连接，重要的是使学生意识到个人"已知"的认识水平与新课题之间的矛盾，通过发问激发这种矛盾，进而促使学生内在自我"已知"与"未知"之间的对话，并循着问题解决的方向逐渐实现知识的获得和理解。如在学习小学四年级上册"三位数乘两位数"这节课的内容时，老师并没有直奔主题，而是首先让学生回顾了两位数乘法的计算规则[①]。接着鼓励同学们用不同方法计算"114乘以21"，大部分的同学都正确地运用了课标所要求的竖式运算，然后请有不同计算方法的同学分别在黑板上板演计算方法，并询问"谁读懂了他的方法？能不能说说每一层分别表示什么"。同学们或是用竖式计算，或是用表格，或是连线，或是用取整去零等不同计算方法。最后，学生们在"演示与解释、补充与说明、比较与分析、归纳总结与提炼"的师生、生生相互倾听、交流、追问、辨析的对话中有效地激发了思维的活力，充分利用学生差异进行互帮互学，使学生实现了两位数乘两位数的知识向三位数乘两位数的迁移，体悟了乘法的基本算理。

问题的层次性主要是指教师对问题的设计要由浅入深，通过系统的发问引导学生不断实现从浅层次的知识学习向深层次的思维碰撞和对话的发生。问题作为激发学生思维的逻辑生长点，师生、生生的对话和交互始终是围绕着"发现问题、提出假说、验证假说、解决问题"进行。因而，教师的发问和对问题的设计要能够形成一

[①] 课例节选自谢玉娓等《借助差异 互帮互学——基于前测的"三位数乘两位数"教学实践与思考》，《小学教学》（数学版）2018年第9期。

条主线，沿着学生思维的深化和发展的方向，逐渐从浅层次的信息的获取到深层次的思维对话与碰撞，在问题解决过程中推动学生思维的螺旋式上升和发展。具有层次性的问题设计往往在课堂教学中表现为一系列的"问题链"或"问题串"。如有教育者将 5W2H 分析法应用于阅读教学中，将课文内容和基本脉络转化为 when（时间）、who（人物）、what（事件）、why（原因）、how（怎样、怎样做）要素，通过这样的清晰的结构性问题链设计使学生在梳理文章过程中能够更加容易把握文章的主要内容和重难点，引导学生架构对文章的整体理解；也有教育者指出问题串的设计要注意层次性和系统性，具体来说就是：（1）指向同一个目标或围绕一个主题，循序渐进层层深入，抽丝剥茧地追问；（2）由一连串具有内在逻辑，在知识和认知水平上存在递进和并列的子问题组成；（3）各子问题存在一定的思维空间，所谓空间不仅体现在提问的时间安排上，还存在于问题所体现的知识纵向深度距离上，保证学生能够循序渐进，自主建构知识的情境[①]。此外，课堂集体思维是师生、生生围绕着提出问题、解决问题的对话和交互展开，课堂中问题设计既有知识学习层次的应答、展示、演示，也有思维碰撞层面的补充、纠正、质疑、拓新、提升。在集体思维的课堂教学过程中，经常会听到这样经典的几个问题："某某同学的观点/做法正确吗？你是如何理解的""谁有补充？谁能纠正？这种说法/做法有没有问题""这种方法行不行呢……如果不行，假如从……思考行不行呢"[②]。总之，课堂中的提问不能仅仅停留在弄清学生知道什么，而应将课堂提问作为检测学生知识掌握的情况，展示学生学习现状的基本手段。问题是激发学生疑难，挑战学习者思维，引发学生好奇

[①] 卓斌：《例谈数学教学中问题串的设计与使用》，《数学通报》2013 年第 6 期。

[②] 注释：对课堂问题的层次性设计的观点主要参考泰安市实验学校"思维碰撞课堂"研究与实践的相关成果。具体的问题设计详见程和方《让教学更能激发智慧："思维碰撞课堂"的建构与实施》，江苏凤凰教育出版社 2016 年版，第 21—30 页。

心和探究兴趣，展现学生观点和思维的重要生长点。

课堂集体思维强调以问题为导向，课堂中的每一次发问都是激发学生思维，引导学生参与集体思维的碰撞、交互的契机。解决问题不仅是学生学习欲望和动机激发的重要手段，围绕着教师发问和其他同学的发言能够实现不同差异个体之间的相互碰撞、相互启发，不仅使课堂教学跟随问题解决的不断深化，引领学生逐渐从浅层的知识学习进入深层次的思维碰撞和拓展性理解，而且实现知识学习从量的积累到质的飞跃。

二　强调主体参与：面向全体学生，兼顾个体差异

课堂教学的基本样态是一个教师面向多个相似而又不同的学生，如何在课堂教学中面向全体学生兼顾每一个学生的个体差异，做到"一个都不能少"，实现学生个性化与社会化、个体发展与集体共同进步的统一是课堂教学面临的重要现实问题。换言之，如何在统一教学内容、统一教学进程的课堂教学中满足不同学习风格、学习兴趣、学习节奏等具有个体差异的学生的学习需求？其基本途径是学生主体参与课堂教学过程。学生主体参与的第一个关键词是主体，其基本内涵是学生带着个体差异参与到课堂教学过程中。主体何以突然转换为个体差异？以往，教育界对学生主体的理解往往强调学生的主动性、能动性和创造性。对学生主体性的探讨，往往局限在主体与客体、主观与客观的相互关系，相对忽视主体内部的具体个性的研究，抽象化主体的个性特征和个体差异。学生的主体性不是一个抽象的哲学概念，每一个主体都是独特、具体且充满个性差异的，是"我"的主体，只有"自我"才能赋予主体以鲜活和充盈的生命力。学生主体性的发挥首先来自对鲜活的个体差异的认识，对这种个性差异的自我认识和把握则构成了学习的起点和前提条件。课堂教学固然离不开新旧知识的联结，但这种联结的关键在于如何实现学生内在主体自我与外在知识和世界的意义交互。学

生主体内外世界意义的联结根本上是学生以主体自我为内在尺度，在与师生、生生和知识文本的对话、交往过程中，不断实现内外世界的意义交互生成与互动。外在的人类科学文化知识是客观和确定无疑的，但每个学生构建知识的内在机理是不同的。学习的主体性，从根本和现实的角度看就是建立在学生自我意识的觉醒与自觉基础上的认知发展过程。

主体性参与的另一个关键概念是参与。参与意味着主体带着个性特征，通过参与这一基本途径将学生个体差异转化为集体互动的资源。从根本上说，学生知识的理解、思维的发展不能完全依靠教师言传身教的方式，学生不可能直接从教师或课本里获取知识，必须从参与知识的过程中去领悟[1]。20世纪末，人类学习理论逐渐实现了从获得模型向参与模型的转变，并直接地影响了我国新世纪初开始的课程改革。获得强调个体大脑对知识的占有，参与强调个人通过参与集体活动实现相互关系的形成；获得强调知识像客观实在物体在大脑的移动，参与强调部分与整体的交互[2]。如何参与，具体来说就是学生在课堂教学过程中，要调动自己的意志和情感因素维持探索活动的进行。参与的过程其实质就是引导学生思维"模拟"或者说"经历"知识产生和发现的过程，以参与的方式体悟从未知到已知的过程。在参与的过程中，他们不仅获得了对知识的掌握和理解，而且还经历了痛苦、茫然、焦虑、喜悦、激动、充实等个体鲜活的情感体验，他们的能力在参与过程中得到有效训练，思想也得到了有效提升。以主体参与为基本途径实现课堂教学在集体的环境中既面向全体学生又兼顾个体差异，首先是在视角上实现了差异教学的理论创新。众所周知，如何在班级集体教学中，立足于学生个体差异，满足不同学生且实现每一个学生的个性发展是我国课堂教学一直追求的目标。教育者或是通过调整教学方式适应学

---

[1] 徐学福：《探究教学研究》，广西师范大学出版社2005年版，第39页。
[2] 徐学福：《获得学习模型的困境与参与学习模型的转向》，《教育学报》2014年第2期。

生个性化需求，或是强调教学组织形式的变革以期有效管理和调适学生个体差异的范围，或是不断拓展学习内容满足不同学生的学习兴趣，或是基于对学生个体差异的测量、识别与分类，有针对性地采取相应的教学方式适应学生个体差异。其根本是立足于学生个体差异，将学生个体差异视为一种"问题"，就如何"调适"个体差异而探讨个体差异，忽视了学生的个体差异是在课堂集体环境中的差异，其本身是课堂集体思维不可或缺的互动资源。

第三节　课堂集体思维的一般过程

任何课堂教学改革的深化和落实，必然落脚于师生行为转变上，其关键则是转化为具体的实践操作。"可操作"构成了课堂教学理念落地的关键。正如叶澜老师所强调的那样，21世纪以来，我国课堂教学研究与实践既经历了传统教学论与现代教学论的激烈争辩，也经历了"后现代"为总称的多种教学理论流派的风起云涌，为课堂教学研究和改革提供了丰富的思想资源。然而，并不是所有的教学理念都真正实现了落地，甚至有相当大的一部分教学理论和教学模式的著作的影响大多还停留在书本上和讲座中。从现实来看，"复习提问、引入新课、讲授新课、总结归纳、布置作业"经典的教学过程五环节依然在我国课堂教学中普遍存在。它之所以能够在实践中长期存活的一个重要原因是操作性强[1]。其中，将教学理论模式化为一系列的程式化的活动结构和操作手段是联结教学理论与教学实践的关键路径。教学模式是反映特定教学理论逻辑轮廓的，为保持某种教学任务的相对稳定而具体的教学活动结构[2]。尽管由于学生发展水平、学科教学内容、教

---

[1] 叶澜：《新基础教育论：关于当代中国学校变革的探究与认识》，教育科学出版社2006年版，第259—260页。

[2] 顾明远：《教育大辞典》第1卷，上海教育出版社1990年版，第180页。

学环境等一系列现实因素的差异，不可能真正确立一个普遍有效的课堂集体思维模式。但不管面对怎样具体的、复杂的实践，都必须以牢牢把握集体思维的基本内涵及其模式为前提。课堂集体思维就是师生、生生围绕同一问题、主题或课题，以差异的个体思维为基本资源，通过不同认识水平和不同个体认识的对话、碰撞，在相互启发中实现个体认识的深化、思维的发展和集体的共同进步。基于此，构建"吸引、参与、启发、发展"的课堂集体思维基本模式，形成"提出问题、集体聚合、差异交互、共享成长"的课堂集体思维四个阶段。

一　吸引：提出问题

几乎在所有的课堂教学中"教师提出问题或主题—激发学生回应，学生回答问题—师生对学生的回答作出反应"这一师生问答活动可以说占据了师生课堂教学行为的重要内容。有研究者发现，围绕着以问题吸引和激发学生参与课堂，通过提问—回应展开课堂教学占据了80%的课堂教学时间。甚至在典型的中小学课堂上，师生每小时可能会问到100个左右的问题[1]。然而，并非所有问题都能够有效激发师生、生生的集体思维。能够激发学生集体思维的课堂教学提问具有什么特征？如何设计相应的问题并提出问题是本节重点探讨的内容。

（一）问题的基本功能

将教学内容问题化或教学活动问题化，以问题链为教学推进过程，引导师生围绕"提出问题、解决问题"的过程展开对话、交往，实现深度教学和学生思维发生、发展是当前我国课堂教学转型发展的一个重要方向。众所周知，问题是激发学生思维的关键。思维的机制是一种对话的机制，其首要的特征是以问题解决为基本过

---

[1] 张春莉等：《不同水平问题的小学课堂提问实证研究》，《课程·教材·教法》2011年第10期。

程。但并不是每一个问题都能真正激发师生的集体思维。历史地看，以问题提出开启教学并不是一种新的教学现象或者教学理念。在我国古代，早就有了"学起于思，思源于疑"的理念。从孔子"不愤不启，不悱不发"的启发教学的关键是抓住"启"的时机，善于发问，到韩愈"师者，所以传道授业解惑也"，无不体现了"解疑答惑"是我国古代教学的重要内容和主要方式。苏格拉底的对话教学既是一种精神助产术，也是一种典型"问答"教学法，其实质就是围绕着一系列的问题展开"对话"，将原本就存在于人的心灵中的知识"引出来"。就像助产婆帮助产妇生小孩一样。助产婆不是直接替产妇生孩子或者直接把孩子给产妇，而是帮助她把孩子生出来。相应地，苏格拉底问答法并不是教给人们真理，而是教会人们如何去认识真理，引导人们去发现真理[1]。当然，受制于古代人类社会和教学发展水平的限制，不管是孔子的启发教学还是苏格拉底的精神助产术，都只是一种基于个别施教的师生问答法[2]。近代以来，随着教育规模的扩大，这种传统师生一问一答的个别施教的方法已经不能直接地应用于现代集体授课的课堂教学。但是基于问题展开教学的基本思路依然没有变，甚至现代集体授课的课堂教学赋予问题教学以新的生命力和发展契机。我们说，课堂中每一个学生都是独特的，他们在面临相同的问题时必然存在不同的个体理解，因而，如何在集体的课堂教学环境中提出问题，既能激发学生思维，吸引学生注意和思考，又能有效激发学生个体思维，并将其转化为师生、生生集体思维的重要资源是本书对"问题提出"的基本设定。简言之，课堂集体思维的问题提出要实现两个基本的功能：第一，吸引学生注意和思考；第二，激发学生个体思维。

总之，在集体思维的课堂教学中，提出问题不仅要激发学生

---

[1] 丁念金：《问题教学》，福建教育出版社 2007 年版，第 7 页。
[2] 陈桂生：《孔子"启发"艺术与苏格拉底"产婆术"比较》，《华东师范大学学报》（教育科学版）2001 年第 1 期。

思维，还要从学生的回答中展示他们"所知"的程度，同时将学生个体差异的理解转化为集体互动的资源。亦是说，通过学生对问题的回应，将学生个人的经验、观点、感觉引入公共的、集体的课堂。如"你在生活中见过哪些三角形？它们有什么特征？"通过这一问题将学生已有的知识经验与即将学习的内容联结起来。同学们的个人经验和知识储备可能存在较大的差异，这些差异不仅能够有效提高学生的兴趣和参与程度，并且能够让学生接触到多种多样的回答，在对比和联系不同的"答案"中逐渐归纳总结出三角形的基本特征。

（二）问题的类型

基于前述课堂集体思维中提出的两个基本功能，大致可以将问题的类型分为两大类：一类可以说是一般的结构性"问题"，在任何的学科教学内容中都存在。比如，"你是怎么理解的呢？""他/她的观点正确吗？为什么""还有没有其他理解，有没有要补充的？"等诸如此类的问题。这类问题更像是个体思维之间的网络连接线，促使学生发表的解释和见解一步一步不断深化；另一类则主要是基于一定的教学目标和教学内容，所产生的学科教学问题。国内外学者对问题类型的探索往往聚焦在这一维度，积累了相当的研究。美国心理学教授盖泽尔根据问题所预设的"回答"的不同，将问题分为三类：呈现型、发现型、创造型。呈现型问题是由教师或教科书给定的问题，其思路和答案都是现成的，直接体现教师和教材编写者的思考。显然，由于这类问题预设了"答案"，学生的回答并非真正的"主体参与"，甚至往往是追求标准答案。相比之下，发现型和创造型的问题更有价值，这类问题的共同特点是：第一，能够有效激发学生主体意识，从解决问题的过程来看，学生对问题的回答是自主思考和探索的结果；第二，发现型和创造型问题并不存在唯一的标准答案，具有一定的开放性，因而可能产生较为个性的回答，是个性思维的表现。发现型和创造型问题几乎可以说是课堂集体思维所倡导的问题设计类型。

　　课堂教学中的问题主要有以下几个类型：（1）延伸型问题。主要是指从教材内容延伸开来的问题，要求教师能够发现教材中未曾明确交代但又要求学生必须理解的问题；（2）辩证型问题。主要是指需要用唯物辩证法才能得出正确结论的问题；（3）比较型问题。主要是指将不同现象进行对比，从不同现象的异同总结出知识和规律；（4）升华型问题。主要是指从外在的问题升华为对自身实际进行思考的问题，要求学生能够发自内心地联系自身实际，创造性表达自己的认识；（5）开放型问题。主要是指学生超越教材，在实际中存在的问题。这里的开放型问题与本书提出的问题的开放性并不完全相同，本书主要从问题的答案生成性强调"答案的非唯一性和不确定性"。这里的开放型问题要求学生能够联系实际，将一些现实存在的，如社会热点问题引入课堂教学中；（6）流动型问题。主要是指能够反映社会一定时期的各种现象的一连串问题，每一个社会的诸多现象都有其发生、发展、消亡的演变过程，教师以历史流动方式将这些问题串联起来；（7）漫画型问题。主要是指用幽默诙谐、生动形象、通俗易懂的漫画与观点、原理相结合而成的问题；（8）综合型问题，主要是指从分散于各课、各节的内容中，抽取它们之间的某种共同的属性或指向，进行提炼、整合、组织，将这些原本分散的知识重新纳入一个全新的问题系统之中；（9）材料型问题。主要是大文科类的教学中，如语文阅读、社会思想政治课中用一个材料，培养学生的观察能力、分析能力、解决问题能力以及关注社会的责任和热情的创新型问题[①]。总之，教育界关于问题的分类研究取得了丰硕的成果，为教师根据不同的教学内容设计不同类型问题提供了有效的智慧支撑。但过于细化的问题类型划分同时也制约了提问策略的选择。

[①] 丁念金：《问题教学》，福建教育出版社2007年版，第93—95页。

问题始终是一种工具，是课堂教学师生、生生互动的重要工具和中介，总是服务于一定的教学目的并最终指向学生发展。在课堂集体思维中，激发学生思维、利用学生差异的个体思维资源是本书划分问题类型的主要标准。因而，在课堂集体思维过程中，除了上述两个维度的问题划分外，在具体的提问过程中只存在两种类型的问题：开放型问题和封闭型问题。课堂集体思维过程中的问题以开放型问题为主。美国教育者加里·D.鲍里奇在《有效教学方法》（第九版）中系统阐释了开放型问题以及对如何利用"问题提出"将学生个体思维资源引入课堂集体交互和对话进行了系统的阐释[1]。他认为尽管开放型问题只占课堂教学的很少部分，但作为高层次的问题类型，开放型问题不仅能够激发学生个体思维，同时能够有效地训练思维、培养和发展学生形成抽象概念、鼓励学生进行分析—综合—判断等高阶思维活动。

（三）提问的方法

尽管在课堂教学中，封闭型问题在提问频次和数量上占据了绝大多数的"优势"，但是课堂集体思维的提问往往是以开放型问题为中心和主线组织教学过程。对问题的设计和提出总体上要坚持两个原则：第一，问题的设计和提出要在"已知·已学"与"未知·未学"之间提出。问题作为激发学生思维的重要"导火索"，重要的是使学生明确意识到个体已有知识经验与教学内容之间的联系，使学生发掘个体已知水平与教学内容水平之间的差距和矛盾，进而使问题真正转化为学生认知发展内驱力；第二，问题的设计和提出不只是要求一个回答，更为重要的是引发课堂集体内部的对立、分化。每一个学生都是独特的，在面临相同的开放型问题时必然存在个体独特的认识和理解。不同的认识和理解必然造成学习集体内部的对立、分化，应进一步通过对话、交往将集体间的认知差

---

[1] Borich, Gary D., *Effective Teaching Methods: Research-based Practice—Ninth Edition*, Pearson Education, Inc., 2017, pp. 225–227.

异转化为认知"诧异",引导学生在比较与差异中不断深化认识,从不同的理解进一步提炼知识、总结规律。

在具体的提问过程中要做到以下几点:(1)层层设问,逐渐深入。教师通过问题不断引导学生由浅入深、由表及里,一步步在消化差异、消除差距过程中深入思考,从而培养学生思维的深刻性。如在探究"为什么液体不能从吸管中流出"这一问题时,教师将这个开放型的问题转化为一个层层深入的问题链"是因为吸管不够大吗?是因为瓶中没有足够的水吗?是因为吸管周围由软木塞所提供的空气密封所导致的吗?"最终引导学生得出影响"水在密封的管子中流动的影响因素"这一知识内容。(2)多角度设问,使学生摆脱狭隘的、单一的思维模式,突破个体认识的局限性。每一个学生往往都是基于一定的视角和立场认识事物,相对于事物的整体来说具有一定的局限性。如学生看到讲台上的杯子往往一次性只能看到其中一个侧面,而无法全面认识。而集体中的不同个体认识可以为我们提供不同的认识视角的参照。引导学生学会换位思考,培养学生思维灵活性。(3)教师还需要善于运用连词性的问题,也就是上文提到的一般的结构性"问题",激发学生进行不同观点和思维的碰撞交流,促进学生个体的思维水平在集体的相互了解、相互碰撞、相互启发中实现不断地提升和发展。

二 参与:集体聚合

传统问题教学或探究教学对教学过程和阶段的理解往往建立在思维发生、发展的一般规律上,因而,问题提出之后往往是分析问题或提出假设。课堂集体思维固然遵循学生一般思维的发展过程,但更加强调在具体的课堂环境中学生思维发生、发展的外在形式结构,主要是从个体与集体的相互关系建构课堂集体思维的发生、发展过程。因此,课堂集体思维虽然实质上是师生围绕问题展开的一系列思维互动过程,遵循发现问题、解决问题的一般思维发展规律及其过程，但在具体的课堂教学过程中，教师提出问题之后的第二个阶段主要表现为个体主体的参与和集体力量的聚合。简言之，课堂集体思维的第二个阶段探讨的主要内容就是"怎样使所有学生能够带着个体思维和个性特征参与到问题的回答中"。其实质就是以问题提出为基点，引导学生主体参与课堂集体互动，实现个体思维的集体聚合。亦是说，在问题提出之后，如何真正激发每一个学生的个体思维，使全体学生都真正参与课堂教学过程，是构成课堂集体思维第二阶段的重要内容和目标。

（一）参与的内涵：主体参与

自 20 世纪八九十年代开始，人们对"学习究竟是什么"这一本体问题的理解逐渐实现了从"获得模型"的局限性反思转向"参与模型"的确立和超越，认为学习者学习一个主题，就是逐渐参与特定共同体活动，成为共同体成员的过程[1]。同样地，课堂教学是集体的思维碰撞与交互过程，每一个学生都是学习的主体，是学习集体中平等的一分子，学习就是成为集体中的一员，是平等地参与课堂集体思维的过程。这是课堂集体思维对参与的基本理解。学生主体参与教学并非一个新的教学理念，古往今来，我国教育教学历史始终高度关注学生学习过程的主体参与，从我国传统"修己之学"强调学习的自主、自觉、自为到陶行知的"教学做合一"，无不高度重视学生学习的主体自觉和主动参与。在国外教育发展历史上，无论是杜威的"做中学"还是皮亚杰的"主动自发教学原则"，抑或是罗杰斯提倡的"自我主导型"教学，主体参与思想一直贯穿其中。古今中外教育家的主体参与教学的思想应是当前课堂教学的文化共识[2]。学生的发展是主客体交互的结果，学生思维的激发与发展既离不开教师的引导、同伴的互助等外在客观环境的

---

[1] 曾文婕等：《获得·参与·知识创造——论人类学习的三大隐喻》，《教育研究》2013 年第 7 期。

[2] 姚建光：《参与式教学：理论建构与实证样本》，《中国教育学刊》2011 年第 1 期。

支持，同时也离不开内在主体的自觉与主动。马克思认为，活动是人的存在和发展的基本方式。人之所以能够成为人的主要根据在于主体参与的对象化、具体化活动。人的活动是主体见之于客体的实践，而只有在客体的主体化和主体客体化的活动中，人才能确证自己、表现自己、改造自己，从而实现自己的发展[①]。问题提出作为外在于学生主体发展的外部客观条件，仅仅为学生思维激发和发展提供了方向和主体的对象化的内容和主题。学生是具有主观能动性的学习主体，课堂教学作为学生的主体实践活动，就是学生以主体内在的尺度外化过程，进而构建主客交互的认识实践活动。

主体参与构成了课堂集体思维的认知交往活动的基本机制。任何活动都是主体的行动，而主体行动是受意向（intentions）指导和以目标（goal）为导向的。意向具有明显的个性特征，而目标则充满了社会化和外在客观要求。意向和目标之间的交互就形成了主体行动的基本动力。个体主体性发挥的外在表现为参与集体的认知交互活动，个体要实现真正的发展，必然要主体地参与集体的交互活动。否则，任何发展都可能是低效甚至无效的。单从词语构成上看，参与包含了两个方面的含义，一个是"参"，这个字意味着加入，支撑这个字的情境就是一定的集体、共同体或群体；另一个是"与"，意味着分享或共享。进一步讲，参与是主体获得经验及其意义生成的过程。在杜威的教育哲学中，经验包含了"主动"和"被动"两个方面，一方面，为了说明经验的主体参与内涵，杜威举了一个例子"一个孩子仅仅把手指伸向火焰，这还不是经验；当这个行动和它遭受的行动联系起来的时候，才是经验"。形象地说明了经验是由两个方面内容组成，缺少其中任何一个都不能构成经验；另一方面，经验是主动参与、实施活动后所获得的一种主观体

[①] 王升：《论学生主体参与教学》，《教育研究》2001年第2期。

会，而不是通过他人的传授或者其他方式得到的①。甚至可以说，杜威的教育教学就是学生主体参与的教育。"做中学"是其教育理论的核心理念，"一切教育都是通过个人参与人类的社会意识而进行的……唯一的真正教育是通过对儿童能力的刺激而来的，这种刺激是儿童自己感觉到的社会情景的各种要求所引起的。"②

此外，参与是主体在认识过程中将客观对象化的根本前提，也就是赋予认识对象以主体的内涵和价值，进而实现个体经验和意义的生成，并通过参与集体环境中的互动实现意义的交互和发展。从这个意义上说，主体参与还是联结个体发展和集体活动，将集体交互和集体力量转化为个体发展的手段、中介的基本机制。集体的力量不是自动或者自发产生，正是学生一个个的主体参与为集体力量的聚合提供了"源泉"。主体参与不仅使课堂集体思维真正成为人的活动，更成为人的发展的重要途径。主体参与是前提和基础，决定了课堂集体思维的激发，而学生全体主体的参与构成了课堂集体思维的过程，决定了课堂教学的质量。从主体角度而言，参与是以学生个体为单位的单数主体的参与。课堂教学是集体的主体交互活动，是复数的主体的认知实践活动。主体参与不仅要突出单个主体的能动性，每一个学生主体都是平等的、具有个体独特性和具体的能动性。从过程的角度而言，对个体来说，参与的过程就是活动的过程；但在集体的环境中，任何主体的参与都不是孤立的，必然受其他主体的影响。课堂集体思维不仅强调每一个主体参与教学的认知实践活动，更强调主体间的交互、对话和交往。但从根本上说，每一个主体的参与和发展是集体力量聚合和集体共同发展的前提。从方式上看，主体参与是教学活动的方式，教学活动是主体参与的

---

① 查永军：《参与式学习——解读杜威的〈民主主义与教育〉》，《湖南师范大学教育科学学报》2007年第3期。

② ［美］杜威：《学校与社会·明日之学校·我的教育信条》，赵祥麟等译，人民教育出版社1994年版，第3页。

内容。从结果来看，主体参与实现了教学活动，教学活动实现了学生的发展。任何主体的活动必然要从参与开始，没有参与就没有活动。所以任何教学的开端都始于教学主体共同的参与，任何一个学生的游离，都会对教学活动产生一定的不利影响，教学对游离者而言会失去意义。从这个意义上说，活动是主体参与研究的逻辑起点。

（二）参与的形态：全体的主体参与

课堂教学是复数的主体活动，复数主体活动具有一定的整体性。并且由于课堂教学文化的特殊性，课堂复数的主体活动呈现出较为明显的集体性。课堂集体的复数主体活动由于容易掩盖个体作用，造成个体盲从和"去个体化"，受到了学界的批评。我们不否认课堂集体认知活动有存在负面影响的可能，如何将集体活动的负面影响控制在一定范围内，甚至转化为积极的正面力量则需要教育界做进一步深入探究，这也是本书探讨的重要内容。参与允许个体将自我的差异转化为集体的交互的资源和力量，能够使集体作为一个整体朝着共同的目标发展，从而在发展方向上与个体一致。并且参与是一个联结的原则，它把多样性的个体联结在一个整体的交互网络中，却又允许许许多多个体一致和个体主体的存在。主体参与可以使教学的集体目标转化成个体学生的意向，可以使群体的教学活动转化成个体学生的自觉行为，这种转化实现了教学活动"对象的具体化"，从而达到以活动促进学生发展的教学目的。实际上，对于个体组成集体以及任何集体都是个体的集体这一点没有人会产生任何怀疑。但是，对于两者相互关系即"个体如何构成集体"与"集体何以可能"等一系列问题，人们往往莫衷一是，人们或是将个体视为构成集体的"组件"，个体为手段，集体为目的；或是将集体视为个体发展的中介、手段，而个体作为目的；或是从诸如砖石与房屋、旋律与音乐、部分与整体之间的关系隐喻个体与集体的相互关系。但是不管何种理解，实质上都秉承了一定的立场和选择，或是基于个体，或是强调集体，引发了"集体主义"与"个体主义"之间的极大争论和意识形态式的对立。

然而，在实际的社会活动尤其是课堂教学过程中，集体并非如人们"思想"中如此相互对立和针锋相对，集体与个体同样作为一种实体性存在，两者从活动伊始即是共同存在的，集体和个体构成了课堂教学活动一体两面的关系，是共在的关系。从这个角度看，相互构成了对方的个体和集体，都是无目的的。"如同那些星星，它们构成了太阳系，或者如同在银河系家族中的各个太阳系。在共处的社会中，个体的这种无目的存在构成一种质料，构成了一种基本交织网，在其中，人们编织进的是他们自身目的之交叉联系的各种形态。"① 课堂教学中的集体与个体是一种共在的关系，而这种共在关系的激活就在于学生主体的参与。从这个意义上说，主体参与不仅是课堂集体思维的一个重要阶段，同时也是对课堂教学中集体与个体相互关系认识的理念革新与实践创新。

在课堂集体思维过程中，师生的任何话语，不管是提问还是回答，抑或是分析、补充、说明、评价等其他话语行为，都具有公共性，既是基于个体的发声，同时也是在课堂集体公共场域中面向集体的言说。因此，在应然的状态下，教师的任何提问必然面向全体学生，并要求每一个学生都参与对问题的思考与回答。然而，一系列研究发现，受种种因素制约，在很大部分的课堂教学中，总有一小部分学生回答了大多数问题并获得了教师绝大多数的关注，而有一部分处于边缘地位的学生没有获得足够关注和回答问题的机会。如黄忠敬团队以上海市 M 区进城务工人员随迁子女学校的课堂为研究对象，采用一套整合定性与定量方法的观察量表，以实地观察的方式对四所学校的 16 节课堂进行观察，研究发现，课堂教学提问参与率较高，但提问覆盖率低。教师在课堂提问的师生互动过程

---

① ［德］埃利亚斯：《个体的社会》，翟三江等译，译林出版社 2003 年版，第 11—12 页。

中，并不能照顾到每一位学生，相对来说教师提问时更加关注前四排学生，但并非关注前排的每一位学生，个别教师对同一学生的提问次数甚至达到 7 次，但有很多学生整节课都没能参与到提问为主的师生互动中来。也就是说，班级中少数人回答了大多数问题，而其他同学没有机会主动参与课堂教学活动。提问覆盖率的高低，既反映了课堂上教师对学生的关注程度，也反映了学生的参与程度，它直接影响着教学效果[①]。胡惠闵教授利用教育部人文社会学科重点研究基地华东师范大学课程与教学研究所的重大项目"中国学校课程与教学调查"的数据，从课堂中学生被提问的频率、学生的主观感受以及二者的对比等方面探究教学过程中学习机会的公平[②]。此外，在调研和课堂观察中我们发现，不少学生在教师提问的时候，往往不是给出"自己的答案"，而是努力回答"老师想要的答案"或者所谓的"标准答案"。他们相信教师提问的时候，只期望一种类型的答案。在课堂中，老师面对学生"突如其来"的个性化答案，或是简单评价，或是机械引导学生回归"正确答案"，甚至批评学生"故意捣乱"。很少有教师深入挖掘学生个性化"答案"背后隐藏的思维差异资源。而主体参与和集体力量聚合的课堂教学，要求每一个学生都能够平等地参与问题的回答，并给出自己的答案。只有这样，才能真正构建充分互动和交往的课堂集体思维。

（三）参与的基本途径：给教学时间留白

问题提出为师生参与课堂教学提供了目标、动力和发展方向，由此进入课堂集体思维发生的第二阶段：以学生个体思维的激发为基础，在课堂中逐渐形成集体聚合的力量。这一阶段和过程的关键在于教师提出问题后，留给学生足够的时间认真思考。在"奇妙的

[①] 黄忠敬等：《问诊课堂提问，提高教学的参与度——上海进城务工人员随迁子女学校课堂质量观察报告》，《基础教育》2014 年第 3 期。

[②] 郝亚迪：《从课堂提问看学习机会的公平——基于 Z 市初中生的调查分析》，《教育发展研究》2016 年第 2 期。

等待与暂停"中引导学生分析问题、发现冲突，回忆、联想已有知识经验，建立个体内在自我与知识的意义生成与联结。由于教育者对问题教学存在着简单对待与盲目崇拜的误区，我国课堂教学存在从"满堂灌"转向"满堂问"的怪象。教师不断提出问题，学生一个接一个回答，紧凑的师生"问答"使得学生根本没有时间和机会精心周密地思考。在"满堂问"中，学生需要的只是快速作答，而不是良好的思考。"满堂问"创造了热闹的课堂氛围，却不能提供学生思维发展所需要的宁静与从容[①]。问题的根本目的是激发学生思维，引导学生主体参与。这一过程必然要求教师提出问题后留给学生一定时间"反应"和"思考"。美国教育者沃尔什和萨特斯将这一过程称为"奇妙的暂停与等待"。他们指出，对于任何问题的思考和回答必然需要一定的时间，而时间长短则取决于问题的难度和参与的方式。在集体的课堂教学环境中，存在两种提问的"等待时间"：等待时间1——在提出问题之后，学生回答之前；等待时间2——学生回答之后，教师反馈之前。研究发现，教师在提出问题之后，学生回答之前，等待的时间往往不足一秒钟。在学生做出回答，教师给出反馈之前往往几乎没有任何停顿[②]。如果在等待时间1和等待时间2留白足够的时间，不仅能够激发学生更加深入地思考，还能使更多的学生形成更多的答案，真正让学生主体以及全体参与起来，实现集体力量的聚合。

课堂集体思维的第二个阶段主要表现为全体学生的主体参与，其实质是给每一个学生足够的时间组织个体思维，吸引更多的学生主体参与进来。毕竟在集体的课堂环境中，每个学生的思维节奏和反应速度有很大的差异。那些思维敏捷的学生在教师提出问题之后

[①] 陈振华：《教学中的问题：基于思维发展的理解》，《华东师范大学学报》（教育科学版）2014年第4期。

[②] ［美］沃尔什等：《优质提问教学法：让每个学生都参与其中》，刘彦译，中国轻工业出版社2009年版，第12—13页。

可能在几秒内立刻给出反应，而有些学生可能需要较长的时间。但不管怎么说，足够的时间既可以让那些反应较快的学生进一步深化自己的认识和理解，还能够给其他学生足够的反应时间。表面上，这一阶段教师什么也没有做，学生或埋头苦思，或操作演算，或联想回忆，实际上却是课堂中的"宁静革命"。沃尔什和萨特斯综合了一系列研究后发现，当教师延长3—5秒的等待时间时，课堂教学将收获以下诸种收益：（1）学生会给予更长和更加系统、复杂的回答，生成更多的个体思维资源。毕竟当等待时间增加的时候，由于有了更加充沛的思考时间，学生倾向于对他们的答案进行详细的阐述；（2）学生会与其他学生交谈更多。在传统师生问答中，往往教师是互动和对话的中心，如果教师有目的地停顿，学生与学生之间会有更多的倾听和彼此的互动；（3）"我不知道"的次数减少了。在不少课堂教学中，老师往往让学生举手回答，随着越来越多的"小手林立"会给那些反应慢或者"后进生"形成较大的压力和紧迫感，如果教师留给他们足够的时间准备，即使他们依然没有准备好，但之后更容易参与到课堂讨论中；（4）更多的学生参与回答。在运用等待时间的课堂中，更多的学生对问题作出回应，能够有效地提高学生同伴间集体交互的质量[1]。当然，为了让学生在集体环境中适应这种等待时间，教师也要有意识地培养学生等待中的"规范"：在说话之前我们需要时间来思考；我们都需要时间来把所想的说出来并组织我们的想法。

总之，在课堂集体思维的第二个阶段，为了真正促进学生主体参与，通过全体主体的参与凝聚集体力量，在这个阶段教师要给学生足够的实践思考和准备。给课堂留白，充分激发学生个体思维，真正让学生主体参与进来。在课堂教学中，善用"留白"，灵活把握教学节奏，既可减少教师掌控太满给学生造成的压抑感，又让课

---

[1] ［美］沃尔什等：《优质提问教学法：让每个学生都参与其中》，刘彦译，中国轻工业出版社2009年版，第69—72页。

堂疏密有度；教师也从主导者变为引导者，激发学生自主合作探究的积极性，增加课堂的吸引力和艺术性，让学生活学、乐学、会学，实现课堂的提质增效。留出合理时间，让学生自主。不仅要考虑教的时间，同时也要充分合理分配学的时间，让教与学相融。教学的大容量、快节奏反映出教师往往注重教得如何，而忽视了学生学得如何。教师只有深入关注课堂的生成过程、学生的学习状态和个性差异时，才能真正实现教学时间的合理配置，共同完成教学任务。在教学过程中，有意调控教学节奏，合理调节教与学的进度，尽可能地激发学生主动学习。教师在备课时，要明晰本课的教学目标和重难点，课堂始终围绕中心，重点突出、主次分明。"我都讲了你还不会"的现象反映出教师不敢放的心态，总是想在有限的教学时间把控教学节奏和推进教学进程，而没有从知识内在的逻辑关系和学生已有的知识储备等方面进行深度准备与探讨。我们在课堂上经常看到，当学生在课堂提问中卡壳时，教师会很焦虑，不等学生表述清楚，马上就点其他学生回答。只有学生的回答是标准答案时，教师才会满意[①]。殊不知，学生的思维处于"待开发"和"待启发"的存在，需要教师耐心"等待"。卡壳往往是学生进行紧张高效的思维"运算"的结果。教师要在课堂上留足让学生思考的时间，通过等待和鼓励点燃学生心中的星星之火。

三 启发：差异交互

课堂集体中的每一个学生都是独特的，学生作为学习的主体，常常会以不同的方式理解同一现象，每一个学生在面临相同的问题或学习内容时必然产生个体独特和差异的理解。尽管这种差异的理解可能是不成熟的甚至是错误的，但都将成为学生主体学习和发展的动力以及集体思维的资源。课堂教学中全体主体的参与，既是学

[①] 洪合林：《善用教学"留白"，让课堂提质增效》，《湖北教育》（教育教学）2018年第2期。

生以个性为基点实现个体发展,同时,学生主体的参与必然带来差异的个体思维资源,为课堂主体间的差异交互和相互启发提供现实基础和发展资源。而教师作为学习集体中另一个"特殊"的主体,师生在认识水平上的差异同样也是课堂集体中重要的一种"差异",这种差异不仅作为一种特殊的资源,同时也是一种权威的力量。教师以"成熟"和"已知"的身份、角色不断引导和调整课堂教学的发展方向。因而,从课堂集体层面上讲,师生、生生之间不同认识水平以及个体差异的认识构成了课堂集体思维互动的差异网络结构,在差异碰撞和交互中激发学生学习兴趣,推动师生、生生主体间的相互启发是构建和发展课堂集体思维的重要内容和阶段。

(一)启发与差异

启发何以与个体差异联系在一起,要先从萧伯纳的一句名言说起:如果你有一个苹果,我有一个苹果,彼此交换,我们每个人仍然只有一个苹果;如果你有一种思想,我有一种思想,彼此交换,我们每个人就有了两种思想,甚至多于两种思想。众所周知,课堂中学生的个体差异是客观的事实存在,每一个学生在面临同一个问题或教学主题时必然存在差异的、具有明显的个体性特征的理解。不同个体差异所带来的个体独特的思维方式及其理解、表达毫无疑问构成了课堂集体互动不可或缺的资源。正如萧伯纳的经典譬喻那样,每一个人的思想的生命力来自其独特的个性特征和个体思维,而不仅仅是一个"苹果"。有个性特征和异质的思维、思想在传播、对话、交互过程中能够催生新的理解、新的思想和新的生命,而个体差异在交互过程中实现生命力再生的基本机制则是启发。

不管是从历史发展源流还是现实的发展基础上看,启发教学都植根于师生、生生之间的差异交互。启发教学在人类教育发展史上源远流长,并形成了两种风格迥异的范式:以孔子"不愤不启,不悱不发,举一隅不以三隅反,则不复也"为代表的中国古代启发教学思想和以苏格拉底产婆术为代表的启发范式。无独有偶,两种不同的启发范式同时又隐含着对待个体差异的不同方式。启发教学从根本上缘起于一对一的个别化教学，但由于不同的文化思维方式，中国传统教育对待个体差异往往采取"中庸"思维，如《论语·先进篇》记录了孔子因材施教的一个经典案例，子路问："闻斯行诸？"子曰："有父兄在，如之何其闻斯行之？"冉有问："闻斯行诸？"子曰："闻斯行之。"公西华曰："由也问，闻斯行诸？子曰'有父兄在'；求也问闻斯行诸，子曰'闻斯行之'。赤也惑，敢问。"子曰："求也退，故进之；由也兼人，故退之。"针对不同学生提出的问题，孔子给出了完全不同甚至截然相反的回答，根本原因在于每一个学生具有不同的个性特征，孔子针对个体差异给出了"自相矛盾"的回答。而这一因材施教的原则进一步体现了我国传统教育在处理个体差异过程中往往采取"中庸"的思维方式：长善救失、扬长避短。冉有性格谦逊，办事犹豫不决，于是孔子鼓励他临事果断。子路逞强好胜，办事不周全，孔子劝他遇事多听取别人意见，三思而行。而精神助产术则完全不同，苏格拉底对个体差异的处理强调基于学生个性内在特征"内发"出有价值的思想。诚然，两种不同范式的启发教学尽管为当代教育教学树立了典范，但其根本是受制于古代以口耳相传为主要形式的个别化教育[1]。在集体授课环境中，面对相似而又不同的学生集体，如何真正实现面向全体学生，同时又能促进每一个学生基于个性的全面发展是新时代深化课堂教学改革，推动课堂教学转型发展的时代命题。课堂集体中的学生个体差异不是一种抽象意义上的"整体"差异，是具体而生动的。学生面临同一个问题或相同教学内容时必然存在差异的个体思维和个性化理解，如何将这种个体思维和个性化理解转化为学生发展的基础和集体互动的资源则是课堂集体思维第三个阶段主要解决的问题。

---

[1] 陈桂生：《孔子"启发"艺术与苏格拉底"产婆术"比较》，《华东师范大学学报》（教育科学版）2001年第1期。

（二）课堂集体相互启发的基本原理

课堂集体中的个体差异是显而易见的客观事实，新世纪以来，教育界越来越强调基于学生个体差异展开课堂教学。但是，已有关于课堂中学生个体差异的研究和实践主要基于两种思路：一是自上而下的学生个体差异分析，主要采取的思路是基于哲学、心理学等学科关于个体差异的结构、类型以及影响学生个体差异的变量分析，为构建基于学生差异发展的课堂教学提供理论框架及其发展基础。另一种是自下而上的学生个体差异测量与识别，或构建学生差异化模型，或根据学情及时调整教学内容的设计与实施。不管是自上而下的学生个体差异分析，还是自下而上的学生差异测量与识别，根本上采取的思路是先验的，强调对个体差异的控制和调适，在具体实践过程中或采取个别化教学策略，或通过同质分组调控个体差异的影响范围，或调整教学内容、教学目标尽可能地适应不同层次、不同类型个体差异学生的需求。其实质是将个体差异作为一种"控制因素"而非教学资源。作为资源，课堂中学生的个体差异具有明显的生成性。课堂教学中学生如果只是静静地坐着，目不转睛地看着教师，差异不可能被识别或者直接显现，也不可能成为集体互动的资源。学生个体差异只有在具体的师生、生生互动过程中才真正产生。也就是说，只有学生开始表达个人观点、陈述个人想法，与同伴、教师进行对话、交往、互动时，差异才可能真正显现。学生的个体差异固然是一种客观事实的存在，如果学生不能将个体差异表达（现）出来，并意识到个体认识与其他同伴、教师乃至教学内容之间的差异（距），这种差异不可能真正转化为集体互动的资源，学生也不可能实现"思想的交换"和思维的碰撞。

如孔子所言："不愤不启，不悱不发，举一隅不以三隅反，则不复也。"启发的实质是帮助学生解决思维和表达的"困顿"。思维是课堂教学的基础与核心，在学生思维激发、参与和互动中促进学生思维发展是课堂教学的根本任务。然而，思维的打开并不存在一个可操作化、可以"言说"的一系列方法、技术或步骤,正如杜威在《我们怎样思维·经验与教育》一书开篇指出的那样"任何人也不能够准确地向别人说明应当怎样去思维,这正如他不能准确地说出自己应当怎样呼吸以及自己的血液循环的情景一样"[1]。尽管教育者无法直接"教会"学生如何思维,当然也不能一味地填鸭或直接将现成的知识注入式地传授给学生。但围绕着学生个体思维世界的打开以及学习的基本过程,依然能够从启发的实质内涵寻找些许线索。有教育者围绕着解决学生思维和表达的阻塞而生的疏导,提出了启发教学的三层内涵:第一是"让思"。让学生主动去思考,当学生自主思考不得时,即"愤、悱"状态,方才进入下一步。第二是"助思"。启发就是助思。援助学生并不是告诉学生答案,而是给学生一点思维的线索,即"提供让学生攀缘的绳索,让学生知难而进"。第三是"扩思"。举一反三就是扩思,即学生思维的延展。这是引导学生发现此类知识的某种规律性,近似于一种巩固知识的思维图式训练,涉及某个知识点的多情境应用[2]。

课堂教学是儿童发展和育人的主渠道、主阵地,课堂教学中的学生发展绝非完全独立自主的。学生的发展是通过学习不断实现自我提升和发展,学生孤立地、独自地完成这一过程几乎是不可能的。尤其是当今倡导主体参与和深度学习的课堂教学,不仅强调心理学意义上的个体参与、个体建构,更强调社会意义上的个体参与,强调社会建构、历史建构。并且深度学习中的学生学习不是一般的学习者自学,必须有教师的引导和帮助,同时需要同伴的支持和相互启发[3]。集体环境中的个体差异可以引发师生、生生之间的相互启发,在启发对方的同时也受对方强化而实现自我启发。相似

---

[1] [美]杜威:《我们怎样思维·经验与教育》,姜文闵译,人民教育出版社2005年版,第11页。
[2] 陈尚达:《启发教学中的对话理念及其启示》,《全球教育展望》2015年第10期。
[3] 郭华:《深度学习及其意义》,《课程·教材·教法》2016年第11期。

而又不同的学生个体思维犹如一个又一个思维激荡的火花点，课堂集体环境中每一个学生思维的"发生"必然引发其他学生思维的对比、激荡与反思。差异的学生个体思维在启发他人的同时，受到同伴的强化而实现自我启发，并进一步使学生重新发现自我。从学生主体意识的产生过程来看，学生是在个体差异中促进自我意识的觉醒，增强自我可能性的觉知。在相互影响中提高自我可能性；同时，在启发同伴时得到同伴的承认，这是对自己观点正确性的一种证实，能够增强自信心，由此满足自我实现和自我发展的需求，而实现教育的个人价值①。学生面对教师提出的问题或者同样的教学任务必然存在个体不同的理解。一方面，共同的问题或者主题是学生个体思维的出发点，由于个体差异的存在，共同的问题或主体必然引发认知冲突、触发相互启发；另一方面，人类的认识总体来说是通过比较和差异而进行的。科学产生于异中求同，认识就是发现对象之间的关系。而这一切的实质就是在新旧知识、已知与未知、相似与不同的对比和差异中总结归纳共性与个性。认知过程就是把相互分离的两个现象中的一个归结为另一个，把我们所不曾体验过的东西归结为我们体验过的东西。最初在一事物中发现某种事物，然后又从那个事物中再发现另外的某种事物，如此继续，这样使我们的理解一个阶段一个阶段地向前推进②。课堂中差异的个体思维不仅能够成为启发其他学生思维的生长点，不同视角、立场乃至不同层次的个体理解同时为学生比较与分析差异，在共性与个性的统一中推动认识的不断深化和发展提升。

（三）课堂集体差异交互与相互启发的基本过程

课堂集体思维的这一阶段可以简单描述为：学生面临统一的问题或教学内容，必然存在各不相同的个体理解和思维，学生全体的参与为课堂环境中集体的差异交互和相互启发提供了前提。如当教

---

① 徐晓东：《校际协作学习相互启发的原理及其教育价值》，《教育研究》2011年第8期。
② ［德］石里克：《普通认识论》，李步楼译，商务印书馆2010年版，第27—29页。

师提出一个问题或者课题，每一个学生的理解都是不一样的。学生 S1 给出观点 P1，学生 S2 给出观点 P2，学生 S3 给出观点 P3，学生 S4 基于 P1 进行了拓展、深化或者矫正、完善，给出观点 P（1），学生 S5 综合比较 P2、P3 给出 P（2×3）……可能每一个学生的观点在理解视角、立场乃至认识水平、认识层次上有较大的差异，但总体上讲每一个学生的认识都是基于个体差异和独特性所发出的"声音"，并且存在较大的空间，而正是在这些具有个体"局限性"的认识乃至发展不充分的认识的基础上，通过集体的交互、思维的碰撞、对话和交融，推动个体认识不断深化发展和提升。学生正是在课堂集体的差异交互和思维碰撞中实现认识的深化和提升，具体表现为四个方面：相互了解—表达倾听、相互补充—思路展析、相互对峙—观点争鸣、相互启发—共同发展。

1. 相互了解—表达倾听

相互了解是课堂集体差异交互的第一步，具体表现为表达和倾听，也就是学生个体观点的表达和其他师生的倾听。学生通过表达，将差异的个体思维和理解呈现在课堂集体中，而其他师生要认真倾听。通过表达与倾听实现主体间的相互了解。当然，表达和倾听既是课堂集体思维开始的基础和前提，同时贯穿课堂教学始终。并且一般来说，课堂中每个学生倾听的时间总是多于自己说话和表达的时间，但不能就此而言倾听比表达更为重要。表达是将个体思维转化为集体交互的资源的根本前提，是个体思维"集体化"的重要保证。而倾听则是实现主体间的相互理解，推动差异进一步深化发展的关键。倾听的根本目的是接收信息——理解"他人说了什么"，只有通过倾听，才能知道"Ta 的理解是什么""Ta 为什么这样理解""Ta 的理解和我有什么相同和不同之处""为什么会产生这种不同"等。

2. 相互补充—思路展析

在课堂教学中，不同的学生对同一问题或教学内容、主题的认识、理解在认识水平、深度上存在较大的差异，因而存在观点和思想上的相互补充和完善。相互补充存在两种形式，我对他人的补充、拓展和完善以及他人对我的补充、拓展和完善。其实质就是接收到其他发言中自己未考虑到的、未知的东西，使自己的观点和思想内容更加丰富和完善。差异作为一种资源，其直接的内涵就是能够丰富学生的经验，拓宽学生的视野。也就是不同的主体的个体差异在集体交互中形成了互补性。课堂集体中的学生是相似而又不同的，来自不同家庭背景、成长经历和社会环境的学生聚集在一起，有着不尽相同的知识背景、成长经验、文化思维方式等。在面对同样的问题、教学内容或主题时，必然从不同角度切入，提出不同的解答方法。而这些差异在一定程度上弥补学生个体经验不足和视野的局限，大大丰富学生经验，拓宽学生视野[1]。通过差异的互补和思路展析，实现个体思维的不断深化发展和集体的共同进步。

3. 相互对峙—观点争鸣

相互补充和相互对峙是集体差异交互表现的两种主要形式，前者是对个体思维和观点的补充、拓展和完善。后者则是当差异的学生个体思维产生了分化、对立的意见和争鸣的观点时，通过交互、对话、讨论达成新的共识使认识不断深化，由此磨炼个人思维，产生新的理解、认识和创造。

4. 相互启发—共同发展

相互启发与共同发展既是对差异交互过程的一种总体描述，也是对集体交互结果的一种高度总结。课堂集体思维过程的实质是每一个主体和差异的个体思维参与，参与的表现即为个体思维和理解的表达和其他学生的倾听，然后通过差异性的学生集体相互补充、相互对峙，在思路展析和观点争鸣的过程中实现相互启发和共同发展。相互启发和集体思维的课堂教学是以学生个体差异为发展的起

---

[1] 曾继耘：《差异发展教学研究》，首都师范大学出版社2006年版，第147页。

点，通过差异的交互实现个体思维的激发、参与、启发、发展，进而推动学习集体的共同发展。

差异交互和相互启发的课堂教学是在主体间视野下，聚焦课堂集体主体间的交互，通过集体对话、沟通实现每一个学生的发展。课堂集体中的每一个学生主体都有自己的内在意义世界，而课堂集体相同的环境和共同的学习主题、内容、问题或任务联系主体的"自我"和其他学生主体"自我"。学生通过表达与倾听、相互补充与相互对峙的对话、沟通、交流，每一个主体"我"的交互是相互且差异互补的。在我"经验"着他人的时候，他人也同样"经验"着我本人，即主体自我可以达到他人的自我主体，进入他人的知觉与经验，而主体自我又是他人认识和到达的对象，这呈现出共同体内主体二元性的特征，这一特征也必须以主体间的"对话"和"交流"为基础。课堂集体内的主体二重性，交代了这样一个事实：这个情境中，"我们"之间有彼此认可的共同知识，在交流中，"我"的意义世界被"你"在与"我"同体验、同思维过程中伴随着受启发而得以理解，而来自"你"的意义反馈直接给予"我"以反思，或在"我"讲述我的意义世界的时候，重新审视并整理自我的认知结构而获得新的体验[1]。总之，课堂集体中的主体二重性为集体差异交互提供了理论上的可能性前提，而在具体的课堂教学中，每一个主体的参与和个体差异的激发、交互、对话和相互启发构成了集体差异交互的实质内容。

四 发展：共享成长

课堂教学的根本任务是促进学生发展。实现学生什么样的发展，如何促进学生发展是课堂教学研究与实践的重要命题。从总体上看，发展是一个宏观而又模糊的概念，不同时代、不同民族文化

---

[1] 任英杰等：《相互启发：学习共同体内认知机制的探究》，《远程教育杂志》2014年第4期。

对于促进学生怎样的发展以及如何促进学生发展存在不同的理解和认识。发展本身既是一个不断发生着的过程，同时又是一个对发展目标、发展状态以及发展结果的总体概括。作为一个过程，发展既是人存在的基本样态和形式，同时也是发展的内容、状态、方向的统一。发展是马克思主义对"现实的个人"的本质规定，万事万物都是不断运动、变化和发展的。在马克思看来，现实个人是从事感性活动的人，是不断发展的人，同时也是社会的、历史的个人，并凝结着人与自然、人与社会、现实与历史最基本、最普遍的关系。马克思在《德意志意识形态》中反复指出：人类历史的第一个前提无疑是有生命的个人的存在，"它的前提是人，但不是某种处在幻想的与世隔绝的、离群索居状态下的人，而是处在一定条件下进行的、现实的、可以通过经验观察到的发展过程中的人。"① 现实个人的发展之所以是一个过程，简单来说，人的发展的内部条件是在发展过程中形成的，发展的结果本身就是作为继续发展的前提而包含在发展过程中，并成为进一步发展的起点和前提。因而，人的发展始终是历史、现在、未来的统一。课堂教学作为有目的、有计划、组织化、制度化、系统化地促进学生发展的人类社会实践活动，课堂中的发展同样既是一个动态的"发展着"的过程，存在一系列的形式、进程、阶段，又是一种静态的"发展了"的结果，而这个结果是目标的实现，更是下一阶段发展的前提和条件。"吸引、参与、启发、发展"的课堂集体思维作为一种促进学生发展的课堂教学机制和过程，其中的"发展"作为最后一个阶段和进程主要是对发展结果的总结，同时又内涵了课堂集体思维对学生发展内容、状态和方向的统一。总的来说，课堂集体思维中的学生发展是以马克思主义关于人的全面发展理论为基础，强调师生、生生集体共享成长，以每一个学生的全面发展为基础实现课堂集体的共同进步。人的全

---

① 《马克思恩格斯选集》第一卷，人民出版社1972年版，第31页。

面发展既是马克思对实现怎样的发展的一个高度概括，构成马克思学说的核心组成部分，同时也构成了我国教育目的和课堂教学关于学生发展的理论基础[1]。什么是人的全面发展？简单来说就是"人以一种全面的方式，就是说，作为一个完整的人，占有自己的全面的本质"[2]。马克思认为，人的本质是在自由自觉的活动中，即实践活动中显现的，集中地表现在劳动过程中。具体来说，人的全面发展在马克思那里主要表现为三个方面的规定性：第一，人的活动特别是劳动活动中的人的全面发展，人的需要和能力的全面自由发展；第二，人的社会关系的全面丰富、社会交往的普遍性和人对社会关系的全面占有与共同控制；第三，人的素质的全面提高和个性的自由发展。总之，全面发展的人不是抽象、孤立的人，而是指现实的、具体的、社会中的人，不是某一个人，而是每一个人。"一个人的发展取决于和他直接或者间接进行交往的其他一切人的发展。"[3] 因而，课堂集体思维中的学生发展，就是以每一个学生的全面发展为基础实现集体的共同发展，具体体现为集体进步与个体发展的统一、同一性与差异化发展的统一、社会化与个性化发展的统一。

（一）集体进步与个体发展的统一

课堂中的每一个学生都是平等的主体性存在，但绝不是与世隔绝的孤立存在。而只有每一个学生主体的全面发展，才能真正实现集体进步与个体发展的统一。这是集体思维对课堂中学生发展的基本描述。课堂教学是师生、生生的思维活动，思维的主体既是具有个性差异的个体，又是处于一定社会关系中的人，因而必然存在以集体为主体的思维实践活动。马克思曾指出："个体是社会存在物。因此，他的生命表现，即使不采取共同的、同他人一起完成的生命

---

[1] 扈中平：《"人的全面发展"内涵新析》，《教育研究》2005年第5期。
[2] ［德］马克思：《1844年经济学哲学手稿》，人民出版社2018年版，第81页。
[3] 《马克思恩格斯全集》第三卷，人民出版社1995年版，第515页。

表现这种直接形式，也是社会生活的表现和确证。人的个体生活和类生活是各不相同的，尽管个体生活的存在方式是——必然是——类生活的较为特殊的或者较为普遍的方式，而类生活是较为特殊的或者较为普遍的个体生活。作为类意识，人确证自己的现实的社会生活，并且知识在思维中复现自己的现实存在；反之，类存在则在类意识中确证自己，并且在自己的普遍性中作为思维着的存在物自为地存在着。"[1] 特殊的学生个体固然是思维的主体，但作为实体的集体同样作为课堂教学过程中思维的主体。作为个体的思维主体是千差万别的，每一个学生都有个体独特的认识经验、立场和视角，这是个体作为思维主体的基本特征。每个个体的思维虽然是独特的，同时也是"局限"的，个体看到的和思维到的总是不全面的，这种局限性只能在个体和集体的统一中克服。集体或群体不是个体的简单相加，而是把个体包括在自身之内的有着个体主体无法比拟的新功能的统一整体。在这一思维主体的集体结构中，个体和集体相互渗透、相互作用。集体的实体性存在有两个层面的内涵：第一，集体是由一个个相似而又不同的个体组成的集体，是客观的现实的存在；第二，集体的实体性还是一个心理学概念，用来表示集体被知觉为一个真正独立存在的有意义实体的程度[2]。人的本质是一切社会关系的总和，人的本质具有社会性。由于不同类型和不同松散程度产生了具有连续性的集体实体，如公交车上乘客可以是一个集体，一个军事行动小组同样也是一个集体，这两种集体的存在明显对其成员的影响具有较大的差异。总而言之，课堂教学是由一个个独立但绝不是孤立的学生主体构成的学习集体，学生在相互联系和对话、交往、合作过程中凝聚为一个实体性的集体。学生作为有机联系着的主体间性的学习集体，每一个学生的全面发展自然而然构成了学生集体的共同发展，真正实现集体进步与个体发展的

---

[1] ［德］马克思：《1844年经济学哲学手稿》，人民出版社2018年版，第80—81页。
[2] 杨晓莉等：《社会群体的实体性：回顾与展望》，《心理科学进展》2012年第8期。

统一。

（二）同一性与差异化发展的统一

世界上没有两片完全相同的叶子，教室里也没有两个完全相同的学生。学生的个体差异是课堂教学存在的基本事实，同时又是学生主体发展的现实基础。差异作为一种客观的事实存在构成了课堂教学发展的基本动力。一方面，学生是在差异的环境中实现自我的确认；另一方面，学生的个体差异构成了学生对话、交往、合作的基础，没有差异，学生的合作、对话、交往不可能真正发展。发展以差异为动力并打破原有的差异及构建新的差异，差异既是发展的动力，同时又是发展的具体表现样态，所谓发展的波浪式、螺旋式进程，恰是发展之差异性的外在表现。我国一些学者在研究差异问题时也注意到了差异与事物的变化发展之间所存在的内在关系。"差异是自然界人类社会的根本动力，是一切动力之源。没有差异就没有量子涨落，没有自组织、没有演化、没有系统、没有生命。没有差异就没有一切的存在，没有多元化的世界，没有人类的进步。"[1] "物质的差异性（包括自身差异），它能使物质自身和物质之间引发相互吸引和排斥，发生引力作用。如果说在等同的状态下，一切都将进入静止，那么，没有差异就没有运动。差异是构成物质运动的根源。物质的差异性，提供了引力的本质。"[2] 总之，事物的差异导致了事物的联系，事物的联系又导致了事物的运动变化发展。差异→联系→运动→新的差异→新的联系→新的运动以至无穷[3]。强调差异并不是否定课堂集体的"同一性"。课堂教学是由相似而又不同的学生构成的学习集体，学生之间不仅存在年龄、认知水平发展阶段的相似性，更在教学主题和内容、课堂教学进程和阶段上存在同一性。没有同一性，课堂集体不可能存在，没有差

---

[1] 乌杰：《关于差异的哲学概念》，《系统科学学报》2008年第2期。
[2] 彭有怀：《差异世界》，辽宁民族出版社1998年版，第481页。
[3] 邱耕田：《差异性原理与科学发展》，《中国社会科学》2013年第7期。

异，课堂集体发展也是虚妄的。我们说，差异性是事物存在的固有个性，但同一性同样是事物存在的类本性的基础，同一性与差异性，或者说共性与个性是事物一体两面的存在，要坚持唯物主义辩证法处理课堂中的同一性与差异化发展问题。同一性是课堂集体所共有的性质，差异性是学生个体区别于其他主体和事物的特殊性质。犹如马克思主义中共性与个性的辩证关系一样，学生的同一性寓于个性之中，没有学生个性就没有共性，共性要以事物的个性为前提和基础；个性体现着共性并受共性的制约，没有共性则个性就只能是具有离散力和破坏力的、孤立的，从而无法获得正常生存和发展的外在系统条件；共性和个性在一定条件下可以相互转化。只有在同一性与差异化的发展中才能真正实现个体的全面发展和集体的共同发展。

（三）社会化与个性化发展的统一

课堂教学是以班级集体为基本组织单位，集体不仅是课堂教学的组织管理的对象，也是学校教育的基本单位，学生自进入学校伊始，就开始了对自己集体身份的建构，进而在集体的互动中实现学生的社会化与个性化的统一[①]。"社会化过程包括：作为群体成员的个体适应，并在这些成员中获得一定的地位；这个过程给予这个成员一种身份，使得他能够获得一个在集体中生活的角色。他也经历社会发展的各个不同阶段，在各个阶段有着特定的成熟度，根据这些成熟度他才能进行社会活动。"[②] 以往教育者主要从两个方面对社会化进行理解：一是从马克思主义关于人的本质是一切社会关系的总和出发，将人的社会性本质作为人的社会化基础，甚至在很多时候把社会化概念等同于社会性。二是从教育的社会化功能和教学的社会性目标着手讨论学生的社会化过程，习惯于从外部的目标、道

[①] 马健生等：《非想象共同体中的集体认同培养——中国学校的使命》，《教育科学》2016年第3期。

[②] ［德］克罗恩：《教学论基础》，李其龙等译，教育科学出版社2005年版，第249页。

德、社会规范等方面的要求探讨学生社会化过程，忽视学生内在主体对社会化的自我认同和自觉建构。自然使得实践中学生的社会化演变为一种强制的过程，甚至产生一种"叛逆"。课堂教学本身就是一种社会性的认知实践和交互过程，在具体的实践中，社会化往往具体地体现为社会角色的理解和自我认同。换言之，社会化的实质是学生主体在社会性的认知实践中通过对一定社会角色的理解和自我认同实现社会化的过程。其中社会角色的理解是社会化目标与学生主体内在认同中介。在学校教育中，学生总是隶属于各种各样的"集体"：在班级集体中上课，在社团活动中拓展兴趣、素养，在兴趣小组中参加课余活动，集体不仅是学生日常教育教学生活的基石，同时又通过校服、校徽、班级文化、班规等不同类型、不同层次的"集体"实现不同群体、群体内不同个体的差异的确认，在此基础上实现自我认同和社会身份的建构。学生的思维发生和发展尽管是天然的以个体为单位进行的人类认知实践活动，但由于学校教育的特殊性与课堂教学过程的本质特征，"集体相对于个体"一样是一种实体性存在。学生作为差异的个体必然在集体中有意无意地扮演着一定的集体角色，并以个性为基础占据着独特的位置，构成集体发展系统中的一定结构与功能。一方面，个体通过个性化的特征为集体发展提供个体力量；另一方面，个体在参与集体"建设"过程中进一步实现个体自我的认同，并从集体发展中汲取个体持续发展的不竭动力。正是通过这样的机制和过程实现学生社会化与个性化发展的统一。

课堂中学生的发展是一个不断生长、形成和完善的过程。学生的发展从根本上是在学生主体参与和主体间集体交互的课堂教学活动中实现的。因而，从现实的学生发展过程来看，学生的发展与课堂集体思维的活动过程和进程具有相对的一致性，根本上体现为主客体之间相互作用及其统一性。不管是具体地说学生思维的发展，还是笼统地说学生素质的发展，学生的发展都是主体参与过程，在自身的能动活动中形成和发展。课堂教学促进学生发展的根本机制是，通过作用于学生的活动而间接地影响学生的身心发展[1]，即课堂教学→学生活动→学生发展。课堂教学起作用的直接对象是学生的活动而不是学生的身心结构，因而，从这意义上讲，课堂集体思维的发展进程的建构并非直接地以学生身心发展的一般规律为基础，而是以学生主体参与和主体间集体交互以及主客体之间的相互作用的活动机制为基础所提出和建构的课堂教学发展阶段和活动过程。

第四节　课堂集体思维的实践范型

差异且独特的学生个体思维是师生、生生课堂集体思维的源泉，构建课堂集体思维的关键是将学生个体思维转化为课堂集体互动的资源。从这个意义上说，课堂集体思维的核心是以思维差异为资源和师生集体交互为现实基础，围绕着教师、学生、教学内容三个要素构建多维对话、双向互动、交互反馈的课堂教学实践样态，进而在师生、生生集体性交互过程中不断深化学生对知识的理解，通过不同思维的碰撞和不同认识水平的交融将外在的人类科学文化知识转化为学生的内在精神财富。因而，如何将个体差异转化为课堂教学的资源是构建课堂集体思维的关键。但是，由于教学主题、教学内容、学科教学差异和学生个体差异发展方向的不同，课堂集体思维在具体的展开过程必然存在不同的变式。如数学课堂是以确定性的"公理""公式""运算法则"等一系列客观知识为基础所进行的知识学习和数学素养的发展。尽管每一个学生在面对同样的问题存在不同的理解和"算法"，但最终必然回归数学的基本原理。条条大路通罗马，去往罗马的路有很多，但罗马只有一个；而相对

---

[1] 陈佑清：《教学论新编》，人民教育出版社2011年版，第90页。

语文教学而言，语文当然也存在客观的知识基础，例如汉字的发音、偏旁部首和书写规范等，小说的要素、结构等，但语文教学更多的是个体对语言文字的运用和素养发展，强调基本语言规范外更重视个体思维的创作，如阅读理解、作文写作等。因而，尽管课堂集体思维在发展目标上强调集体进步与个体发展的统一，强调共性与个性化的统一，但由于不同教学任务的差别在具体的发展模式上存在较大的差异，简单来说，课堂集体思维的基本模型可以理解为：面对统一问题、主题或课题，个体差异的学生必然存在不同的理解。学生或是在个体差异中相互启发，在集体交互中不断深化个体理解促进个体发展；或是在集体交互中比较不同理解，归纳、总结、发现一般的原理、规律等，最终实现统一认识和集体的认同；或是在集体交互中不断深化理解，实现集体的共同创作和成长。

一 学生个体差异的教学转化

学生的个体差异是课堂教学的起点和前提条件，学生的发展毫无疑问是建立在个体独特的个性基础上。将学生个体差异的教学转化成为构建 1+1>2 的课堂集体思维的关键。从差异的教学论意义来看，课堂集体中的个体差异是激发学生主体自我意识，促进学生发展的前提条件。当学生发现自己与同伴的差异，能够极大地激发学生主体参与的内在动力。并且学生是在差异的比较与分析中不断深化认识，在差异的碰撞与交互中相互启发，最终在集体交往和对话过程中推动个体发展与集体进步的有机统一。

（一）在差异中激发学生主体的自我意识

学生主体参与是构建课堂集体思维的根本保障，而学生主体参与的关键在于对具有个体差异的自我确认和自我意识。自 20 世纪 80 年代，教育界掀起有关"教育过程中主客体关系"的讨论开始，主体问题便成为我国教学研究和实践的热点问题。随着教育教学改革的不断深化发展，学生是学习的主体，培养和发展学生的主体性与主体意识已成为我国教育工作者的基本共识[1]。学生始终是学习的主体,一切外部条件的强制或"诱惑"如果不能最终转化为学生的自主、自觉、自为,则不可能是有效的学习,不可能称之为真正的主体学习。学习的主体性不是一个抽象空洞的哲学概念,而是具有鲜活的个性特征,其核心则是学生主体内在自我意识的激发。然而,教育界对学习主体性的认识往往是一般的、抽象的以及主—客二元范畴中的主体,并且主要局限于从外部维度探讨学生主体性的激发,如通过兴趣的引导、问题的设计、教学和学习方式的改革等激发学生学习的主体性和积极性,忽视学生主体内在自我维度——"己"的自主、自觉和主动。

主体性不仅是人区别于动物所具有的根本属性,同时也是人区别于其他人类个性的根本特征,学生主体地位的确立根本上来自对其个性特征和个体差异的自我意识和确证。学习作为主体的认知实践活动,是现实的、具体的学生个人的认知实践活动。学生主体性的发挥首先来自对鲜活的内在个性特征和个体差异的自我意识,对这种个性差异的自我意识和确认则构成了学习的起点和前提条件。人的发展是教育的根本目的,是教育的出发点,其根本是建立在学生个性基础上的发展。学生作为学习的主体,不是抽象的主体,也不是空无一物的主体,而是现实的、具有鲜活个性特征和个体差异的学生主体。对学生主体内在自我维度的强调,从根本上是打破传统主客二元思维,实现对"具体个人"的现实观照[2]。自我意识的唤醒,是形成和构建主体地位的根本前提,是确立学生学习主体性的关键。学生已有的知识、经验和个体意向、兴趣、期待等,这些固然是学习的必要基础,但其不可能自动成为学习的前提条件和基础,如果学生不能意识到这些独特的主体性特征,不能建立起学生

---

[1] 冯建军:《主体教育理论:从主体性到主体间性》,《华中师范大学学报》(人文社会科学版)2006年第1期。

[2] 叶澜:《教育创新呼唤"具体个人"意识》,《素质教育大参考》2003年第4期。

内在自我与教学内容、主体或者学习对象之间的意义联结，学习势必会沦为外在强制灌输的过程。学生主体地位既不是先天确定的，也不是教师或者教育理论者等言说者"赋予"的，而是在具体的实践活动中，激发学生主体的自我意识——意识到自己对客体作用是能动的、主动的，并将这种自我意识转化为认知和发展的内在动力，进而实现学生作为学习主体以及学习"主人"意识的自觉。

学生主体自我意识激发主要存在两种途径：第一，在比较和差异中激发主体自我意识。从自我意识的起源来看，当人能够将自己与他人、自己与周围世界区分开来，就获得了自我意识。人类自我意识的发生、发展从根本上说是通过主体与客体、"他人"与自我之间的"同与异"比较机制进行。这一过程，费尔巴哈在对象化认识理论中阐释了自我意识发生、发展的基本理论逻辑：人对自身的认识首先要依靠对他人的对象性的认知，人的自我意识和自身的直观是从对他人的直观开始的[①]。也就是说，当学生发现自己与他人的差异和区别的时候，更能有效地激发主体的自我意识。教师在课堂中要注意培养学生倾听的能力，积极引导学生理解和比较自己与他人的差异，在比较和差异中激发学生的主体自我意识，发现个体的独特性；第二，在反省和体验中实现主体自我意识的发展和飞跃。比较和差异是激发主体自我意识的基本机制，但自我意识毕竟是主体对自身的认识，要将这种比较和差异转化为主体发展的力量就需要自我的反省与体验。倾听不能仅仅停留在不同的观点的比较甚至是竞争，不能只是简单"我不这样认为"或者"我认为"，或者是停留在"我的算法比你的简便""我的思路比你更加清晰"等评价上。学生要在深入比较不同观点、看法、态度、结论等学生主体间的差异基础上，反省和体验自己的能力和特点，在深刻的内省中更加深入地认识自我。

---

① 张义修：《"对象化"与马克思哲学之路的开端——对马克思原初哲学范式的概念史考察》，《马克思主义理论学科研究》2018年第4期。

(二) 在差异的比较与分析中发现共性

每一个学生都是独一无二、与众不同的个体，个性是个人发展的根基。从心理学的发展历史来看，心理学科学化起始于人们对个体差异的关注。心理学家在研究人类行动时发现人们对同一刺激反应常常是不同的，原本以为这些差异是由实验误差造成的，但经长时期的实验和多次反复探索后发现，这类差异与误差无关，而是由个体差异酿成的。由此个体差异引发了人们的高度重视。随后，高尔顿、冯特、桑代克、比奈、斯腾伯格等学者对个体差异进行了大量的研究。同样地，个体差异是课堂教学中必然存在的客观现实，每一个学生在面对同样的教学主题或内容时必然存在不尽相同的个体理解和认识。以往，教育者对课堂教学中个体差异的理解往往聚焦在对学生学习进度、家庭背景、个性基础等方面的认识，忽视个体差异的教学意义。众所周知，学生不是空着脑袋进入教室的，学生在进入课堂之前，必然存在关于世界的独特个人经验、构想和信念。这些已有的个体经验毫无疑问是学生发展的基础，但很多时候这些经验与将要教授的科学概念存在一定的冲突，因此成为教师教学和学生学习上的障碍。瑞典哥德堡大学马飞龙教授曾领导一个研究小组，研究的主要项目是探索和描述学生对某个特定现象或属性的理解、体验和思考。通过大量研究，他们提出现象图式学和变异理论：从本质上说，学生会以不同的方式理解同一现象或教学内容，但总的来说，这些不同理解方式是有限的[1]。毕竟，个体理解和认识是存在一定界限的。

从认识论来说，人对世界的认识和理解是在差异的比较中实现的。比较是思维的一种形式，学生是通过确认一类概念或对象的共性与差异性实现对事物的认识的。乌申斯基曾说"比较是一切理解

---

[1] 陆敏玲等：《课堂学习研究：如何照顾学生个别差异》，教育科学出版社 2006 年版，第 9—10 页。

和一切思维的基础"①。"这是什么"既是一个形而上的哲学问题，同时又是植根于人类日常生活的实践问题。学生对教学内容的理解、认识和把握必然起源于对这一问题所做的个体思考。学生对事物或者教学内容的认识当然不能仅仅停留在"A 是 A"或者"A ＝ A"这一简单思维和认识水平上。学生对某一事物的认识，如对"树"的认识是在发现树与花、草、森林的比较中实现的，并且从不同具体的"树"总结和归纳出"树"的一般属性和内涵。同样地，不同学生个体差异的认识必然也构成了对事物不同方面的认识，"横看成岭侧成峰，远近高低各不同"。课堂教学必须引导学生在比较不同事物的差异，以及发现不同个体差异中实现对事物的理解和认识，促进学生个体思维的发展。

（三）在差异的碰撞与交互中深化认识

差异的学生个体认识和理解是课堂教学的宝贵资源。不同的个体认识和思维可以丰富学生的经验，拓宽学生视野。课堂中学生的个体发展是在师生、生生之间的交流、对话、合作中实现的，不同的个体认识构成了课堂集体交互的核心动力。进一步说，在课堂教学过程中，交流和对话只能发生在具有差异的学生主体之间。只有当对话、交往、合作的各方之间存在差异同时也有统一的时候，对话、交往、合作才能真正得以发生。而不同的个体认识、理解和差异成为学生主体突破各自原有认识和理解的局限，丰富个体认识的视野，拓展和深化个体认识的根本保障。没有差异就不会有交流，主体间存在的差异是真实的交流发生的根本前提。当不同的感受和观点在课堂上展示出来，基于分化和对立的相互碰撞、相互激荡就产生了，师生之间和生生之间真实的交流也就发生了。这种交流可以弥补单个学生经验的不足和视野的局限，大大丰富学生的经验，拓宽学生的视野，使他们看到、听到、想到他们个体没有办法看

---

① 张展志：《让学生在比较中认识规律和获取知识》，《小学教学研究》1985 年第 1 期。

到、听到、想到的事实和问题。个人视线、视角和视野的局限性不可能"一次将太平洋尽收眼底",但可以通过不同视角、视线和视野的相互补充更加快捷地实现对太平洋全景式的把握。甚至还可以通过多元的思考和差异思维的碰撞与激荡,激发出富有创意的新问题和新方法,从而使学生发展的空间得以拓展和不断提升[①]。

从知识论意义上看,课堂中的知识学习与学生个性差异有很强的依附性。学生是学习的主体,究其根本是学生在认知过程中的自我体验以及内在自我与知识、真理的"亲密接触"过程。学习具有明显的个性化特征,实质上就是具有个性特征和个体差异的主体自我经历、探究、体验、感悟、阅读、思考形成的知识、经验及其意义生成。尽管人们拥有共同知识和语言、范式等,但面临同样的事物总会存在相似而又不同的个人理解和自我体验。知识对于主体自我具有内在的依附性[②]。一旦离开了主体及其内在自我,从自我体验中剥离出来,知识就无法存活,没有活性,就失去了生命的力量和价值。学生之间的差异还可以增加课堂教学多元生命样态的生机和活力。课堂教学占据了师生学校生活的主要时间和空间,课堂是学生与教师实现教学和生命价值发展的重要场所。因此,合乎人性的课堂教学应该是充满生命活力的教学。课堂教学的生机和活力来自哪里呢?或许源于教师精湛的教学艺术,或许源于学生积极主动地参与教学互动,或许源于引人入胜的教学内容,但总的来说,学生丰富的个性和多元的课堂生命景象则是它的重要动力之源[③]。并且在某种程度上可以说,教学的生命活力取决于课堂中学生个性的"生发"与"表达"。正是课堂中学生富有个性特征及差异性表现,使课堂变得更加丰富多样且富于变化,更加充满智慧的张力、

---

① 曾继耘:《论个体差异之教学价值》,《天津市教科院学报》2006 年第 2 期。
② 余文森:《论个体知识的课程论意义》,《教育研究》2008 年第 12 期。
③ 曾继耘:《论课堂教学中学生差异发展的内在机制》,《中国教育学刊》2006 年第 9 期。

生命的活力和对好奇心的刺激，因而对教师和学生更加具有吸引力。倘若学生是千篇一律，没有特长、没有思想、没有个性、没有差异的个体，那么，课堂无疑是灰色的、整体的"一"，极容易异化为一潭死水，缺乏活力和生机，课堂教学也极易变得机械、沉闷、程式化和机械化，缺乏动力与乐趣。因此，在课堂教学中，教师应积极拥抱和把握学生的个体差异，尊重学生在课堂上的独特表现，鼓励学生充分展示个性，引导不同差异个体相互碰撞、相互对话和交往，使课堂真正成为学生展示自我、表达个性和集体互动的舞台。

二　课堂教学中的有效对话

（一）"满堂问"的课堂弊病

为了转变教师"独白"和"独角戏"的课堂教学现象，新课改以来，引入对话教学，提升师生、生生交往的有效性是保证课堂教学质量的重要举措。然而，由于对对话理解的偏差，我国课堂教学又由"满堂灌"陷入了"满堂问"的泥沼，使得课堂教学对话呈现出低效率的实践样态[①]。课堂教学中的师生对话沿着教师一系列浅层次的问题链展开，造成课堂教学对话泛滥。如一位老师在《师说》第一段的教学中这样与学生"对话"[②]：

师：本段的第一句是？
生：古之学者必有师。
师：这句话在文中的作用是？
生：本段的论点。
师：第二句"师者，所以传道授业解惑也"说的又是？
生：老师的作用。

---

① 汪旭：《何谓有效的课堂教学对话》，《中国教育学刊》2021年第2期。
② 李富林：《课堂教学"病问"10种》，《新课程》（综合版）2007年第2期。

师：第二、第三句"人非生而知之者，孰能无惑？惑而不从师，其为惑也，终不解矣"又在文中起什么样的作用？

生：论证"古之学者必有师"的。

类似这种"满堂问"的教法在当前课堂教学中随处可见，甚至在一些优秀的公开课中也不少见。课堂中的问题多是老师发问，学生回答。所设问的多是一些陈述性、答案显而易见的问题，不用动太多脑筋、调动太多思维活动就可以脱口而出。学生或是群答——齐声回答，或者举手抢答、点名回答，但某一个学生回答之后教师往往立马给出反馈，其他学生则沦为"旁观者"和"看客"。集体的课堂成了师生一对一的简单问答型"对话"。"满堂问"的缺陷是显而易见的。教师作为课堂的"主导者"，伴随着课堂教学的进程，"一路走，一路问"，走到哪里就问到哪里。表面上看问题跟课堂教学目标和内容息息相关，但实际上问题缺乏系统的设计，学生被教师牵着走，整个课堂处于教师频繁问、学生多人配合的状态。而在师生问答过程中还存在从众、随大流甚至滥竽充数、随声附和的现象。部分优秀学生或者积极分子获得了课堂学习的"主体地位"，而大部分的学生则成为"背景"，进而在表面上轰轰烈烈、热闹非凡的课堂气氛中却制造了一个又一个"课堂泡沫"。学生的思维没有真正深入课程本身，难以真正实现教师和学生、学生和文本、学生和学生精神的相遇、灵魂的激荡。总而言之，"满堂问"的课堂教学依然是教师主导的，以教师为中心，学生同伴之间则相互孤立，只是积极回答问题。这不仅容易形成学生过于依赖教师引导的思维习惯，同时也容易培育个体性、竞争性的课堂教学氛围和环境。

（二）课堂对话的问题设计原则

诚然，课堂教学中的师生对话在表面上主要呈现为师生围绕着一定的教学内容、问题或者课程文本展开的问答行为，但对话绝不是简单的师生问答或者简单的一问一答。教师作为课堂教学中的主导者、服务者，以及相对学生来讲的"已知者"，提出问题是引发师生对话的基点。课堂教学对话的实质也就是师生以问题为中介和桥梁，在彼此思想膨胀、情感共鸣和精神相遇中生成性的理解和意义[1]，进而推动作为已知者和主导者的教师通过对话不断引导作为未知者和学习主体的学生将外在的人类科学文化知识转化为内在的精神财富。因而，教师的提问设计则是课堂教学展开有效对话、深度对话的关键。前文已经指出，教师的提问设计要遵循学生最近发展区的基本原则，发问必须是在"已知·已学"和"未知·未学"之间提出，并且能够引出学习集体内部的对立和分化。而就课堂对话来说，教师的提问设计还要遵循挑战性和衍生性特征。所谓挑战性就是问题要有一定的难度和深度，能够激发学生思维，使学生有能力并且愿意主动参与的对话[2]。也就是说，使学生乐于想一想、跳一跳才能"够着"的问题和对话。然而，实践中不少教师在提出问题时候过于"直白"，忽视学生思维的"着力点"，设问虽然在课标要求范围内，但跨度过大，造成问题"大而无当"。如教师在引导学生探究"分米和厘米"的关系时提问"分米和厘米是什么关系呢？请同学们分小组合作探究"。然而，话音刚落，学生们虽然很快行动起来，展开小组讨论，"讨论的声音此起彼伏，好不热闹"。但实际情况是"各小组的成员有的在说笑，有的在玩弄东西。即使有的在冥思苦想，但你问他，他却不知道发生了什么，无法清楚表达两者关系。有的学生还展现出茫然的表情。小组合作就这样在'非凡'的热闹中'无序'地进行着"[3]。所谓衍生性，就是问题要能不断拓展学生的思维空间，衍生新的问题或生成更高层次知

---

[1] 余宏亮等：《对话教学的致思方式及实践转向》，《课程·教材·教法》2012年第8期。
[2] 朱德全等：《对话教学的模式与策略探析》，《高等教育研究》2003年第2期。
[3] 林伟民等：《活力课堂：让课堂焕发生命活力的教学艺术》，江苏教育出版社2012年版，第46页。

识表征，促使学生的认知结构从量的积累转而产生质的飞跃，进而不断推动学生的知识发展从个体经验的积累和认识水平向教学目标所代表的认知水平靠近。

（三）构建双向多维的课堂对话

课堂教学不是简单的知识传递和知识灌输的过程，而是师生、生生的对话、互动、交往过程中展开观念的交换和意义生成的过程。从最广义的定义看，课堂教学是师生、生生对话与沟通的社会互动与认知发展过程。课堂教学中的对话，不同于日常生活情境中或者普遍意义上的"谈话"。课堂中的对话具有如下两个显著特征：第一，课堂中的对话旨在传递人类文明进步所积累的科学文化知识和经验；第二，课堂中的对话是具有一定的制度化基础和结构性框架，人为集结起来年龄相仿、认知水平相近的学生集体与教师，遵循一定的时间安排（如课程表）在一定的空间（主要是教室）中展开的对话[1]。因而，课堂中的对话绝不是师生一对一的对话，而是师生、生生多人的、复数性、双向多维的对话、沟通和互动过程。课堂教学是由权威的教师和相似而又不同的学生组成的学习集体，课堂中的教与学的活动不仅存在教师与学生之间一对一的关系，也存在学生与学生、教师与学生群体、学生与学生群体等多重网络结构间的相互关系。课堂教学活动就是在这种多重网络结构关系之中进行的。因此，课堂教学过程中的对话、互动、沟通中各种主体性角色创造者复杂的相互关系，既存在自然的"个体性主体"角色，同样也存在"集体性主体角色"[2]。课堂集体思维就是师生、生生围绕着教学内容或问题（亦可称之为文本）所展开的双向多维的对话、互动和沟通过程。双向多维对话打破传统强调教师与学生一对一以及重视教师主导的对话过程，而是以文本的意义生成和交互为核心，将教师与学生、学生与学生的对话纳入一个交互反馈的

---

[1] 钟启泉：《读懂课堂》，华东师范大学出版社2015年版，第30页。
[2] 钟启泉：《对话与文本：教学规范的转型》，《教育研究》2001年第3期。

课堂对话过程,以此推动课堂对话、思维碰撞、灵感激荡、相互启发的课堂教学对话结构与模式。

课堂集体思维过程中的师生、生生双向多维的对话强调不能用"师问生答"的单一对话模式代替师生、生生之间的多维交互。学生同伴间的交互同样是课堂教学对话的重要维度。维果茨基高度重视同伴的对话和沟通在儿童成长和发展中的重要作用。他认为,同伴间的对话和沟通在学生学习中发挥重要作用,不只在学校,在教育各个层次都是如此。维果茨基在有关语言与思维相互关系的研究中发现,儿童在将外在的人类科学文化知识内化为个体的认知发展之前,所有高级(心理)功能源于人类个体之间的真实关系,这一发现显示了他对沟通和对话的重视,沟通与对话是正式学习过程的一部分。这一点儿童的语言获得与发展能力就可以轻而易举地证明:"语言的获取能为学习与发展关系的整体问题提供一个范例。语言最初是作为儿童与周围环境的人进行交流的一种手段。只有在后来转变为内在语言后,语言才开始组织儿童的思维。也就是说,演变为一种内部心理功能。皮亚杰等人指出,当某个儿童想要在群体中证实自己的观点时,推理作为一种论据产生了,并先于它作为一种内部活动(其特征是这个儿童开始知觉并检验他的思想基础)而产生"[1]。换言之,维果茨基与皮亚杰一样,认识到儿童与同伴之间的交流在其认知发展中的关键作用。他提出,学生在形成对概念,尤其是学校里教的那些概念的认知理解过程中,学习和发展的联系部分是通过同伴讨论建立的[2]。同伴交互反馈的心理机制是显而易见的:"交流产生了检查和证实想法的需求,这种过程是成年人的思维特征……学习唤醒各种内部发展过程,只有儿童与环境中

---

[1] [苏]维果茨基:《社会中的心智:高级心理过程的发展》,麻彦坤译,北京师范大学出版社 2018 年版,第 111—112 页。

[2] [美]劳里劳德:《教学是一门设计科学:构建学习与技术的教学范式》,金琦钦等译,福建教育出版社 2019 年版,第 87 页。

的人互动，与他的同伴合作时，内部过程才能运转。一旦这些过程内化了，他们就成了儿童独立发展成就的一部分"[①]。

当然，强调学生同伴之间的对话并不否认师生对话的重要作用。作为两种不同主体类型的对话，它们在课堂集体思维交互过程中发挥着不同的角色和作用。众所周知，民主性和平等性是课堂教学对话发展的重要特征。教师作为自然的"权威"，在课堂教学中实现绝对的平等和民主是不可能的，也是不现实的。教师在集体对话过程中往往处于"主导"地位。在调研中我们发现，尽管教师反复强调学生学习的主体性及其与教师的平等性，但在实践中还是有不少学生不敢也无法与教师进行真正的"辩论"。师生的双向对话和交互往往发生在教师追问、点评甚至引导和纠正学生偏离教学目标的学习行为过程中。而相对于师生之间的对话，学生同伴间的对话就显得"轻松、自然"，更容易实现学生"毫无保留"地表达和深入地讨论。因而，在课堂集体思维的对话过程中，师生的对话往往体现在提出问题、提醒、补充、纠正、质疑、评价等方面，其主要作用是为课堂对话提供支架，并引导着对话沿着教学目标一步步深入发展。而学生同伴间的对话更多是各抒己见，相互启发，在相似水平思维和差异的个体认识碰撞中发展。而同伴间平等而不断深入的对话，不同观点和思维的碰撞、差异的交互则是集体思维和对话不断深化的关键。

三 课堂集体思维的典型案例

案例1 在差异中相互启发，促进个体发展

苏霍姆林斯基高度重视学习集体中同伴间的相互启发，他认为在集体生活中的创作过程的特点是"创作者可以用自己本身的工作和成果对同自己一起工作的人施加巨大的影响。一个人的崇高精神

[①] [苏] 维果茨基：《社会中的心智：高级心理过程的发展》，麻彦坤译，北京师范大学出版社2018年版，第112页。

和灵感可以引起其他人的共鸣"①。苏霍姆林斯基用一节一年级的写作课具体阐释了集体中相互启发的基本过程②。他在一个恬静的秋天的早晨，领着一年级的小学生到野外去，对孩子们说：

"今天，你们每个人都要编出一篇关于秋天天空的小短文。你们仔细看一看，想一想：天空是怎样的？如何来描写天空？要用美丽而准确的词。"

孩子们静了下来。他们边望着天空边思考。不一会儿，我听到了第一批小短文。

"我们头上的天空是蓝蓝的……"

"天空是蔚蓝色的……"

"天空，仿佛小河中的水，明净、清澈……"

"天空是非常明朗的……"

"天空是秋天的……"

这就是第一批短文。其他的孩子开始重复同学们所用的词汇。除了蓝色的、蔚蓝的、清澈的、明朗的以外，他们再也找不到描写天空的另外的词了。

当教师提出问题后，课堂集体思维往往进入发展的第一个阶段——学生思维的激发和对问题的初步阐释，也是课堂集体力量的聚合的起点。这个阶段集体思维的特征主要表现为学生同伴之间相似的认知和思维带来的同一水平的模仿和反复表达。那些反应较快的学生往往能够"先声夺人"，快速表达自己的观点，成为课堂集体思维的第一个支点，启发其他同学沿着这一支点进行相似性的模

---

① ［苏］苏霍姆林斯基：《培养集体的方法》，安徽大学苏联问题研究所译，安徽教育出版社1983年版，第112页。

② ［苏］苏霍姆林斯基：《培养集体的方法》，安徽大学苏联问题研究所译，安徽教育出版社1983年版，第112—113页。

仿，进而围绕这一支点让学生快速进入课堂教学的集体互动中。当然，这种同一水平的模仿如果过度表达，容易异化为从众和同质化的群体思维，使得课堂教学固化在浅层次的思维发展水平而不能深入。课堂教学是以知识学习为基础的认识和思维实践活动，学生的思维激发的品质存在广度和深度两个不同的维度。思维的广度主要表现为对事物和问题在数量和横向的认识和把握。思维的深度意指在纵向上对事物和问题的本质的深刻认识。课堂集体思维的第一个阶段往往表现为思维广度上的面面俱到以及对问题和事物不同方面的理解和把握，其实质是同一认识水平的量的积累、扩充和完善。因此，教师在课堂集体思维的第一阶段要注意调节学生模仿和同质性表达的数量和层次。一旦课堂教学出现大范围的模仿和从众的迹象，教师要及时介入，挖掘和引导学生思维向纵深处发展。苏霍姆林斯基这节课的精彩之处就在于，当教学中重复性的描述几乎用尽了学生所有词汇时，苏霍姆林斯基将视线转移到了一个特别的学生，而进一步激发了学生之间思维的交互和创造力。

> 长着一对蓝眼睛的小瓦利亚站在一旁不作声。
> "你为什么不作声，瓦利亚？"
> "我想用自己的词来描写天空……但不知道可好……"
> "那你用什么词来描写天空呢？"
> "天空是温暖的……"瓦利亚低声而又腼腆地说。
> "你的词用得很好，瓦利亚……那为什么天空是温暖的呢？"
> "因为……很快就要下雪了，严寒即将来临，而现在的天气还暖和，太阳光有点暖人；在阳光下的天空还是暖和的……所以说，天空是温暖的……"

课堂教学中学生的思维是在相互碰撞和交互过程中不断由认识

广度和宽度的积累向思维纵向深度发展。课堂中学生思维向纵深处发展的重要标志则是在于"异质性"的出现和碰撞。课堂教学过程中，往往会出现一些令人"意想不到"异质性思维。在苏霍姆林斯基这节课上，与其他同伴通过"相互模仿"踊跃发言不同，小瓦利亚始终站在一旁不作声。尽管苏霍姆林斯基并没有用很大的篇幅去描述小瓦利亚沉默时的表现，但我们可以想见，他一定是在"思考"。他发现自己的"想法"与同学们不一样，或许是因为群体的压力，或许是不敢轻易发出不同的声音，或许他是在思考自己为什么和他们不一样。总之，他没有勇敢地"表达"，直到老师"发现"了站在一旁默不作声的他。小瓦利亚是用拟人的词汇去描写天空，这一"独异"的思维蕴含了他对天空特征的深刻思考和个人思维，因而迅速引发了教学中学生们的思考和进一步的讨论。

孩子们静静地听着瓦利亚所讲的每一句话。他们再一次地环顾四周。他们感到在瓦利亚的话里闪烁着创作思想的火种。这火种燃起了每个孩子心灵中的创作火花。于是我听到了截然不同的描写天空的新短文：

"昨天下的雨洗刷了天空，所以现在的天空明明净净，犹如淡蓝色菊花的花瓣。"

"天空在沉思……它想着从寒冷地带日益向这里逼近的浓浓的乌云。"

"天空是温柔的……看，它伸开自己的双臂在环抱太阳。"

"天空是寒冷的……夏天，它被晒得火热，而现在又冷下来，并降下一滴滴露水……"

"天空正在不安。它一边倾听着鹤鸣，一边思索着：未必冬天就要来临……"

"天空是平静的……夏天，雷电像箭一样刺破天空，而现在，闪电已飞向太阳。"

"天空在微笑，它在欣赏花朵，因为秋天里花朵已经不多了。"

"天空是冷的……因为夜晚已经很冷，它急切地等待天明，好得到太阳的一点温暖。"

"天空在游戏……瞧，蓝色的天空在阳光的衬托下像塘里的水一样在滚动。"

"天空在思念云雀，现在，要等到春天才能听到它的歌声。"

"天空是愉快的……可是，乌云很快就要遮住太阳，天空就要变得阴暗了。"

"天空是孤单的，因为现在很少有鸟儿在飞翔……也没有燕子在云端飞翔。"

短小的创作闪光就这样变成了明亮的光辉；一个孩子的思想引起其他孩子的共鸣。创造新词的活动给孩子们带来了欢乐，它是儿童们最易接受的一种充满崇高精神的智力活动。

每一个学生在面临同样的主题时，必然存在差异的个体理解和认识。学生不仅在差异的碰撞中激发主题的自我意识，同时能够在集体交互中实现相互启发。每一个学生个体都成为其他学生认识和发展的一面"镜子"，学生在他人的思维中获取思想的灵感，并且在交互中激荡出思想的火花。在上述的案例中，第一阶段的相互启发显然是浅层次的，当第一个学生从天空的基本特征"创作"小短文时，学生们紧随其后，开始从同一层次和不同方面描述天空的特征。导致学生们"开始重复同学们所用的词汇。除了蓝色的、蔚蓝的、清澈的、明朗的以外，他们再也找不到描写天空的另外的词了"。当瓦利亚开始用自己的"词汇"描写短文时，一下子激活了学生集体思维创作的灵感，"一个孩子的思想引起其他孩子的共鸣"。

案例2　比较不同理解,归纳总结一般原理

课堂教学是以一定学科知识为基础进行的知识学习与探究,从学科知识的性质、结构和内容来看,数学课与语文课有很大的区别。语文课可以"一千个读者就有一千个哈姆雷特",每一个学生可以从不同的视角和经历生成个体独特的认识和理解。但数学公理、定理、运算法则等学科知识是确定的,"条条大路通罗马",而罗马只有一个。这种确定的、唯一的学科知识具有很强的结构性特征,如何在强调追寻"真理"的数学课上构建课堂集体思维,或者说,数学课堂教学中的集体思维与语文课有什么不同,我们以一节同课异构的教学案例简单阐述数学课集体思维的典型模式[①]。

授课内容:在○里填上>、<、=

$\frac{3}{5} \times \frac{1}{2} \bigcirc \frac{3}{5}$　　　$\frac{3}{4} \times \frac{3}{2} \bigcirc \frac{3}{4}$　　　$\frac{5}{7} \times 1 \bigcirc \frac{5}{7}$

王老师的教学过程如下:先让学生计算,填好后立即提问。

师:在圆圈的左边和右边,各有一个数怎么样?

生:相同。

师:另一个数与1比怎么样?

生:有的大于1,有的小于1,有的等于1。

师:一个数与大于1的数相乘,积与它比怎样?一个数与小于1的数相乘,积与它比怎样?一个数与等于1的数相乘,积与它比怎样?

生:一个数与大于1的数相乘,积大于这个数;一个数与小于1的数相乘,积小于这个数;一个数与等于1的数相乘,积等于这个数。

---

① 陈进:《思维碰撞火花闪亮》,《新课程导学》2013年第11期。

师：如果不计算，你能很快比较它们的大小吗？

生：能。

尽管数学课与语文课在学科知识的性质、结构上有很大的差异，但总的来说，数学课教学依然遵循从问题导入，将教学内容及其知识发展目标转化为一个个问题链，师生、生生围绕着一个个问题展开"教"与"学"的互动和集体思维交互。然而，上述王老师的授课过程表面上看是一系列师生共同探讨和解决"问题"的过程。由于王老师设计的"问题"都是封闭型问题，问题的答案是确定的，并且不需要学生过多思考就能够轻易"脱口而出""齐声回答"，所以其实质只是师生"教"与"学"的单向互动，没有很好地激发学生的思维及体现个体差异。授课过程虽然顺畅、逻辑性较强，用时少、效率高，但由于学生没有深刻理会、综合运用分数乘法的内涵和意义，因此学生在后续练习中错误率较高。而李老师的授课则不一样。

李老师的教学过程如下：先让同学们计算，填好后引导学生观察。

师：仔细观察这一组式子，你发现了什么？

生1：圆圈左右各有一个数相同。

生2：圆圈左边都是两个数相乘。

生3：与它相乘的数，有的是真分数，有的是假分数。

李老师的第一个问题看似简单，却是一个较为开放的问题，对于这个问题的回答需要学生主动观察，认真思考。学生的观察从不同角度构建了比较两个分数相乘的积的大小的影响因素，为学生下一环节的进一步思维交互提供了知识和经验的基础。

师：大家讨论一下，根据你们刚才所发现的，如果不计算，你们有办法直接比大小吗？

（小组合作，给学生充分的思考、讨论时间）

生1：因为圆圈左右有一个数相同，我发现只要把圆圈左边的另外一个数与1比较一下就行了，如果比1大，左边就大；如果比1小，左边就小；如果等于1，左右就相等。

生2：我的方法跟生1差不多，就是在圆圈的右边填上"×1"，也变成两个数相乘，如：$\frac{3}{5} \times \frac{1}{2} < \frac{3}{5} \times 1$，因为$\frac{3}{5}$相同，只要比较下$\frac{1}{2}$与1的大小就行了。

生3：我是根据分数的意义来比较的，如：$\frac{3}{5} \times \frac{1}{2}$表示$\frac{3}{5}$是$\frac{1}{2}$的多少，也就是把$\frac{3}{5}$平均分成两份，表示这样的一份是多少，一份当然没有两份多。所以$\frac{3}{5} \times \frac{1}{2} < \frac{3}{5}$。

生4：我是联系真分数与假分数的意义来比较的，一个大于0的数乘真分数，所得的积一定比它本身小，所以$\frac{3}{5} \times \frac{1}{2} < \frac{3}{5}$；一个大于0的数乘大于1的假分数，所得的积一定比它本身大，所以$\frac{3}{4} \times \frac{3}{2} > \frac{3}{4}$；任何数与1相乘都得任何数，所以$\frac{5}{7} \times 1 = \frac{5}{7}$。

生5：我觉得生2的方法非常好，可还有一点问题，假如圆圈左边不是乘号，而是除号，还能用这个方法吗？

师：这个问题提得很好，大家写几个除法式子研究研究。生2的方法多好啊，要是不能用，真是太可惜了。

（学生沉思，小声讨论。不一会儿，生2又举起了手）

生2：我觉得可以，如：$\frac{3}{4} \div \frac{3}{2} \bigcirc \frac{3}{4} \times 1$，可以写成$\frac{3}{4} \times \frac{2}{3} \bigcirc \frac{3}{4} \times 1$。如果不改的话，大小正好相反。

虽然数学公式、运算法则以及数学运算的结果和答案等是基本唯一"正确"的，存在标准答案。但是对于同一算式和"题目"往往存在不同的解答思考，如生3以分数的意义为切入角度比较两者大小；生4在此基础上引入真分数和假分数；生5不仅综合了前述同学们的思路，同时他所提出的完全不同的想法将课堂集体思维交互升华到一个新的阶段。虽然同学们对同一问题存在不同的理解，但不同的交互进一步深化了学生对分数乘法的意义的理解和把握，不仅拓宽了学生思维的广度，同时也加深了思维的深度。

可以看出，两位老师都以"问题"为起点，引导学生思维不断发展。但在问题的具体设计上存在较大的差异。王老师的问题"清清楚楚，简洁省时，一环套一环"，教师在不断地引导和激发过程中逐渐使学生理解"一个数与大于1的数相乘，积大于这个数；一个数与小于1的数相乘，积小于这个数；一个数与等于1的数相乘，积等于这个数"。表面上看，学生在教师引导下一步一步地实现了知识的获得和理解。实际上，所有的"问题"都是预设的，学生并不需要过多时间深入思考，沿着教师设计好的思维路径，逐渐接受教师预备好的"答案"。其本质依然是被动地进行知识学习的过程。李老师的课从一个开放性"问题"着手，引导学生认真"审题"，让学生主动发现题干中隐藏的知识信息，在此基础上激发学生思维，通过深入的讨论和小组合作，在对比不同的计算方法中发现真分数、假分数的运算规律。不仅真正实现了学生主体参与课堂教学过程，而且在学生集体思维的碰撞和交互中让学生学会了从已有知识经验中总结"乘除运算"的基本规律，最后将其迁移和应用于新的知识和情境中。

案例 3　语文教学的文本价值取向与学生的独特体验

语文教学从某种角度上讲是对文本的立体解读，其实质犹如对平面结构的单个文本背后作者的"中心思想"的种种斟酌和解读。正如那句莎士比亚那句名言"一千个读者就有一千个哈姆雷特"。然而，人们往往关注莎士比亚名言的前半句，而忽略了后半句"但哈姆雷特不会成为李尔王"的深刻内涵。语文教学对文本的立体解读固然要求学生从不同角度、不同层面甚至不同立场畅所欲言，充分激发学生对文本的不同感悟，在此基础上促进学生的个性发展和生命成长。但是，如果说语文教学实质上就是文本解读的过程，那么"文本"本身应该是语文教学的基础甚至是"中心"。任何的立体解读和深度挖掘都不能过于偏离文本，甚至"曲解"课本本意。正如叶圣陶先生在《语文教学二十韵》中所言："作者思有路，遵路识斯真；作者胸有境，入境始与亲"。

《落花生》是小学语文的一篇经典课文，早在 20 世纪七八十年代就入选小学语文课本，至今依然是统编教材的一篇精读课文。《落花生》陪伴、见证并影响了好几代中国少年儿童的成长，《落花生》的不同教法可以说代表了我国课堂教学从传统到现代的转型发展。《落花生》这篇课文创作于 20 世纪 20 年代初，距今虽然已经百年时间，但文章浅显易懂。课文的中心思想和重点是第十段父亲借花生"朴实无华"但"有用"的特点教育孩子们做人的道理——"你们要像花生，它虽然不好看，可是很有用"；"花生的好处很多，有一样最可贵：它的果实埋在地里，不像桃子、石榴、苹果那样，把鲜红嫩绿的果实高高地挂在枝头上，使人一见就生爱慕之心。你们看它矮矮地长在地上，等到成熟了，也不能立刻分辨出来它有没有果实，必须挖起来才知道。"

这段话表面上来看非常简单。过去，教师关于《落花生》的教法往往是顺着作者的写作思路和观点展开课堂教学，自然而然地引导学生感受和把握本文的核心思想"做一个朴实无华且对社会有用的人"。新课改以来，我们倡导学生学习主体性和个性观点的表达，而这段的授课很容易让学生产生疑惑和对立，对文中所倡导的核心观点产生怀疑：桃子、石榴、苹果并非只有让人产生爱慕之心的外表和颜值，而是有营养，又有用。用现代人的看法就是"既体面又对别人有用，难道不更好吗？"这种想法具有相当的合理性，如何处理课文本身的价值引导和当代学生的个性表达则不断考验着我们当前的课堂教学。有教师曾经经历过这样的一节《落花生》[①]：

> 我请学生就这一段谈谈花生最可贵的是什么？你如何看待？显而易见，从文中可以看出，花生最可贵的是谦逊、质朴、低调、不张扬的品格。开始，有几个同学顺着文路和作者的观点来谈，附和父亲的看法，课堂很顺。突然，一女生站起来说："我并不认为桃子、苹果、石榴比花生差。让人一见就生爱慕之心有什么不好吗？桃子、苹果、石榴既营养美味，又让人赏心悦目。做人既体面又对别人有用，难道不更好吗？"
>
> 一石激起千层浪。我对她的质疑既不评论，也不回答，只是笑着让她坐下，并问其他同学："你赞同她的看法吗？"没想到，她的"知音"还不少。课堂立刻形成了两派意见。怎么办？是按教参意见给学生标准的考试答案，还是尊重学生的独特见解？没有迟疑，我选择了尊重学生的个性感悟，让两派学生各抒己见。学生一个个能言善辩，结果是群情亢奋，各执一词，谁也不服谁。我决定给学生畅快表达的机会，于是把辩论会改为"笔会"，让学生用笔头来自由表达自己真实的看法。

---

① 赵挚：《把学生引向多元——〈落花生〉教学案例评析》，《湖南教育（语文教师）》2009年第4期。

让我吃惊的是，全班 64 位同学，只有 15 位同学赞同父亲的话。这些不同的声音如下：

"现代社会需要毛遂自荐，我愿意是石榴，把自己的优势展示出来。"

"我觉得人应该主动一点。不能只靠别人挖掘。"

"父亲的话没错，花生的品质也很好，但如果没有挖掘出来就会遗憾终生。石榴高高挂在枝头也是光荣的，并不可耻。"

"时代背景不同，我的选择会不一样，在封建社会我会选择做花生，免得遭到别人嫉恨。在当今社会要敢于竞争，应当做石榴。"

"如果把自己的长处埋在深处，别人不知道你的底细，无法得到重用。"

"我认为花生有点自私，结的果子不想给别人，而苹果更乐于奉献。"

"花生需要别人挖掘，如果别人挖掘时机不对就会失败。人应该要自己选择世界，而不是让世界选择你。"

"当花生那样的人容易吃亏。"

"苹果那样的人，外表好，内心也不错！它是最完美、最好的。"

"花生把自己埋在地下，象征着与世隔绝和冷漠。"

学生发表个人观点固然重要，将课堂还给学生，充分发挥学生学习的主体地位和主体作用固然是课堂教学改革必须面临和解决的问题。但是，课堂教学要尊重学生的独特体验，同样也必须回归语文教学文本的价值本身。语文教育的价值在于使学生树立正确的思想、信念，提高学生的精神境界、文化品位和审美情趣。课文中，父亲只是拿花生和桃子、石榴和苹果做比较，以物喻人，启发孩子们不要只是做一个追求外表美丽而对社会没有用的人。这一价值取向不仅在当今社会依然存在重要的教育意义，甚至在任何时代都应该是我们提倡的价值取向。课例中的语文教学虽然极大地激发了学生参与课堂教学的积极性和主动性。但同时也让课堂教学变成了个人观点的广场，学生只是简单抒发个人观点，呈现个人情感，并没有在对话、交往和深刻反思中回到课文本身所倡导的价值取向，甚至讨论越来越对立和针锋相对，使得课堂教学变成"叽叽喳喳"的个性化、个体化的教学过程，而失去了真正的育人价值。课堂集体思维尊重和高度重视学生的个体差异和独特的个性表征，但个性的表达不能忽视课堂集体的根本价值导向及其育人使命，课堂集体思维的建构和集体价值统一的实现必须建立在个体理性认识基础上的集体认同。正如费孝通所言，"各美其美，美人之美，美美与共，天下大同。"

结　语

　　课堂教学通过怎样的过程和机制将外在的人类科学文化知识转化为学生内在的精神财富是教学研究与实践的核心命题。从教学论研究的发展历程来看，教育者对这一问题的探讨主要聚焦于"教"与"学"的相互关系及其矛盾，并经历了从"教"与"学"相互分离的研究范式走向了"教学"辩证统一的理论建构的过程[①]，从"教"与"学"的互动和交往中构建和阐释课堂教学的基本运行机制。但是，不管是聚焦"教"的过程和环节，构建"教"的理论，还是着眼"学"的程序和规律，架构"学"的理论，抑或是立足"教"与"学"的辩证统一，探索"教学"交往互动的课堂教学运行机制，其根本是围绕抽象的、一对一的"教"与"学"相互关系阐释和构建课堂教学的一般运行机制，所探讨的实质上是一种抽象性的、着眼于学生"个体发展"的理论视角。课堂教学固然要落脚于学生个体的自由全面发展，但课堂教学绝不是单数的学生发展过程，而是群体的、复数性、多元的学生发展过程，是在教师引导下和同伴互助中的社会化、集体性学习和发展过程，集体性和社会性构成课堂教学过程的基本结构性特征。这种"个体发展"的教学论研究视角固然能够从理论上自洽地阐释课堂教学的基本运行机制，在实践中产生的困顿也越来越突出。随着人类社会和教育教学

---

① 裴娣娜：《现代教学论》第二卷，人民教育出版社2005年版，第99页。

的不断发展，课堂教学固有的形式结构矛盾越来越成为制约深化学校教育改革的突出问题，迫切需要从新的视角探索和构建课堂教学的运行机制，解决课堂教学固有的形式结构矛盾，在课堂集体教学过程中实现每一个学生更高质量的个性化与社会化发展的统一。

集体思维首先是一种理论视角，以课堂教学中师生、生生思维的交互、碰撞为切入点，从课堂整体的思维互动过程而非个体的思维发生视角阐释和构建课堂教学过程的一般发展阶段和基本运行机制。集体作为思维的主体或者说是思维发生的载体，不是个体思维的简单相加，而是将思维主体间的互动及其过程作为研究对象，探索处于一定社会关系中的人在集体环境中思维发生、发展的一般过程。课堂中学生的学习是在教师引导和同伴交互过程中发展的。尽管教育者早已意识到课堂集体之于学生个体发展的重要意义，但往往主要将其视为学生个体发展的中介和手段，缺乏从整体层面和集体视角探讨课堂教学的一般过程及其思维发生、发展的基本运行机制。集体思维作为一种新的理论视角，是对课堂教学范式的重构，将课堂教学运行机制的建构从传统着眼于一般的"教"与"学"互动过程转换至师生、生生现实的、具体的集体思维交互过程，进而探索教师引导、同伴互助与学生个体发展相互作用的基本机制。集体思维还是课堂教学过程中现实存在的思维方式。集体思维包含着对同一问题不同视角和不同层次的理解，构建和发展课堂集体思维能够有效地促进师生、生生之间深度的对话、交往、互动和碰撞，将差异的学生个体思维转化为课堂集体互动的有效资源，通过学生主体性的参与，把个体的发展建立在对集体理性认同基础上，促进每一个学生个性化和社会化发展的统一。当前，如何在课堂集体教学中照顾学习者的多样性，如何用统一的标准追求多样化的人才培养，在大面积提高教学质量的同时推动每一个学生发展，兼顾教学公平和质量、教学效率和效益之间的平衡是新时代深化课堂教学改革的迫切现实命题。课堂集体思想的构建为这一问题提供了一个可能的理论发展方向和实践路径。课堂教学具有构建和发展集体思维的天然优势和现实基础。一方面，集体主义是我国优良的文化传统，中国传统哲学中所蕴含的整体思维范式为探索和构建课堂集体思维提供了坚实的文化根基；另一方面，在集体中通过集体培养和发展学生的集体意识和集体主义精神，不仅是我国学校教育的重要目标、原则和内容，同时也是关系我国教育现代化社会主义方向的重大课题。课堂集体思维概念的提出和构建，是尝试从中国传统文化中汲取思想的养分和思维的智慧，在新时代背景下探索和构建具有中国特色的课堂教学理论体系及其实践模式。

　　本书从集体思维的视角探索和构建课堂教学运行机制，对课堂教学的本质、认识论基础、心理学过程及其发展机制等基本理论问题进行了探索。然而，不管是课堂教学理论视角的转换，还是课堂教学过程模式的重构都是一个系统和复杂的工程，需要从各个方面进行系统的研究和深入的探索，如课程问题、评价问题、集体思维交互的微观理论模型等问题还需要进一步的探讨。尤其是如何在实践中真正落实和构建课堂集体思维还需要行动研究的验证和支持。课堂集体思维固然存在基本的发展机制和一般的理论模型，由于不同学科在知识体系、价值导向、思维方式等方面的不同，在不同的学科教学过程中课堂集体思维的表现形式、组织模式、发展过程必然呈现不尽相同的特征，如何针对不同的学科内容构建课堂集体思维还需要深入的研究和系统的探索。对于这些问题的回应是本书的不足所在，也是今后需要进一步深化研究的方向。

参考文献

《马克思恩格斯全集》第一卷，人民出版社1995年版。

《马克思恩格斯全集》第三卷，人民出版社1995年版。

《马克思恩格斯选集》第一卷，人民出版社1972年版。

《马克思恩格斯选集》第二卷，人民出版社1995年版。

《马克思恩格斯选集》第三卷，人民出版社1972年版。

习近平：《决胜全面建成小康社会　夺取新时代中国特色社会主义伟大胜利——在中国共产党第十九次全国代表大会上的报告》，人民出版社2017年版。

习近平：《携手建设更加美好的世界》，《人民日报》2017年12月2日第2版。

高文：《现代教学的模式化研究》，山东教育出版社2000年版。

李松林：《发展之源与教学之方：学生发展的活动及其教学应用》，教育科学出版社2013年版。

唐迅：《班级集体教育实验的理论与方法》，广东教育出版社2000年版。

吴康宁：《课堂教学社会学》，南京师范大学出版社1999年版。

熊明安：《中国古代教学活动简史》，重庆出版社2013年版。

徐学福：《探究教学研究》，广西师范大学出版社2005年版。

曾杰：《社会思维学导论》，黑龙江科学技术出版社2007年版。

张岱年等：《中国思维偏向》，中国社会科学出版社1991年版。

张浩：《思维发生学》，中国社会科学出版社 1994 年版。

张诗亚：《惑论：教学过程中认知发展突变论》，西南师范大学出版社 2003 年版。

钟启泉：《读懂课堂》，华东师范大学出版社 2015 年版。

钟启泉：《课堂研究》，华东师范大学出版社 2016 年版。

钟启泉：《课堂转型》，华东师范大学出版社 2018 年版。

刘波：《当代中国集体主义模式演进研究》，博士学位论文，复旦大学，2011 年。

杨钦芬：《论教学的意义》，博士学位论文，华中师范大学，2010 年。

陈桂生：《对学校教育中学生"个性"与"社会化"问题的再思考》，《北京大学教育评论》2016 年第 1 期。

成中英：《中国语言与中国传统哲学思维方式》，《哲学动态》1988 年第 10 期。

丁念金：《新时代教学论的发展方略》，《山西大学学报》（哲学社会科学版）2019 年第 5 期。

郭华：《带领学生进入历史："两次倒转"教学机制的理论意义》，《北京大学教育评论》2016 年第 2 期。

郭华：《教学即"讲理"——兼论变异教学理论在教学中的运用》，《教育学报》2013 年第 5 期。

郭元祥等：《论课堂教学中的文化育人》，《课程·教材·教法》2020 年第 4 期。

侯玉波：《文化心理学视野中的思维方式》，《心理科学进展》2007 年第 2 期。

刘晓力：《科学知识社会学的集体认识论和社会认识论》，《哲学研究》2004 年第 11 期。

刘云杉：《自由的限度：再认识教育的正当性》，《北京大学教育评论》2016 年第 2 期。

任英杰等：《相互启发：学习共同体内认知机制的探究》，《远程教育杂志》2014年第4期。

辛治洋:《从"合作意识"到"集体意识":当代德育目标的应然转变》,《教育研究与实验》2017年第6期。

张育铭:《社会思维学论纲》,《山西大学师范学院学报》1999年第1期。

赵继明:《集体思维和思维共生》,《晋阳学刊》1998年第4期。

朱旭东:《集体性个人学习:中国教室里发生的独特学习》,《课程·教材·教法》2020年第2期。

[德]克罗恩:《教学论基础》,李其龙等译,教育科学出版社2005年版。

[美]彼得·L.伯格等:《现实的社会建构》,吴肃然译,北京大学出版社2019年版。

[美]杜威:《我们怎样思维·经验与教育》,姜文闵译,人民教育出版社2005年版。

[美]迈克尔·托马塞洛:《人类沟通的起源》,蔡雅菁译,商务印书馆2018年版。

[美]迈克尔·托马塞洛:《人类认知的文化起源》,张敦敏译,中国社会科学出版社2011年版。

[美]迈克尔·托马塞洛:《人类思维的自然史》,苏彦捷译,北京师范大学出版社2017年版。

[日]片冈德雄:《班级社会学》,贺晓星译,北京大学出版社1993年版。

[苏]列夫·维果茨基:《思维与语言》,李维译,北京大学出版社2010年版。

[苏]瓦·阿·苏霍姆林斯基:《培养集体的方法》,安徽大学苏联问题研究所译,安徽教育出版社1983年版。

[英]罗素:《罗素文集 第9卷 人类的知识:其范围与限度》,张金言译,商务印书馆2012年版。

Brown Valerie, *Leonardo's Vision: A Guide to Collective Thinking and Action*, Canberra: ANU Research Publications, 2008.

Cooper, *Classroom Teaching Skills*, Belmont: Wadsworth/Thomson Learning, 1984.